필리프 드 샹파뉴, 〈바니타스 혹은 인생에 대한 알레고리〉(1646)

"헛되고 또 헛되다. 모든 것이 헛되다vanitatum vanitatum omnia vanitas"(전도서 12,8)라는 성경 구절이 말해주는 '인생무상'의 사상은 미술 분야에 영향을 끼쳐 17세기에 네덜란드 플랑드르Flandre를 중심으로 '바니타스vanitas'라는 독특한 정물화 장르가 유행했다. '죽음을 기억하라'는 뜻의 메멘토 모리Memento mori를 상징하는 해골이 바니타스의 대표적인 소재였다. 바니타스에 등장하는 생명이 사라진 앙상한 해골은 부, 명예, 지식, 쾌락 등 인간이 살아가면서 갈망했던 모든 것이 한갓 덧없는 것에 지나지 않음을 절감하게 해준다.

요하힘(Joachim Patinir, 1480~1524), 〈오르페우스를 태우고 노 젓는 뱃사공 카론과 저승의 강〉, 스페인 프라도 미술관

이승과 저승 사이를 흐르는 아케론강의 뱃사공 카론은 에우리디케를 찾아 저승으로 가고자 하는 오르페우스를 보고 산 몸으로는 도저히 갈 수 없으니 그만 단념하고 돌아가고 했다. 하지만 오르페우스의 애절하고 간절한 사랑의 노래에 마음이 녹고 동정심에 가득 찬 카론은 오르페우스를 배에 태워 아케론강과 망각의 레테강, 그리고 죽음의 스틱스강을 거쳐 저승까지 데려다준다.

자벨 보야지안의 〈길가메시〉에 수록된 〈영생의 방법을 찾는 도중 아름다운 정원이 있는 시두리 여신의 궁전에 이른 길가메시〉

죽음을 넘어 영생의 방법을 찾아해매는 길가메시에게 시두리 여신은 꽃피는 정원으로 데려가 가망 없는 영생 대신 '이 순간을 즐기라(카르페 디엠carpe diem)'고 권유한다.

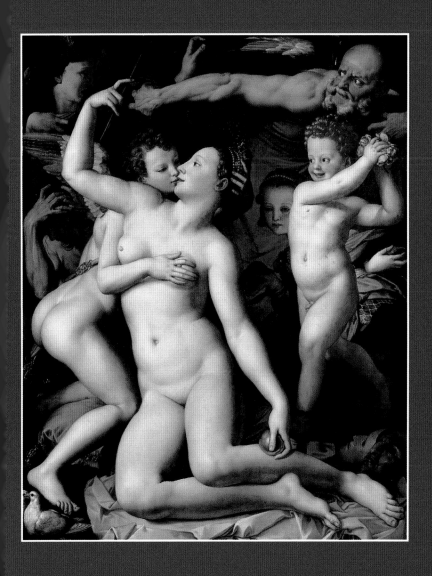

아뇰로 브론치노(Agnolo Bronzino, 1503~1572), 〈아프로디테와 에로스 그리고 크로노스〉, 영국 런던 내셔널갤러리

에로스와 아프로디테는 서로 사랑을 나누면서 서로 왕관(부귀영화)과 화살(사랑과 쾌락)을 가져가려 한다. 뒤편으로는 시간의 신 크로노스가 죽음의 커다란 장막으로 두 사람을 감싸고 있다. 시간이 흘러가면 불 타던 사랑의 정념도 식고, 부귀영화로 한껏 자랑치고 휘감던 육체 또한 병들고 시들어갈 것임을 암시한다. 시간의 풍화 속에 아름다운 것을 포함한 세상의 모든 것들은 마침내 죽음 속으로 사라져버린다.

신라 금관

신라 사람들은 자연의 모습에서 화생을 꿈꾸었다. 가을에 저물기 시작하는 푸
나무는 해마다 봄에 재생한다. 재생을 끊임없이 되풀이하는 푸나무는 화생의
전형적인 상징이다. 사슴뿔은 사슴 머리에 난 푸나무로, 자르면 자르는 대로
다시 돋아나, 봄에 거듭나는 푸나무를 닮았다. 신라 왕관에 녹각이 얹혀 있는
이유를 여기서 찾을 수 있다. 왕관의 녹각은 신라 시대 사람들의 끝없는 영생
에의 목마름, 화생에 대한 갈망이 짙게 묻어나는 물증이다.

메멘토 모리, 죽음을 기억하라

메멘토 모리, 죽음을 기억하라

김열규

사무사책방
Epiphany

메멘토 모리,
죽음을 기억하라

메멘토모리

손이 떨렸다. '한국인의 죽음론'이라는 부제를 덧붙여서 『메멘토 모리, 죽음을 기억하라』를 써나가자니까 손끝이 나도 몰래 떨렸다.

그런 떨림으로, 떨리는 마음으로 시종 이 책을 꾸려갔다. 스스로 진중하자고 스스로 숙연하자고 다짐두면서도 드디어는 환하자고, 웃는 웃음이기보다는 머금는 웃음의 은은함을 지켜가자고 다짐두면서 책을 엮었다.

믿기지 않는 얘기이지만, 이 책이 적어도 한국 인문학 영역에서 최초로 간행되는 '죽음론'일 법도 하다는 생각 때문에 다짐을 거듭거듭 되새겨야만 했다.

"아마도 죽음론에 관한 첫 책일 겁니다"라던 이갑수 사장의 말은 그래서 권유나 권장이기보다는 채찍이었다.

'메멘토모리.' 죽음을 기억하라!

이것은 삶이 그 자신의 숨결을 그리고 핏기운을 다그치기 위해서 있는 말이라야 한다. 죽음을 잊으면 삶이 덩달아서 잊혀진다.

그러기에 우리들이 그 사이 '죽음론'을 한 권의 책으로 엮어내지 못했다면, 삶도 제대로 들여다보지 못했음을 의미할 것이다.

두려움과 몸서리, 비통과 탄식, 좌절감과 절망, 상실감과 허무, 그러면서도 엄숙과 장중함. 우리는 이것들을 죽음과 더불어서 경험한다. 더 이상 비길 게 없는 엄청난 감정의 복합체다.

그 안을 하나하나 들여다보고 싶었다. 그러자니 어둡고 습지고 침울했다. 공포롭기조차 했다. 하지만 끝내는 밝음과 환함으로 책을 끝맺자고 생각했다. 책에 더러 중복을 저질러가면서까지 염화시중의 미소로 마무리한 것은 바로 그 때문이다.

'메멘토 모리.'

삶을 다그치듯 죽음을 잊지 말자.

자란만紫蘭灣 물깃에 가을이 들 무렵

김열규

한국인의 죽음론을 위한 서설

죽음을 죽는다

우리들이 죽음을 말할 때, 그것은 언제나 인간의 죽음에 관한 얘기다. 왜냐하면, 다른 생물이나 동물의 경우 죽음은 곧 소멸이라서 그 이상 아무것도 얘기할 게 없기 때문이다. 죽음이 곧 인간의 죽음이란 얘기는 단단히 또 똑똑히 강조되어야 한다. 그 강조와 더불어 인간의 죽음, 생물이 누리는 유일한 죽음에 관한 얘기가 비롯되기 때문이다. 다른 생물은 죽지 않는다. 다만 없어지는 것뿐이다. 잘해야 생명이 사라지는 것뿐이다. 그 이상의 것이 못된다. 인간만이 오직 죽음을 죽는다.

인간은 그 죽음을 생물학적 사실에서 자유롭게 풀어놓은 유일한 존재다. 인간에겐 인간 스스로 생물이나 동물이 아니라는 자기 증명을 위해 죽음이 필요했던 것이다. 이것은 죽음이 갖는 지상의 존재 이유 바로 그것이고 가치 그 자체이기도 하다. 인간에게 죽음은 단순히 생명체 성장과 소멸의 당연한 과정의 일부로서 주어져 있는 게 아니다. 설혹 그 과정에 껴들어 있다고 해도 죽음은 그 자체로 독자적인 값을 지닐 수 있는 엄연한 왕국이다.

인간에게 목숨이 있는 동안, 인간은 생물학적 사실에서 자유로울 수 없다. 그것에 매여 있지 않고는 목숨을 부지할 수 없다. 이 생물의 사슬을 깨기 위해 인간에게 죽음은 절대적인 당위이고 필연이었던 것이다. 그것은 인간이 애써 얻어낸 수확일지도 모른다. 죽음에 의해 인간은 비로소 생물학을 넘어선 것이다.

인간에게는 죽음이 생물학적 사실로 해서 찾아오지 않는다. 그것은 정신의 형이상학과 영혼의 종교학에 짙게 물든 빛과 더불어 우리들을 찾아든다. 정신과 영혼의 자기 증명을 위해 우리들은 죽음을 호시탐탐 노리고 있었을 법도 한 것이다. 죽음을 생각함으로써, 인간은 명료하게 정신 및 영혼 앞에 나아가게 된다. 그때 사람들은 그것이 삶의 최종적인 여행 목적지였다고 생각할 것이다.

"죽음은 거듭 자유의 징후가 될 수 있다. 죽음의 필연성은 종국적인 해방의 가능성을 부인하지 않는다"라고 한 마르쿠제의 말은 그러기에 음미해봄직한 것이다. 이것은 단순히 종교에 기댄 피아론적인 명제가 아니다.

인간은 절대로 목숨이 지는 그 순간에 자기 죽음을

갖는 존재가 아니다. 아니 숨이 지는 순간의 죽음은 이미 자기 죽음이 아니다. 남의 죽음도 물론 아니다. 하지만 동시에 흔히 임종이라고 하는 그 죽음이 자기 죽음이 아님도 분명하다. 왜냐하면 그것은 이미 인간의 의식, 인간의 자의식 저 바깥으로 달아나버렸기 때문이다. 사뭇 먼 암묵의 어느 우주공간으로 유성처럼 사라져버렸기 때문이다. 인간 의식으로 잡혀지지 않는 것을 인간의 것이라고 할 수는 없다. 의식과 주먹은 인간이 무엇인가를 소유하기 위해 지니고 있는 두 개의 큰 도구다.

인간은 목숨이 지는 그 찰나 이전부터 오랫동안 이미 죽음을 갖는다. 인간은 죽음과 따로 살아가는 게 아니다. 죽음을 미래의 어느 모르는 시점에 두고, 그 시점에 도달하기까지 죽음과 무관하게 삶을 살아가는 것이 아니다. 그런 게 인간 존재가 아니다. 이것은 살아가면서 수시로, 죽음을 갖는다. 살아가면서 죽고 죽으면서 살아가는 게 다름 아닌 인간적 삶의 양상이다. 그것은 무척 개성 있는 일이다. 그러기에 "이 세상에 삶만이 있기를 바라는 것은 죽음만이 있기를 바라는 것과 다를 게 없다"고 한 누군가의 말은 매우 그럴듯한 것이다. 또한 죽음과 성애性愛, 곧 타나토스와 에로스를 이율배반적인 것으로 보지 않고, 그 둘을 서로 얽혀서 상호 기생하는 것으로 보는 견해도 마찬가지로 아주 그럴듯하다고 해야 한다.

인간은 삶의 한복판에서 죽음을 생각한다. 그것은 생

물학을 벗어난 죽음을 생각함으로써 궁극적으로 삶 그 자체를 죽음에서 버림받지 않게 하려고 하기 때문이다. 말하자면 생물학을 벗어난 죽음을 생각함으로써 삶도 생물학적 테두리에서 자유롭게 풀어놓으려 들기 때문이다. 이것이 한국인의 죽음론을 위한 서설로서 명기되어야 할 명제다.

죽음을 문화로 가꾸다

인간은 죽음을 생물학에서 풀어놓으면서 동시에 자연에서 풀어놓았다. 죽음이 자연의 이법으로 절로 인간을 찾아오는 것을 인간은 용납하지 않았던 것이다. 사람들은 적어도 떠오른 해가 지는 것과 자신의 죽음을 하나로 묶어 생각하기를 거부했다. 갈잎이 지는 것은 자연으로 기록한다고 해도 인간 자신의 죽음을 온전히 그것에 기댄 비유법으로만 처리하기를 인간은 바라지 않았다.

인간들은 죽음을 대단히 인위적인 것, 매우 인공적인 것이 되게 하였다. 그런 뜻으로 인간은 죽음을 만들고 생산한 것이다. 제 손으로 손수 죽음을 제작한 것이다. 죽음을 만드는 생산 공정이 우리들의 삶 속에서 적어도 부분적으로는 꽤나 큰 몫을 차지했던 것이다.

인간이 만든 것 가운데 가장 규격적이고 엄정한 것은

공산품이 아니다. 인공위성 따위도 아니고 유전공학 따위도 아니다. 그렇다면 무엇일까. 그것은 바로 의식, 종교적 의식이다. 죽음은 의식에 의해 문화가 되었다. 죽음, 그것으로 인간은 자연과 결별한 것이다. 이것은 말할 것도 없이 죽음이 육체의 것이기를 그만두게 된 사실과 무관할 수 없다. 인간 죽음은 인간 육체에 딸린 게 아니다. 육체의 종말, 말하자면 시신의 해체와 부패는 사실 죽음의 의식의 관여를 받지 않는다. 그것은 이미 인간 죽음을 떠난 딴 차원에서 이루어지는 물질적인 한 과정에 불과한 것이다.

인간은 죽음을 문화로 가꾸어왔다. 죽음을 문화가 되게 가꾸었고 뒤이어서 죽음을 문화 속에 가꾼 것이다. 에드가 모랭이 그의 유명한 저서 『인간과 죽음』에서 "이리하여 인간은 그 기원이 있는 뒤 줄곧 죽음을 그들의 풍족함과 그들의 갈망에 의해 길러온 것이다"라고 한 것은 너무나 당연하다. 우리들은 소극적으로 죽음이 문화라는 것을 증명할 수도 있다. 사형제도가 빚는 죽음, 전쟁이 빚는 죽음은 인간 문화가 생산한 죽음의 극히 일부일 따름이다.

앞서와는 좀 달리 이런 뜻으로도 인간은 죽음을 생산한다. 죽음을 만들어내기 위해 일부러 고안해낸 인간적인 장치가 다름 아닌 사형이고 그리고 전쟁이다. "죽음의 의식意識이 남겨놓은 마지막의 것, 그것이 곧 인간 자아이다"라는 명제에 맞추어서 "죽음의 의식이 남겨놓은 또 다른 마지막의 것, 그게 곧 문화다"라고 해도 큰 잘못은 없다.

'죽음의 역사'를 말할 수 있는 것은 죽음이 자연이 아니라 문화였기 때문이다. 하긴 자연에도 역사란 말을 쓰기는 한다. 가령 지각의 역사, 지구의 역사, 그리고 우주의 역사란 말이 실제로 쓰이고 있다. 하지만 그 역사란 것이 결정론적인 변화인데다, 그 변화의 폭이 엄청나게 크다. 몇십, 몇백만 년을 예사로 넘나든다. 거기에다 그런 것을 역사라고 부른다고 해도 그것에는 주체가 없다. 일어날 변화가 확인될 수 있는 것뿐이다. 따라서 자연의 경우는 역사라고 부르기보다 변화라고 부르는게 옳다. 덩달아 자연의 역사란 개념에 또 다른 이의異議를 제기할 수 있다. 이 경우, 시간이란 게 완전한 중성이다. 변화의 주체가 능동적 행위로 참획하는 그런 시간 개념의 존립이 불가능하다.

역사란 아무래도 문화의 몫이지만, 죽음의 역사가 기술될 수 있는 것은 죽음이 자연이 아닌 문화라는 것에 대해 말해주게 된다. 이른바 가정의례준칙에 묶인 오늘의 사람들이 조선조 말의 사람들이 누렸던 것과 같은 죽음을 누릴 수 없음은 사뭇 뻔한 일이다. 또한 주자가례에 묶인 조선조인들의 죽음이 불법에 귀의한 고려인들의 죽음과 다르리란 것은 아주 뻔한 일이다.

이같이 인간의 죽음은 생물학의 테를 벗어나고 자연의 테를 벗어남으로써 인간다움을 지닌 죽음이 된 것이다. 그리하여 인간 죽음은 정신이나 영혼의 몫이 되고 문화의 몫이 된 것이다. 우리 한국인들의 경우, 조선조 말기를 거쳐 극히 최근세에 이르기까지 죽은 이들도 확연하게 가족 구성원 속에 편입되어 있었다. 죽은 이는 가버린 가족이 아니라, 보이지 않는 가족으로서 한 집안에 살고 있었던 것이다. 서로 보이고 있는, 살아 있는 사람끼리 사이의 교섭보다 더 긴밀한 것이 보이지 않는 사람과 산 사람 사이에는 존재할 수 있었다.

하지만 오늘날의 한국인들에게 죽은 이는 이제 가버린 사람, 사라져버린 사람이다. 호적부에서 삭제될 때, 죽은 이는 살아 있는 가족들에게서 삭제되는 것이다. 사망신고서는 영원한 퇴거증명서다. 이 두 가지 죽음 사이에, 커다란 문화체계의 차이가 있음을, 역사의 차이가 있음을, 그리고 죽음을 정신화하고 영혼화하는 관점에 차이가 있음을 지적해야 하는 것이다.

두 가지 죽음의 초탈성

한국인의 죽음을 포함해서, 어느 인간 죽음의 경우에나 이같이 죽음이 지닌 탈생물성과 탈자연성—말하자면 죽음이 지닌 두 가지 초탈성을 전제하고 얘기해야 한다. 다만 민족에 따라, 인종에 따라, 그리고 시대에 따라 그 초탈성이 서로 달리 나타나는 것뿐이다.

초탈성을 얘기하는 과정에서 부분적이긴 하지만, 이미 언급된 화제를 실마리로 삼아 이제 한국인의 죽음에 관해 생각해보자. 그것도 극히 개괄적으로, 또 입문적으로 생각해보기로 하자. 앞에서 우리들은 조선조 전통 사회에서 죽은 이는 사라진 가족이 아니라 안 보이는 가족으로서 집안에 남아 있었다는 얘기를 한 바 있다. 그리고 오늘날 그와는 다른 상황이 벌어지고 있다는 얘기도 한 바 있다.

전통 한국사회와 문화에서 가家, 가문, 가족, 집안 등이 차지했던 큰 비중으로 헤아릴 때. 가족과 죽음을 묶어 얘기하는 것이 죽음의 한국적 상황을 진술함에 있어 매우 뜻이 높으리란 것은 쉽게 짐작할 수 있을 것이다.

> 주인이 새벽에 일어나면 심의深衣를 입고, 두 섬 돌 사이에 놓아둔 향탁香卓에 가서 향을 피우고 두 번 절한다. 이때 비록 주인이 아니더라도 주인을 따라서 함께 참배하는 것이 무방하다. 그러나 주인이 없으면 혼자 가서 참배하지는 못한다. 주인이나 주부가 가까운 곳에 갈 때에는 대문 안에 들어서서 바라보고 절하고 갈 것이며, 돌아와서도 역시 이렇게 한다. 또 나가서 자고 돌아오게 될 때에는 두 섬돌 사이에 놓아둔 향탁에 나아가 향을 피우고 두 번 절한다. 또 열흘이나 걸릴 만큼 멀리 외출하게 될 때에는 두 번 절하고

향을 피운 후, 무릎을 꿇고 앉아 고사를 읽고, 또
두 번 절하고 간다. 돌아와서도 역시 이렇게 한
다.(이민수 편역, 『관혼상제』, 을유문고, 1975, 140~141쪽)

　인용이 좀 길어진 것은, 길어서 오히려 독자들의 실
감을 돋우게 되리라고 생각했기 때문이다. 이것은 사당
에 드리는 평소의 제례 가운데서도, 출입할 때 올리는
부분을 인용한 것이다. 설과 동지, 그리고 매달 초하루
와 보름에, 정해놓고 사당에 참배한 일과 명절에 시식施
食을 올렸던 일, 또 무슨 각별한 일이 있으면 나아가 아
뢰던 일까지 함께 생각하게 된다면, 이 같은 제례를 산
사람에게서 받는 죽은 이를 사라져 가버린 사람이라고
보기는 어렵게 된다. 제례를 받는 분은 다만 보이지 않을
뿐 거기 계시는 것이다. 그분은 모습 없는 가족이다. 가
족이 있는 곳, 집안이 있는 곳이면 시와 장소에 매임이
없이, 이 보이지 않는 가족은 어디에나 편재遍在하고 있
다. 적어도 사당에 모셔져서 제례를 받는 동안, 돌아가신
이는 모습 없는 가족으로서 집안에 머무는 것이다.
　5대조가 되면 더 말할 게 없지만, 3대조까지만 친다
고 해도 돌아간 사람들은 그들이 목숨을 누렸던 세월보
다 훨씬 더 긴 세월을 그들의 자손들과 함께 같은 가족
구성원으로서 동일 공간 안에 머물게 된다. 그들이 누
리는 시간도 역시 살아 있는 자손들이 향유하는 시간을
따라 결정된다.

이같이 돌아가신 이들을 가족 구성원의 일부로 간주하고 그들에게 제례를 올리는 것은 말할 것도 없이 한국인의 효에서 비롯된 것이다. 그것으로 효행의 극으로, 전범으로 삼았던 것이다. 가령 살아 있는 부모나 조부모께 드리는 효는 '생효'라고 하고 돌아가신 그분들께 드리는 효를 '사효'라고 해서 서로 구별한다고 하면, 이 두 효의 비중을 저울질하기는 매우 어려운 일이다. 생효와 사효 사이에 가름이 없다는 것은 매우 중대한 의미를 갖는다.

삶의 영토에 계속 머물다

상례喪禮에 수반된 효의 관념은 상례의 절차 여러 곳에서 강조된다. 가령 아들이 돌아가신 아버지를 위해 입는 상복을 참최斬衰라고 한다. 올 굵은 삼승베로 얽은 이 참최는 상복 가운데서도 가장 위계가 높거니와, 이 경우 참은 몹시 애통하다는 뜻이고, 최는 효자가 애통해 마지않는다는 뜻이라고 해석되고 있다.(이민수, 앞의 책, 58쪽 참조) 또 다른 곳에서 상례에 얽힌 효 관념을 읽어낼 수 있다.

부모가 죽으면 효자의 마음이 황황해서 무엇을 구해도 되지 않기 때문에, 다시 살아나는 일이라면 무엇이고 가릴 것 없이 하게 된다. 때문에 예법에 초혼(復)이라는 것이 있는데 이것은 자식으로서 부모 사랑하는 도리를 다하는 것이요, 하늘에게 비는 마음이 있는 때문이요, 공연히 하는 것이 아니다. 지금 사람들 중에 죽었다가 살아나는 자가 있는데, 이것은 혼이 위로 올라가다가 그래도 형체를 사모하여 도로 집으로 돌아오려 하지만, 사람들이 울부짖는 것을 두려워하여 편하게 돌아올 수 없다 한다. 이것은 이치로 따져봐도, 신도神道란 고요한 것을 좋아하는 것인즉 그럴 수도 있음직한 말이다. 그러므로 초혼을 할 때에는 아들들이 잠시 곡을 그쳐서, 혼이 도로 돌아오기를 바라는 정성을 오로지 하여 비로소 부모 사랑하는 도리를 다할 것이다. 때문에 옛사람들도 역시 곡을 그치고 초혼을 했다.(이민수, 위의 책, 38쪽)

또다시 인용이 길어졌지만, 이것은 상례 초기의 이른바 초혼의 절차와 그 뜻에 대한 풀이다. 길다란 전체 문맥을 효가 꿰뚫고 있다. 유교적 합리주의로 보아, 또 자연의 이치로 보아 받아들이기 힘든 죽은 이의 소생이란 관념과 그에 따른 행위까지도 효라는 규범에 들기만 하면 능히 수용할 수 있다는 숨긴 뜻을 문맥에서 읽어낼 수 있을 것이다.

메멘토 모리, 죽음을 기억하라

성복成服은 대렴大斂을 한 이튿날 한다. 죽은 지
4일째 되는 날이 된다. 남의 자식된 사람은 차마
자기 부모가 죽은 것으로 여길 수가 없어서 급작
스레 성복을 하지 않는다 한다.(이민수, 위의 책, 56쪽)

머리에 효건孝巾까지 따로 차려서 쓰고 있는 상주로
서는 성복을 늦추는 게 옳다고 이 인용문은 말해주고
있다. 한데 이 문맥에서 정작 중요한 대목이 또 하나 있
다. 그것은 다름 아닌, "차마 자기 부모가 죽은 것으로
여길 수가 없어서……" 하는 대목이다.

이것은 효로 말미암아 상주들이 돌아가신 이를 삶의
영토 안에 되도록 오랫동안 머물러 있게 하고자 의도하
고 있음에 대해 시사하고 있다. 사후에까지 삶의 시간이
연장되는 것이다. 죽음을 삶 속에 머물게 하고자 하는 것
이다. 그것은 돌아가신 이를 가족 구성원으로 계속 머물
러 있게 하는 것과 한 짝을 이룬다고 보아야 할 것이다.

죽고 난 뒤에도 가족 구성원의 하나로서, 그것도 보
이지 않는 구성원의 하나로서, 삶의 영토, 집안의 울타
리 속에 계속 머문 죽음. 그것이야말로 가족주의 사회
에 어울리는 죽음이었다고 불러야 할 것이다. 살아 있
는 사람들은 죽은 이들을 생전과 변함없이 삶 쪽으로
향해 돌려세웠던 것이다.

이승을 향해 돌아서 있는 죽음, 이 특이한 죽음을 생
산하는 데 있어 효의 관념이 제 몫을 다한 것이다. 생효

에 못잖은 사효라고 하는 게 정확하기는 하겠지만, 굳이 어느 한쪽에 무게를 더 매긴다고 한다면, 피치 못하게 사효 쪽에 기울게 될 것이라고 생각된다.

죽음의 압력

옷걸이를 시신 남쪽 포장 밖에 마련하여 거기에 헝겊을 덮고, 그 앞에 탁자를 놓는다. 탁자 앞에는 교의를 놓고 그 위에 혼백을 놓는다. 혼백은 종이로 옷을 싸서 접어 가지고 상자 속에 넣는다. 탁자 위에 술잔을 놓고 술을 따라 올린다. 향안香案을 탁자 위에 놓고 향합과 향로를 놓는다. 향합은 동쪽, 향로는 서쪽에 놓는다. 날이 어두우면 먼저 촛불을 켜서 음식에 비치게 한다. 이것은 모든 제사에도 마찬가지로 한다. 시자侍者가 아침저녁으로 머리 빗는 빗과 세수하는 제구를 받들어 살아 있는 때와 마찬가지로 한다.(이민수, 위의 책, 47쪽)

이것은 우리의 명제를 뒷받침해줄 또 다른 논거다. 한데, 이 경우의 효는 생효와는 달리 뼈저린 죄업의식과 짝지워져 있다. 상당한 정도로 사효는 죄업의식의 자기 대상代償 또는 대속代贖이란 의미가 있다. 부모를 돌아가시게 한 것은 자식의 불효 탓이라 생각하고, 자식은 스스로 하늘 못 보는 죄인으로 자처한 것이다.

상례 절차에 의하면, 성복이 끝나고 난 다음부터 아들 상주들은 특별한 연고 없이는 밖에 못 나가되, 마지못해 출행할 때는 못생긴 말에 무명 안장을 얹어서 타거나 희게 꾸민 교가轎架에 발을 늘이고는 타게 되어 있었다. 머리에는 방갓을 쓰고 생포로 직령直領을 만들어 입게 되어 있었다. 이런 규정은 말할 것도 없이 그런 치장으로 아들이 상주임을 남들에게 보이기 위한 것이지만, 그 바닥에는 '죄지은 아들'이란 관념이 깔려 있었던 것이다.

또 습襲을 할 때, 상주들이 짚자리나 풀자리에 앉은 것 역시 죄업의식과 무관할 수 없다. 과도한 죄업의식은 반사적으로 매양 자기 학대를 불러일으키기 마련이지만, 상례의 절차에 사실상 자학의 표현으로 보아도 무방한 절차가 아주 없다고 말하기는 힘들다. 3년상의 기간 동안, 꼬박 무덤 곁에 지은 초막에서 생활한 아들을 하늘이 내린 효자라고들 해왔지만, 이 효성에는 짙은 자책감이 그늘을 던지고 있었던 것으로 보인다. 물론 이 자책감 내지 자격지심은 긍정적으로 평가되어야 한다. 하지만 부모를 여읜 자식'이란 관념이 '부모를 죽게 한 자식' 또는 '부모를 죽인 자식'이란 생각으로 옮아간다면, 거기엔 아무래도 엄청난 논리적 비약이 있다고 해야 할 것이다.

이 객관적인 시각에 비친 논리적 비약은 한국의 자식들에게는 인륜으로 비쳤고 정으로 비친 것이다. 지극히 인간다운 것, 인간적인 것으로 비친 것이다.

이런 경우 개인 같으면 거의 강박관념이라고 해도 좋을 만한 각박한 경지를 지적할 수 있게 된다. 객관적인 합리성이 없는, 혹은 이유가 없는 관념에 사로잡힐 때 사람들은 다름 아닌 강박관념의 포로가 되기 때문이다. 따라서 '부모를 죽인 자식'이란 엄청난 죄의식은 문화적·집단적 강박관념이라고 부를 만도 한 것이다. 적어도 제삼자의 처지에서 그럴 것이다.

강박관념은 편집광적이고 충동적이다. 눈에 보이지 않는 족쇄나 항쇄 구실을 하게 되는 게 보통이다. 사람을 휘몰아붙이고 옥죄고 들기 마련이다. 따라서 강박관념화한 죄업의식으로 말미암아 죽음은 살아 있는 사람에게 태산 같은 압력을 가하게 된다. 죽음에 눌려서 사는 삶이 실제로 있게 되는 것이다. 이것은 참 대단한 일이다.

또한 강박관념은 때때로 자기 파괴의 충동을 유발한다. 자기로 해서 자기 자신에게서 자유를 잃은 인격이 형성된다. 그것을 자기 박리剝離, 곧 자기 벗겨짐이라고 해도 무방하다.

물론 호상이란 관념이 있어서 강박관념화한 죄업의식에서 벗어날 수 있는 구멍이 부분적으로 있었음은 인정해야 한다. 그게 비상구 구실을 했음은 시인해야 한

메멘토 모리, 죽음을 기억하라

다. 그러나 그것은 어디까지나 작고 좁은 구멍이다. 또 흔하게 아무 데나 뚫려 있는 구멍도 아니었다.

자식은 부모가 돌아가셨을 때 자신을 '고애자'라고 부른다. '고독한 비애에 젖은 서글픈 자식'이란 뜻이다. 자식이 나이가 아무리 많고 살아 있는 가족이 아무리 많아도 관계 없이 '고애자'라고 부른다. 이 자기 연민, 자기 비하의 감정이 죄업의식과 짝지워져서 죄업의식을 돋우고 있음은 말할 나위도 없다.

저 깊은 골짝에 걸려 있는 소슬한 다리 하나

이럴 때, 죽음은 눈물과 가시가 된다. '눈물에 젖은 가시'와 '가시 돋친 눈물'이 곧 죽음이다. 눈물에 얼룩진 가시나무가 죽음이다.

'열녀'라는 관념은, 관념을 벗어나 이 땅 가족사나 인간사에서 제도화된 만큼 확고한 것이었다. 이데올로기였기도 했지만, 그보다는 조직이었다고 해도 무방하다. 열녀의 얘기는 물론, 아름답고 감동적이다. 때로 비장하기도 한 게 사실이다. 한데 '열녀'라는 관념에는 '늘'이라고 해도 좋을 만큼, 죽음이 따라붙고 있다. 아니 짙게 엉겨붙어 있다. 죽음의 습진 그늘, 그 안쪽에 열녀는 이끼 낀 바위처럼 웅숭크리고 있는 것이다.

일찍 남편을 여의었다기보다, 자신의 실수로 해서 남

편을 죽게 한, 불쌍하고도 몹쓸 지어미의 신세를 마감하는 최선의 길로 죽음이 선택되었다. 그렇다. 이럴 때, 죽음은 뜻밖에 자기 방어였다. 때로는 자살이라는 최종적인 자기 파괴가 자기 방어였던 것이다. 이때 부도婦道란 죽어서 완성하는 것이었다. 젊은 아내는 적지 않은 경우, 순사해야 할 존재로 기대되었다. 자신의 죽음이 없고, 남편의 죽음의 그늘인 죽음을 죽어야 했던 것이다. 윗사람이나 남편의 죽음은 이토록 위압적이었다. 태산의 무게 그것을 지니고 있었다.

효와 열은 때로 효열이라고 한 묶음으로 일컬어졌다. 그 둘은 때로는 각기 별도로, 때로는 서로 어울려서 죄업의식과 유대를 맺고는 죽음을 강박관념화한 것이다. 이 강박관념에서 자신을 놓아주지 않는 것이, 한사코 자신을 그것으로 해서 옥죄는 일이 자신의 구원이라고, 그리고 자신이 산 사람으로서 지켜야 할 길이라고 옛 자식들과 여인들은 생각한 것이다. 그것 때문에도 죽음은 사람을 향해 돌아세워져 있었던 것이다. 삶에서 퇴거할 수 없는 죽음, 그런 묘한 죽음이 있게 된 것이다.

이것은 정말 묘한 일이다. 혼과 육체, 문화와 자연, 생물과 인간, 현실과 비현실, 탄생과 죽음—이 같은 양분론적 대립은 일반적으로 용납되고 있고 또 실제로 용납될 수 있는 것들이다. 물론 삶과 죽음의 양분론적 대립도 존립될 수 있다. 마찬가지로 이승과 저승의 대립도 시인될 수 있다. 한국인의 세계관 · 인생관 ·

생사관 등에 걸쳐 그러한 양분론적 대립은 결코 생소한 것들이 아니다.

하지만 혼과 육신의 대립만큼, 또 이승과 저승의 대립만큼 명쾌하게 가름되지 않는 어정쩡한 언저리가 삶과 죽음 사이에 껴들어 있었다는 것을 놓치지 말아야 한다. 아주 가름이 안 된다고 말하는 것은 결코 아니다. 가름은 하면서도 그 가름을 넘어선 넘나듦이 있게 한 것이라고 말하려는 것뿐이다. 삶과 죽음의 저 깊은 골짝 사이에는 늘 다리 하나가 걸려 있었던 것이다. 눈에는 안 보이나 꽤나 소슬하고 질긴 다리 하나가 얹혀 있었던 것이다.

그것을 한국적인 낱말, 전통적인 뜻을 지닌 낱말인 신이 지닌 특권이라고, 혹은 권능이라고 불러도 좋다.

1부

거듭 되새기는 죽음들

죽음이 타자라는 것이 절망스러운 것이다. 내가 손가락 하나 댈 수 없는 것이 최후의 나의 것으로 주어진다는 것, 그건 우리가 경험할 최대의 아이러니다.

인간은 자신의 죽음을 지레 내다봄으로써 죽음을 사유하고, 그럼으로써 항시 죽음을 자신 속에 간직하고, 드디어는 죽음과 함께 살아가는 것이다. 죽음과 함께 살지 않는 삶은 있을 수 없다. 적어도 인간에게 이 말은 진실이다. …… 죽음 때문에 우리들은 삶에 달라붙어야 한다. 그 죽음으로 해서 잃어질 삶이라면, 아니 결정적으로 잃어지게 되어 있는 게 삶이라면 우리들은 한사코 그 삶에 마음을 붙여야 하고 사랑을 붙여야 하는 것이다. 바로 그 죽음 때문에 오히려 우리들은 악착같이 살아야 하는 것이다.

죽음으로 해서 생은 에누리 없이 일회로 제약되고 만다. 한데 이 죽음으로 한계지워지는 생의 일회성이야말로 생의 진지함이며 집요함의 혹은 열정의 근거라고 릴케는 마음을 다잡은 것이다. 아! 오직 한 번뿐이니까 성실해야 하고 진지해야 하는 삶, 그건 죽음이 안겨준 선물이다.

두려워도 무서워도, 그리고 전율하면서도 우리는 죽음에로 귀성歸省해야 한다. 소름을 치면서도 떨면서도 절망하면서도 거기 되돌아가야 한다. …… 우리들은 아무도 죽음 없이, 온전하게 삶에 대해 말할 수 없다. 죽음이 삶의 짝이듯이, 삶은 죽음의 짝이기 때문이다. 우리들 누구나 초등학교 시절에 의자를 나란히 하여 한 책상을 나누어 가졌듯이, 죽음과 삶은 서로 그 짝꿍과도 같은 것이다.

삶을 위한 죽음의 사상

아! 이럴 수도 저럴 수도 없는

저 착한 밤 속으로 조용하게는 들어가지 마십시오.
고령高齡의 나이는 해질녘에 불타올라서 부르짖
어야 할 것입니다.
노여워하십시오. 빛이 죽어가는 것을 노여워하
십시오.
……

그리하여 당신께서는 거기 슬픔의 막바지에 계
시네요, 아버님.
이제 당신의 뜨거운 눈물로 저를 저주하시고 축복
해주세요, 부디.
저 착한 밤 속으로 조용하게는 들어가지 마십시오.
노여워하십시오. 빛이 죽어가는 것을 노여워하
십시오.

이같이 아버지의 임종에 다다라서 영국 시인 딜런 토머스는 노호怒號했다. 그런데도 그는 「죽음과 초입」이란 또 다른 시에서는, "몇 사람인가가 죽음 가까이 있었던 / 마냥 불꽃놀이와도 같은 황혼"이라고 시각도 태도도 바꾸고 있다. 어느 쪽 구절을 우리는 우리 자신의 죽음이며 육친의 죽음을 향해서 읊조려야 하는 걸까? 소리쳐야 하는 걸까?

나를 덮어다오, 클로버여;
나를 덮어다오, 풀이여.
달콤한 날들은 지나갔으니
이제 지새야 할 밤이다

내 머리 둘레에는 초록의 팔
내 손 위에는 초록의 손가락.
지구는 그 고요한 땅에
이보다 더 고요한 잠자리는 갖질 못했다.

이 같은 현대 미국 시인, 리처드 에버허트의 시를 대하게 되면 바야흐로 우리의 죽음에 대한 생각은 걷잡을 수 없게 된다.

갈색 마을 안을 어둔 것이 걸어서 지나간다.
여러 번 가을 돌담에다 그림자를 지우면서.

메멘토 모리, 죽음을 기억하라

사내와 여자가 지나가고 이윽고 죽은 이가 나타
나서는
사람들의 싸늘한 방에 잠자리를 편다.

　에버허트의 고요한 잠자리 곁에 오스트리아의 시인
게오르그 트라클이 그의 시 「가을 해질녘」에서 들먹인
잠자리를 나란히 깔면 어떻게 될까? 과연 어느 것이 우
리 몫이 될 건가? 어느 것에 우리는 우리 죽음을 맡기
게 될까? 더한층 종잡을 수 없다.
　로마인에게서 그들의 죽음인 '모르스'는 여성이다. 이
에 비해서 희랍인에게서 죽음인 '타나토스'는 남성이
다. 로마에서는 여성신인데도 그리스에서는 멀쩡한 사
내의 신이다. 같은 지중해 안에서도 죽음에 대한 생각
은 이만큼 다르다.
　에버허트의 시에서는 호머가 그의 『일리아드』에서
타나토스, 곧 죽음의 신을 잠의 신, 휘프노스의 형제로
간주하는 것이 연상된다. 이 같은 죽음과 잠 사이의 핏
줄은 헤시오드가 이들 두 형제를 밤의 신의 아들로 입적
시킨 데서 더한층 질긴 것이 된다. 그러나 아버지의 죽음
앞에서 아버지의 노기를 북돋우고 있는 딜런 토머스에게
서 이 같은 죽음과 잠과 밤 일족의 족보가 힘을 쓸 것 같
지 않다.
　인간이 죽음에 부치는 생각이란 이런 것이다. 모순과
착종, 분열과 갈등, 강박과 망상…… 이 모든 것이 칡덩

굴처럼 죽음을 칭칭 감고 돈다. 이들 극단적인 '양가 감정', 인간이면 자기 자신에게 던지는 물음, 세계며 인생을 향해서 내던질 물음을 에워서 얽히고설키기 마련인 양가 감정, 맞서 있는 모순인데도 그것들이 서로 제 몫을 우겨대는 감정의 덩치란 워낙 죽음을 대하는 우리들의 사상, 사고, 그리고 감정에서 비롯한 것인지도 모른다.

이럴 수도 저럴 수도 없는, 그러면서도 이렇기도 하고 저렇기도 한, 그래서 뒤엉긴 실타래 같은 것, 그게 죽음에 부치는 우리들 생각과 감정의 궁극이다. 삶에 허덕이기 전에 우리는 먼저 죽음에 허덕이는지도 모른다.

죽음을 맞이하는 태도

해서 사람들은 죽음에 대한 방위기제, 곧 죽음에서 자기를 지켜내는 장치나 수단을 강구해야 했다. 그것은 자기를 죽음에서 지켜내는 정신의 혹은 사고방식의 전략 같은 것이다. 그 으뜸에 망각이 있고 모른 척 잡아떼기가 있어왔다. 요즘 잘 쓰는 말을 빌리자면 죽음을 왕따로 삼는 것을 살아 있는 목숨들은 계속해왔다. 물론 이 잡아떼기의 종점은 보드리야르가 말하듯이 죽음을 푸코의 광기나 죄악, 그리고 성도착증과 나란히 사회에서 소외시켜서 어디에 따로 감금하는 것이 될 것이다.

메멘토 모리, 죽음을 기억하라

짓궂은 따돌림의 대상이기로는 죽음은 광증과 성도착과 질병들과 한패거리에 속해 있었던 것이다.

살아 있는 사람들은 죽음을, 그리고 죽은 이를 낯선 이처럼, 나그네마냥 대하기로 버릇이 붙어 있다. 나와 무관한 것이 나와는 아무런 인연도 없는 채로 지나쳐가는 것은 사건도 아무것도 아니다. 그건 바람만도 못한 것이다. 아무 일도 없었던 것이다.

그렇다. 그건 어느 작은 서슬에 훌쩍! 미세한 먼지 하나 일었다가 다시금 가라앉아버리면 그걸로 그 이전이나 그 이후나 영(零)이고 무(無)이기로는 하등 다를 바 없는 것과 마찬가지다.

남들의 상가에서 우리가 죽은 이를 떠나보낼 때, 우리들의 죽음 또한 떠나보내고자 한다. 죽음도 죽은 이도 어느 낯선 사람을 우리가 영영 모를 어느 오지(奧地)로 떠나보내듯 하고 만다. 그것에 우리는 길들어 있다. 죽음도 죽은 이도 우리는 다만 그 뒷모습, 사라져가는 뒷모습, 아니 뒷그림자를 보는 것뿐이다. 그리하여 죽음과 우리 사이에는 영원한, 그리고 결정적인 결별만이 있게 한다. 그것에 우리는 길들어 있다.

우리는 우리 각자의 스스로의 죽음도 이와 별로 큰 차이 없이 대하려고 든다. 그 단 한 번의, 오직 나만의 죽음조차도 이방인 대하듯 하기 마련이다. 언제 어느 때, 그가 나그네처럼 찾아들기 전까지 우리들 각자의 죽음은 멀고 먼 낯선 곳에 웅크리고 있을 또 다른 이방인에 지나지 않는다. 막상 그가 내 곁에 왔을 때도 그는 복면을 하고 나는 그를 모른 척하기 십상이다. 이리하여 우리들 삶과 죽음은 서로 이방인이다. 서로 통성명을 하지 않는다. 해서 끝내 나를 덮치고 엄습하는 노상강도 같은 꼴의 죽음을 나의 죽음으로 맞고 만다.

> 노란
> 몇 곳의 탑 속에서
> 한꺼번에 울리는 종소리
>
> 노란 바람을 타고
> 멀어져 가는 종소리
>
> 죽음이 걸어가고 있는
> 외줄기의 길
> 시든 오렌지 꽃을 달고는
> 노래하고 또 노래하고 있다
> 죽음이 한 가락 고요한 노래를
> 하이얀 현악기 울림에 맞추어서
> 노래하고 노래하고 또 노래하고 있다.
>
> 노란 몇 곳의 탑 속에서 종소리가 멎는다
> 흙먼지 속에서
> 바람이 빚어내는

메멘토 모리, 죽음을 기억하라

흘러가는 은빛 배의 뒷그림자

이것은 스페인 내란의 참혹한 소용돌이 속에서 인민 전선파라는 혐의를 쓰고는 파시스트에 의해서 총살당한 가르시아 로르카의 「조종弔鐘」이다. 이 적요한 시에서 노란빛은 시든 오렌지 꽃을 더불어서 이우러짐이고 그것에 수반된 조락凋落이다. 그의 작품의 도처에서 색채에다 웅숭깊은 상징성을 부여하고, 그것에서 신비한 정서적 반응을 불러낸 시인답게 로르카는 종소리와 바람도 노랗게 색칠하고 있다. 그래서 이제 우리들 주변 세계는 오관을 통틀어서 시들고 기운다. 그리고는 모든 것이 멀어져간다.

은빛 관은 이제 다만 흙먼지 속을 사라져가는 배의 고물일 뿐이다. 죽음은 다만 쓸쓸하고 황막한 사라져감이고 결별일 뿐이다. 조종은 세상을 지우고 드디어는 죽음도 지우고 만다. 한때 사라져가면, 그뿐인 것이 낯익을 턱이 없다. 우리들은 누구나 죽음을 사라져가는 그 무엇으로 대하고 있을 뿐이다. 죽음이란 이름의 이객異客, 죽음이란 그런 것이다.

죽음과 죽은 이를 대할 때, 우리의 정을 주지 않는 따돌림은 억지 같은 잡아떼기다. 우리들은 대개가 없는 듯이 고개 저으면 그걸로 지워져버리거나 최소한 멀어져 있기 마련인 그 무엇으로 죽음을 대하고 싶어한다.

결국 나만의 죽음을 만나다

망각의 주술 또는 마술을 산 사람들은 죽음을 향해서 부리려고 든다. 아니 삶 그 자체, 그리고 목숨 그 자체를 죽음 망각의 주술로 삼으려 든다.

"없는 거야. 없다니까! 없다는데도! 죽음은 없는 거야." 삶이 죽음을 향해서 건네는 오직 한마디, 단말마斷末魔의 외마디. 우리 의식 속에서 부재신고만 하면 실제로 부재자가 될 수도 있을 것이 죽음이기를 바라고 있다. 그리하여 그 짓거리는 딱하게도 강박관념의 지경에 이르는 것이지만 더욱 딱한 것은 그것을 반복하는 것이다. 프로이트가 지적한 죽음의 세 가지 양식 중 하나가 강박 반복인 것을 여기서 떠올리게 된다.

"잊어버리자! 제발 잊어버려야지!" 아픈 마음의 상처처럼 억지부려서라도 죽음을 망각코자 하면서 산다는 것은 서글픈 일이다. 그것은 죽음에 삼켜진 것이나 진배없다.

잊는 것은 삼켜지는 것, 더 깊이 함몰하는 것. 하지만 망각은 일시적인 약이 된다. 그래서 망각이 의도적인 전략이 되길 바란다. 그러나 그 전략이 일시적 호도糊塗요 땜질이란 것을 잘 알고 있다. 미봉책이란 것을 모를 턱이 없다. 우리들 삶 속에서 이 모순이 반복된다. 드디어 이 모순 역시 강박관념이 되고 강박적 행위를 낳는다. 모순은 늘상 반복되고 우리는 그 모순에서 놓여나지 못한다. 프로이트의 생각대로 동물 중에서 유일하게

신경증을 앓는 동물인 인간의 또 다른 본성이 죽음으로
해서 빚어지는 것이다. 그가 불안의 유일한 근거가 인
간 존재 자체에 있다고 잘라말했을 때, 거기엔 죽음이
그림자를 던지고 있는 것이다.

결국 끝에 가서는 우리의 삶 속에 그리고 우리들 생
목숨 속에 길을 잘못 들어선 미아로서 우리는 우리 자
신의 죽음을 맞게 된다. 생소한 죽음, 낯선 죽음을 죽을
때, 삶이며 목숨은 또 오죽이나 생소한 것일까. 우리 자
신의 생과 목숨이 말이다. 그건 기소유예 같은 걸까? 아
니면 집행유예 같은 것일까? 사람들이 정작 갖고 싶어
하는 죽음은? 그나마 영원한 혹은 무기한의 유예가 보
장된 걸로 생각하고 있는 것일까?

그러면서 사람들은 학생 시절 숙제를 미루던 그 버릇
을 생각한다. 그 가운데는 영구미제로 물리고 만 숙젠
들 어찌 한둘일까를 연상하면서 아쉬움에 젖기도 할 것
이다. 그리하여 끝까지 낯선 것, 모르는 것으로 죽음을
미뤄두고자 한다. 삶과 화해하지 못한 죽음, 죽음과 연
줄을 대지 못한 삶, 각각 남남이다. 서로 모른다.

칼날을 가슴팍에
길거리에 나자빠진
낯선 사내

가로등이 하나 흔들대고 있었다.

거리에서 흔들대고 있었다
어머니! 어쩌면 저토록 작은 둥일까요.
동트기 전 사내의 눈
차가운 공기로 텅 빈 채
어느 누구의 모습도 비치질 않았다.

칼날을 가슴팍에
죽어서 길바닥에 나자빠져 있는
그를 아는 자
아무도 없었다.

곧잘 죽음을 노래한 로르카의 또 다른 죽음의 시. 스페인 내란에서 스스로 죽임을 당한 시인은 자신의 죽음을 이같이 칼을 맞고 거리에 나동그라진 사내에다가 미리 겹쳐보았는지도 모른다. 각박한 남들의 죽음, 처절한 죽음도 필경 모르는 죽음이다. 죽음 자체가 모르는 것으로 멀리 나동그라져 있다. 죽음이 아는 것도 역시 없다.

토마스만의 단편에 「환멸」이 있다. 독일어 '엔트토이 숑Enttäuschung'은 도취며 황홀경에서 내동댕이당한다는 뜻이다. 우리말 환멸도 이와 비슷하다. 환상이 일시에 멸실되는 것이야말로 문자 그대로 환멸이다. 그러기에 환멸은 보통 아름다운 것, 놀라운 것에 부치는 꿈의 사라짐을 의미한다. 아차! 그게 남가일몽이구나. 환멸은

메멘토 모리, 죽음을 기억하라

그런 것이다. 그런 뜻에서 토마스만 의 「환멸」은 역설적이다. 그건 죽음의 환멸이다. 정확하게는 죽음에 부치는 생각의 환멸이다. "이것도 필경 그저 그렇고 그런 거로구나!" 그런 생각을 죽음을 향해서 토하는 것이다.

주인공은 집요하게 자살을 결의하고 또 결의한다. 아니 결의하고 결행하고자 든다. 해서 준순과 결단, 후퇴와 전진 사이를 무수히 오락가락한다. 한숨, 번민, 결심, 단념, 포기 또 번뇌……. 숱하게 세월이 흐르고 밀리고 미적대고 질적대고 한 끝에 드디어 결심한다. 그는 절벽머리에 선다. 눈을 감는다. 이제 발만 내밀면 모든 건 끝난다. 이 발 한 짝, 정말이지 단지, 이 한 발자국이면 모든 건 끝난다. 두 발 허공에 던지면 다다. 그 이상도 그 이하도 아니다. 오직 그뿐, 그것뿐…….

아! 이걸 위해서 그 기나긴 머뭇댐, 준순, 주저, 망설임이…… 말도 안돼! 이 순식간의 일을 위해서 그 긴긴 세월 두고두고 밤낮을 가리지 않고 번민했단 말인가?

죽음, 그것도 스스로 선택한 죽음, 그래서 진정 제 몫이 될 법도 한 죽음인 자살에서도 인간은 내동댕이를 당하고 말다니. 그의 다리는 끝내 내밀어지지 않고 만다. 글쎄 그 찰나, 벼랑 끝에 바람이라도 일었을까? 죽음일랑 모른 적해서 저만큼 외따로 두고 살아온 자에게 죽음은 없는 거나 마찬가지다. 그러던 것에 집착하고 달라붙고 한 뒤 끝이 고작 환멸이라니. 죽음은 다시 한 번 더 멀어지고 만다. 죽음일랑 죽을 값도 없는 것이 되어서 영영 외돌아지고 만다.

> 한 켠에서는 한 사건이 그것을 도맡을 수도 없고
> 그것에 대해서 속수무책인 주체에게로 다다르고
> 다른 한 켠에서는 주체가 그것과 어떤 방식으로
> 든 맞대면하여야 하는 상황, 이것이야말로 타자
> 와의 관계이고 타자와의 상면이고 타자를 가져
> 다주면서도 그 타자를 감추어버리는 얼굴과의
> 대면이다.

우리 각자에게 불가피하게 찾아들고 그래서 어떤 형
태로든 감당해야 할 것임에도 불구하고, 우리 각자를
넘어서 있는 것으로 정의될 것이 '타자'라면 죽음이야
말로 그 전형이란 것을 부인하는 길은 없다. 우리가 나
만의 것인 죽음 앞에서 더없이 절망하고 깊으나 깊은
허무감에 사로잡히고 마는 것은 바로 이 때문이다. 죽
음이란 그 자체가 절망적인 것은 아니다. 죽음이 타자
라는 것이 절망스러운 것이다. 내가 손가락 하나 댈 수
없는 것이 최후의 나의 것으로 주어진다는 것, 그건 우
리가 경험할 최대의 아이러니다. 그렇다. 죽음은 우리
들 몫인 가장 무망한 아이러니다.

메멘토 모리, 죽음을 기억하라

죽음이라는 타자와 만남

이같이 레비나스가 말한 우리와 타자와의 관계는 필경 우리와 남의 관계고 우리와 우리 자신의 인생과의 관계이긴 하지만 그 궁극에서 우리는 죽음과 대면하게 된다는 것이 곧 레비나스의 생각이다. 그는 심지어 죽음이라는 타자 없이는 우리는 다른 타자들을 경험하지 못한다고까지 우기고 있다.

그러나 죽음이라는 타자와의 만남은 만남이면서도 감추어짐이다. 감추어지는 것으로서의 죽음과 우리는 만나는 것이다. 에피쿠로스가 일러주듯이 우리 각자의 죽음의 순간에는 이미 우리 각자는 없어지고 말기 때문이다. 우리가 지워지고 죽음 또한 우리에게서 지워지고 만다. 죽음은 찾아오지만 없어질 것으로 찾아온다.

우리 시대의 마르크스주의 이론가의 한 사람인 코제프는 "죽음 이전에 삶이란 있기나 했던 것일까?"라고 묻는다. 죽음에 다다라서 삶은 그 한계상황의 지친 거리에서 그 정체를 드러내는 것이지만, 그것은 동시에 삶이 지워지고 죽음 자체가 감추어지고 마는 순간이기도 한 것이다.

우리는 미리미리 이 지워짐과 감추어짐을 눈치채고는 삶의 한가운데서 앞질러서 그 상황을 일구어놓으려고 든다. 그것이 죽음의 망각의 주술이다. 하이데거는 '따라잡을 수 없는 것', '절박한 근접' 등의 한정어를 더

붙어서 한계 또는 종말로서의 죽음을 말한 바 있지만 그의 이 다급한 숨결로 토해진 말로 해서 우리는 자칫 어떻게 해서든 '절박함'을 따돌리려고 하는 오류에 빠져든다. 죽음을 오직 한 찰나, 현재가 되기까지 멀고 아득한 미래로 미루어두고자 마음하고들 있다. 좀 속되지만 절실한 말을 쓰자면 '죽음에 대한 산 자의 안면몰수'를 시도하는 것이다.

그래서 마침내는 푸코의 생각에 겹쳐서 보드리야르가 말한 것처럼 죽음은 소외된다. 아니 죽음이 소외 자체가 되고야 만다. 인간들이며 권력이 기피하고 감금한 광증이나 질병이나 변태 성욕과 마찬가지이자 처량한 신세로 죽음은 곤두박히고 마는 것이다.

"오늘날 죽는다는 것은 생각할 수 없을 만큼 비정상적이다. 이것에 비하면 다른 모든 것은 무해한 것이다. 죽음은 불법행위이고 교정될 수 없는 변태다." 오죽하면 보드리야르가 이같이 말했으려고!

그래서 죽음은 철저하게 비인간화하고 만다. 내 것인데도 내 것이 아닌 그래서, 내 것인데도 내게서 타자인 죽음, 그럼으로써 드디어는 소속도 없고 현주소도 없이 주거 부정으로 중성화된 죽음을 오늘날 우리는 갖고 있다. 한데도 그 가짐에는 참 기묘하게도 소유권을 내세울 의지가 없다.

신이여, 당신 마음대로 하소서!

이건 죽음의 위기이자 삶의 위기다. 그런 삶을 살고 그런 죽음을 우리들은 죽고 있다. 해서 이제 죽음 앞으로 돌아앉기, 죽음과의 재대면이 요구되는 것이다. '메멘토 모리(죽음을 기억하라)'는 이제 죽음에 대해서 눈뜨라는 뜻으로, 죽음에 대해서 각성하라는 뜻으로 곱씹어져야 한다.

"인간은 그가 강요됨이 없이도 죽음을 향해서 간다는 사실로 해서 자아의식을 얻어내는 것이다." 코제프가 헤겔을 읽으면서 한 이 발언은 "죽음이 슬픈 것은 아니다. 그것은 존재 그 자체다. 죽음은 의식의 창설자다. 그래서 죽음은 정치적 자각의 터전이기도 한 것이다"라는 『순수한 전쟁』에서 폴 비릴로의 발언에서 메아리지고 있다.

두려워도 무서워도, 그리고 전율하면서도 우리는 죽음에로 귀성歸省해야 한다. 소름을 치면서도 떨면서도 절망하면서도 거기 되돌아가야 한다. 그리곤 붙들어야 한다. 우리 눈앞에 바로 잡아 앉혀야 한다. 뭉크의 그림에서 그렇듯이 에누리 없는 죽음의 리얼리티, 박진하는 그 현실을 향해서 눈길을 곧추잡아야 한다.

공포에 일그러진, 허무에 짓눌린, 아비규환의 죽음에다가 뭉크는 화필을 들이댔다. 거긴 승화니 안식이니 하는 것들, 또는 내세니 영원이니 하는 것들은 말살당하고 없다. 오직 냉혹한, 참담한 진실이 거기 있을 뿐이다. 그는 도망가거나 얼굴 돌리거나 하지 않는다. 직면해서는 직시하고 있는 죽음이 거기 엄존한다. 인간 고통과 허무의 궁극, 갈 데까지 간, 다다를 데까지 다다른 막장의 고통 그리고 오뇌가 거기 엉겨 있다.

뭉크의 작품은 인간 고통의 집대성이다. 그림자라고 부를 것, 어둠이라고 이름 지어야 할 것들과 아픔이 얼려서 찌든 화폭, 그게 뭉크의 그림 세계다. 우리는 그의 그림으로 해서 고통과 상면한다. 〈격정〉(1913), 〈슬픔의 행진〉(1897), 〈우울〉(1900년경), 〈고뇌의 감각〉(1916), 〈절규〉(1898), 〈앓는 소녀〉(1894) 등 익히 알려진 작품 가운데서만 골라도 이만한 고통의 집체集體가 생겨난다.

이들 고통의 덩치를 옆에 보면서〈죽은 어머니〉(1899~1902), 〈죽은 어머니와 아기〉(1901), 〈익사한 자의 머리〉(1892), 〈죽음의 싸움〉(1896), 〈마라트의 죽음〉(1896) 등 잘 알려진 것만 골라도 금세 죽음의 집체를 쌓을 수 있다. 이들을 보면서 우리는 죽음에 대해서 정직하고 솔직할 수 있을 것이다. 죽음과 의연히 맞대면하게 된다. 타협이나 조정 혹은 절충이 없는 죽음과의 생생한 맞대면이 거기 있다.

피안성이나 불사 등의 관념이 완전히 배제된 '생죽음'또는 '살아 있는 죽음'을 우리는 뭉크를 통해서 만나게 된다. 하이데거가 그랬듯이 현존재의 종말로서의 죽음 앞에 우리들은 내세워진다. 그것은 '세계 안 존재의 죽음'과의 맞닥뜨림이어서 거기서는 '죽음의 이승다운 존재론적 분석'이 집행될 수 있는 것이다. 즉 '살아 있는 자의 문제로서의 죽음'이 거기 부각될 것이다. 그것은 에베링의 말을 따르자면, '타나톨로지의 역전'이거니와 이 경우, 죽음론을 의미할 타나톨로지는 그 대상을 죽음에서 생으로 전환하는 결과를 낳는다. 즉 죽음에 관한 사상이어야 할, 타나톨로지는 '생의 이론'으로 탈바꿈하는 것이다. 하이데거의 저 이름난 개념인 '죽음을 지향하는 존재'란 말도 이에서 그 뜻이 유추되어야 한다.

릴케는 '죽음의 시인이다. 하지만 그는 '사후의 죽음'에 대해서는 관심이 없었다. 그는 그의 하고많은 죽음론의 끝에서 "나의 사후의 죽음, 그런 게 있다면 신이여 당신 마음대로 하소서!"라고 말할 것도 같다는 느낌조차 독자들은 받게 될 것이다. 그의 억척같은 관심거리의 죽음은 '이승의 죽음', '지금 당장 여기 이곳의 죽음'이다.

그 현실의 죽음 혹은 현세의 죽음은 끈질긴 '죽음에 대해서 갖게 되는 나의 생각'으로 경험될 수도 있을 것이다. 그나마 일종의 강박관념으로 경험될 '죽음 생각'일 수 있을 것이다. 그것이 릴케의 타나톨로지다. 그 같은 '이승 안의 죽음', '현세의 죽음'은 삶의 주춧돌일 수 있다는 생각을, 아니 믿음을 릴케는 품고 있었다.

죽음으로 해서 생은 에누리 없이 일회로 제약되고 만다. 한데 이 죽음으로 한계지워지는 생의 일회성이야말로 생의 진지함이며 집요함의 혹은 열정의 근거라고 릴케는 마음을 다잡은 것이다. 아! 오직 한 번뿐이니까 성실해야 하고 진지해야 하는 삶, 그건 죽음이 안겨준 선물이다. 이래서 릴케의 죽음은 삶을 향해서 돌아앉아 있다. 타나톨로지의 역전극이 여기에도 있다.

죽음의 거울에 비쳐서 더욱더 확연해질 더더욱 굳건할 삶의 얼굴! 이 책은 그걸 찾고 싶다. 아니 갖고 싶다.

우리들, 죽음을 내다보는 존재

삶의 중심에 관한 물음

사람은 자신에게 죽음이 올 것임을 알고 있는 존재다. 사람은 자신의 죽음을 미리 내다볼 수 있는 존재다. "나는 죽음을 사고한다. 그래서 나는 존재한다"라고 말할 수 있는 것이 인간이다. 인간은 죽음을 사유하는 존재다.

이 말은 인간이 항상 그 속에 죽음을 간직하고 있음을 의미한다. 릴케가 『말테의 수기』에서 임신한 여인의 태 속에 죽음이 싹트고 있다고 한 것은 생리적으로도 옳은 말이다. 딜런 토머스가 태 속의 아기는 어머니의 두 다리를 가위 삼아 장차 자신이 입을 수의를 마름질하는 재단사라고 무시무시한 비유를 한 것도 그럴듯한 일이다.

그러나 인간이 항시 그 속에 죽음을 간직한다고 말한 것은 결코 생리적 차원만의 얘기가 아니다. 사람이 사유함으로써 존재하는 것이라면, 그 사유 속에서 온전히 죽음을 떨칠 수 없다는 뜻에서 인간은 항시 그 속에 죽음을 지닌 존재라고 말하는 것이다.

인간은 자신의 죽음을 지레 내다봄으로써 죽음을 사유하고, 그럼으로써 항시 죽음을 자신 속에 간직하고, 드디어는 죽음과 함께 살아가는 것이다. 죽음과 함께 살지 않는 삶은 있을 수 없다. 적어도 인간에게 이 말은 진실이다.

삶에 철들면서, 사람은 죽음을 사유하면서 살아간다. 그러는 동안, 사람은 몇 가지 태도를 자신 속에 도사린 죽음을 향해 취하게 된다. 자기 죽음을 향한 자기 반응이요, 자기 방어체계가 발동하는 것이다. 결국은 자기가 자기에게 건네고 또 던지는 문제라서, 문제제기가 절실하고 책임성있고 효율적일 때, 한 인간의 삶의 문제라는 형식을 이때 죽음은 취하게 되는 것이다. 삶의 핵, 삶의 중심에 관한 물음으로 죽음은 탈바꿈하게 되는 것이다. 죽음의 문제는 종국적으로 어떻게 사느냐 하는 물음으로 곤두서게 되는 셈이다. 죽음 쪽에서 삶을 바라본다고 해도 무방하다. 물론 이것은 성공적인 사례에 불과하다.

죽음에 대한 자기 반응의 하나는 죽음의 물음에 대해 영구미제의 사건을 다루는 형사 같은 태도를 취하는 것이다. 어차피 안 풀릴 테니까, 그럼에도 문제는 여전히 남아 있을 테니까, 해결은 미룰 수 있는 데까지 미루어 보자는 것이 된다. 아니 문제에 손대는 것 자체를 보류

해두자는 것이다. 이것은 숙제를 미루고 밀치고 하다가 그만 깜박 까먹어버리는 초등학교 아동들을 연상케 한다. 대상이 보기 싫으면 사람들은 눈을 감는다. 그렇듯이, 죽음 앞에서 눈을 감는 데까지는 감아보자는 것이다. 이것을 위장된 소경전략이라고 해도 무방하지만, 그보다는 천적 앞에서 죽음을 가장하는 작은 동물에 더 가까울지도 모를 일이다.

이것은 극단적인 경우, 백치에의 도피가 된다. "나 몰라"고 고개를 외로 꼬거나, "에라, 모르겠다. 누가 그것을 알랴" 이런 푸념이 따르기 마련이다. 죽음 앞의 백치, 그것도 위장된 백치로서 살아갈 때, 사실은 그게 삶에 대해서도 짓게 되는 위장한 백치란 것을 눈치채야 할 것이다.

그렇다고 죽음의 생각에서 아주 자유로울 가망성은 절대로 없다. 혼절한 사람의 맥박이 제 힘을 찾듯이, 죽음의 생각이 떠오르면, 사람들은 마치 적의 복병에게 기습당한 것처럼 당황하고 실색하지만, 그것도 잠시, 고개 몇 번 젓다가 눈감는 것으로 평화를 회복하려고 든다. 하지만 그것은 불행한 기만의 일시 휴전에 지나지 않는다.

이럴 경우, 죽음이 물러가 있는 것이라고 사람들은 불행히도 착각하거나 오해한다. 하지만 전혀 그렇지 못하다. 죽음에 일시 그들이 패배하는 것뿐이다.

죽음은 살아 있는 자의 눈에 보이지 않는 짙은 그림자로 달라붙어 있는 것이다. 다만 모습을 감춘 것뿐이다. 그것은 본질적으로 잠복한 병과 다를 게 없다. 여기서 우리들은 잠복기가 있는 병일수록, 또한 잠복기가 긴 병일수록 위협적이고 파괴적이란 사실에 유념해야 한다. 잠복기 동안 가성假性 환자는 자신도 모르게 병균을 위한 병소病所가 된다. 병의 텃밭이 되어 병을 길러 주게 되는 것이다. 그러다가 마침내, 그 병에게 당하게 되는 것이다. 길러준 만큼 거꾸로 당하는 것이다. 잠복된 죽음과 산 사람의 관계도 이와 조금도 다르지 않다.

죽음 앞에 위장된 백치

괴테는 그의 저 유명한 『에커만과의 대담』에서 엄청난 신념을 토로한 적이 있다.

> 사람이 죽음에 다다라, 제 자신이 아니고서는, 이 세상에 아무도 못할 일이 남아 있노라고 확신한다면, 그때 죽음 보고서 물러가라고 하라. 그러면 죽음도 물러가리라.

대담한 초인적인 신념의 토로다. 게다가 괴테는 나중에 이 신념을 현실화했으니 더욱이 놀라운 일이다. 그는 나이 81세, 다량의 피를 쏟고도 『파우스트』 제2부를 쓰기까지의 말미를 실제로 얻어낼 수 있었기 때문이다.

이 죽음에 대한 신념은 말할 것도 없이, 자신의 삶이 지닌 가치에 대한 짝이라고 보아야 할 것이다.

하지만 백치의 도피에 즈음해서, 죽음이 물러가 있는 것은 결코 아니다. 다만 일시적으로 가려져 있는 것뿐이다. 그리고 그 가려짐의 사이, 죽음은 다잡아 다가설 것이다. 기척도 없이…….

죽음 앞에서 위장된 표정을 짓는 백치는 삶에 대해서도 같은 표정을 짓는다. 그것은 삶의 포기와도 같은 것이다. 죽음을 일시 그늘에 눌러두는 것이 삶의 단단한 확보라고 생각한다면, 그것이야말로 백치다운 생각이다. 그늘과 대조가 되지 않고는 빛이 제대로 밝을 수 없듯이, 죽음을 외면한 삶은 온전할 수 없다. 애써서 죽음을 밀쳐놓았을 때, 삶도 함께 밀쳐놓고 만 것이다.

죽음 앞에서 위장하는 백치. 이것이야말로, 사람들이 가장 흔하게 취하게 되는 죽음에 대한 반응이다. 가장 흔한 만큼, 가장 볼품없는 반응일 것도 아주 뻔한 일이다. 그러나 대개의 경우, 사람들은 이 죽음에 대한 외면이 죽음의 문제 해결이듯이 태평스레 살아간다. 하지만 그동안 한시도 죽음은 복면한 공포이기를 그만두지 않는다. 기껏해야 그 공포를 저만치에 두고 야금야금 고양이 걸음으로 피해 다니기 마련이다. 아니면 그동안 죽음은 눈물 글썽대는 감상의 대상이 되기 마련이다. 남의 죽음을 접했을 때, 조금 가슴이 찡하나, 그러나 끝내 그것뿐인 일과성의 감상을 넘어서지 못한다. 그래서 죽음을 축축히 눈물 밴 응달의 이끼로 묵혀두기 일쑤다.

자신 속에 자신이 간직하고 있는 죽음에 대한 또 다른 반응에는 죽음을 삶이 끝난 그다음의 시간의 문제로 다루려 하는 태도가 있다. 이것은 말하자면 영원한 미래라는 때매김時制으로 자기 죽음에 취해 보이는 반응이다. 이럴 경우, 종교적인 색채가 매우 강해진다.

죽음은 결코 오늘의 문제가 아니라고 이때 사람들은 마음먹기 일쑤다. 내일의 문제, 되도록 머나먼 내일의 어느 사건일 거라고 생각하기 마련이다. 이들은 죽음 앞에서 고개를 외로 꼬거나, 앵돌아지거나 하지는 않는다. 모른다고 잡아떼거나 할 만큼 어리석지도 않다. 영구미제라고 판단하지도 않는다.

다만 삶이 끝난 그다음 미래의 시제 속에 죽음이 있을 것이라고만 생각한다. 그리고는 곧잘 그 미래의 시제를 무한으로 늘어뜨려 영원으로 바꾸어놓기를 즐겨한다. 더불어서 미래의 시제에 걸맞은 미래의 공간, 아득한 영원의 영토도 상정하게 된다.

영원한 미래의 시제, 영원한 미래의 공간 속으로 옮겨앉은 죽음을 생각하면서, 사람들은 피안이란 것을 생각해냈다. 여기가 아닌 저기, 그것도 머나먼 저기를 생각해낸 것이다. 건너가는 다리는 있어도 되돌아올 다리는 없는 아득한 저기를 꿈꾼 것이다. 그러자니까, 거기다 무한의 기대, 끝도 없는 소망도 함께 걸게 되었다. '아무 데도 없는 곳'이란 문자 그대로의 의미를 지닌 유토피아를 그 아슬한 너머에다 건설하려고 청사진을 작성하곤 했던 것이다. 최치원의 마지막 입산에 관한 전설은 무엇보다도 더 전형적으로 삶의 저 너머에서 이루어진 죽음에 대해 보여주고 있다.

삶이 죽음을 기른다

요즘 흔하게 쓰는 비유법을 빌리자면, 그것은 물 건너간 죽음이다. 인간의 못다한 꿈, 유토피아의 꿈이 걸린 죽음. 유토피아의 타나토스. 그것은 이승의 삶의 모습을 바꾸어버린다. 영원한 미래시제 속의 영원한 영토를 향한 낭만적인 여정의 한순간, 스쳐 지나가는 한 작은 시골 정거장, 그나마 급행차들은 서지도 않고 통과해 가는 한적한 정거장 같은 것으로 인생은 뜻을 지니게 된다. 삶은 유토피아의 타나토스에 이르는 나그네길이 되지 않을 수 없다. "인생은 나그네 길……." 이런 노래 마디를 곧잘 되뇌이면서 걸어가는 길, 인생이란 그런 길목의 한 추억거리로 머물게 된다.

그래서 삶이 적극적인 뜻을 지닌다고 하면, 영원한 미래시제의 그 영토에까지 다다를 차표를 얻어내거나, 채비를 하는 절차로 평가되기 십상이다. 타나토스는 목적지가 되고 인생은 과정에 불과하다. 인생은 어디까지나 일시적 경과 조치요, 방편일 뿐이다. 보이지 않는 것을 위한 보이는 것의 희생이 값진 의미를 지니게도 된다.

가령 영국 시인 존 던의 환상적인 이미지를 생각해보자. 누구나 알다시피, 달걀에는 흰자가 있고 그 안에 노른자가 있다. 난황卵黃이라고도 한다. 한데 이 노른자의 배반 속에는 배가 있다. 아주 작아서 금세 눈에 띄지는 않지만, 이것이 나중에 자라서 병아리가 된다. 배눈은 말하자면 병아리의 씨앗이다.

달걀 씨눈은 노른자에서 영양분을 취해서 자라난다. 난황은 씨눈의 먹이인 셈이다. 그러다가 씨눈이 자라서 병아리가 제대로 모양을 갖춘 개체가 되면, 그때 껍질을 깨고 밖으로 나온다. 존 던은 이 순간을 사람들의 임종에 견주었다. 이 견줌에 의하자면, 난황덩어리가 삶이 되고 배가 죽음의 씨앗이고 부화가 곧 죽음의 완성이 되어야 한다. 요컨대 죽음인 배는 삶인 노른자를 먹고 자라고 그 최후의 단계가 부화, 곧 껍질깸이 된다. 삶은 죽음을 길러주면 그 소임이 끝나는 것이다.

사람의 죽음이 부화孵化, 곧 알깸이라고 생각하는 것은 큰 위안이 될 게 뻔하다. 죽음을 파도에 견주고 삶을 물깃에 견준 이 영국 시인에게 있어선 더욱더 위안의 도가 커진다. 왜냐하면 파도는 모랫깃에 끝없이 밀려들고 나면서 거기다 아름다운 물살의 줄무늬를 남기거니와, 그렇듯이 죽음의 손길은 끊임없이 삶이란 옷의 가장자리에 레이스 무늬를 수놓는 것이 되기 때문이다. 그것은 아기를 만지는 어머니의 손길일지도 모른다.

그러나 이 같은 위안을 위해 우리가 치르게 되는 대가는 결코 적지 않다. 모처럼 한 번 주어진 삶을 여름 소낙비 같은 일과성의 사건으로 돌려버리기 때문이다. 삶이 목적이 아니고 과정에 머물 때, 삶은 그저 물살에 섞인 한 방울의 물과 같은 게 되고 만다. 기껏해야 몇 번의 물살의 출렁거림에 불과하게 된다. 삶은 언덕에서 바라보는 개울물의 흐름 그것과 같아지고 만다. 죽음을 영원한 미래에 가서 잡는 대신 삶을 온데간데없이 놓쳐버릴 위험성이 커진다.

삶이 죽음을 기르는 것은 틀림없다. 왜냐하면 우리들은 우리들 각자가 산 만큼의 죽음을 누리게 될 것이기 때문이다. 하지만 삶은 죽음을 얻어내기 위한 동전 몇 푼 같은 것은 결코 아니다. 삶이 죽음을 기르는 것이라면, 삶을 확고하게 붙들지 않으면 안 된다. 삶을 놓치고 나면 죽음을 가꾸며 기르고 싶어도 그 근거를 잃어버리고 만다.

삶이 흘러가는 과정이라고 쳐도 그렇다. 헤르만 헤세의 『싯다르타』에서 싯다르타 본인이 깨달았듯이 눈앞의 이 물방울을 이것으로 지적했을 그 찰나에 이것은 이미 과거로 접어든, 저것이 되고 동시에 이미 꺼든 미래의 그것이 되고 만다. 현재에는 과거도 미래도 동시에 곁들여 있다는 것이 하이데거가 『시간과 존재』에서 제시한 시간의 실존적 양상이란 것을 우리는 알고 있다. 현재를 미래와 별개로 잡을 때 미래도 놓치고 만다.

삶의 일회성, 그 엄청난 사실

이제 우리들은 자기 죽음에 대한 자기 반응의 세 번째 종류에 대해 얘기할 차례다. 그것은 죽음을 상태의 변화, 어떤 물리적 양상의 변화에 불과하다고 보는 반응이다. 그것은 당연하게도 그 외형상의 변화 너머에 불변의 본래적인 것을 상정하게 된다. 이럴 때, 죽음을 피안에 영존할 이데아로서 타나토스론은 제시하게 된다. 이것을 이데아 타나토스론이라고 이름지어도 좋을 것이다.

가령 이런 비유법을 생각해보자. 우리는 이따금씩 거울을 들여다본다. 그리고는 거기 제 얼굴을 비춰본다. 그리고 자신을 확인한다. 그것이 제 얼굴의 그림자, 제 자신의 그림자려니 하는 생각은 별로 않게 된다. 거울 속의 나는 어디까지나 나 자신이려니 생각하기 일쑤다. 굳이 서너 살 된 아이들만 라캉이 이르는 경상鏡象 단계를 겪는 것은 아니다. 인간은 어느 나이에고 그것을 겪는다.

그러다가 얼굴을 드러내면 당연히 거울 속의 그림자도 사라지고 만다. 이 그림자의 사라짐이 죽음이라고 생각하는 발상법이 있을 수 있다. 이 경우, 지금 우리가 살고 있는 이 세상은 거울에 견주어진다. 그리고 이 세상에 실존하는 우리들은 그림자에 견주어진다.

그림자의 사라짐이 우리들 실체의 사라짐일 수는 없

다. 내 실체는 내 그림자의 존재 여부와 별도로 실존하기 때문이다. 그렇듯이 내 죽음과 별개의 내 실존이 상정될 수 있을 때, 이데아 타나토스론이 빛을 발하게 될 것이다.

불경에서 찾을 수 있는 거울의 비유법, 경상의 소멸과 실상의 영존을 말하는 거울의 비유법과 다른 비유법에서도 이데아 타나토스를 엮어볼 수 있게 된다. 가령 브라만교의 성전인 『우파니샤드』의 시편이라고 보여지는 『바가바드기타』에는 다음과 같은 유명한 옷 갈아입음의 비유법이 보이고 있다. 죽음이 무엇이냐고 묻는 사람에게 브라만이 되묻는다.

"너희가 입은 옷이 낡아 해어지면 너희는 어찌 해야 옳으냐."

"새 옷으로 갈아입어야죠."

이 같은 사람의 대답에 접한 브라만이 다시 또 묻는다.

"그럴진대, 너희의 영혼이 입은 옷이 너희의 육체라고 친다면, 그 육체 옷이 누더기가 되었을 때 너희 영혼은 어떻게 해야 하는가."

이 물음에 대한 사람의 대답은 아주 뻔하다. 소크라테스적인 산파술의 문답법에 견주어질 만한 이 유도심문에서 브라만은 이미 대답의 물꼬를 터놓고 있기 때문이다.

이 같은 옷 갈아입음의 비유법이 이데아 타나토스론을 포괄하고 있음은 의심할 바 없다. 하지만 경상의 비유법이 이데아로서 눈에 보이지 않는 실상을 가정하고 있음에 비해서, 옷 갈아입음의 비유법은 이데아로서 영혼을 가정하고 있다. 육신은 시간의 제약을 받지만, 영혼은 그것을 까마득히 벗어나 있는 것이다. 영혼불멸론이야말로 이데아 타나토스론의 가장 뚜렷한 특색의 하나다.

이때 큰 함정이 있음에 유념해야 한다. 그것은 죽음이 사뭇 쓰잘것없는 것이거나 하잘것없는 계기에 불과하게 내버려져 있음에 유념해야 한다. 죽음이 거울에서 실상의 얼굴이 비껴감이요, 아니면 헌옷 벗어던지는 일이라면 필경 죽음은 대수로울 게 없어지고 만다. 뜻밖에 이데아 타나토스론은 죽음을 걸레로 만들고 쓰레기화하고 드디어 황폐화시키게 될 것이다.

삶은 한 번뿐이기에 그 중요성을, 그 중대성을 확보한다. 이것은 릴케의 유명한 시적 명제다. 삶의 일회성은 삶의 허무를 말하거나 삶의 포기를 종용하는 계기가 아님을 그는 힘주어 노래하고 있다. 오직 한 번만의 내 몫이 아니었다면 삶은 참 얼마나 보잘것없을 뻔했으냐고까지 노래할 것 같은 느낌을 그는 풍기고 있다. 삶의 일회성의 제기는 삶의 절대적 긍정을 위한 유일한 전제요 또 근거라야 한다고 그는 다짐 두고 또 둔다.

그렇다면 얘기는 아주 뻔하다. 죽음 또한 우리에게 있어 중요해야 한다. 지금 당장의 이승의 삶의 의식에는 한 번밖에 주어지지 않는 것으로 존재하는 죽음 또한 그 일회성으로 말미암아 유례없이 엄청난 것, 어마

어마한 것이 되어야 하는 것이다.

하지만 이데아 타나토스론은 가령 그 경상의 비유법에서 특히 그렇듯이, 실체를 슬쩍 거울 바깥으로 움직여내는 것에 불과한 가벼운 한 찰나의 동작, 그것을 다름아닌 죽음으로 포착하는 것이다.

지금, 여기, 당장의 죽음

우리들은 아무도 죽음 없이, 온전하게 삶에 대해 말할 수 없다. 죽음이 삶의 짝이듯이, 삶은 죽음의 짝이기 때문이다. 우리들 누구나 초등학교 시절에 의자를 나란히 하여 한 책상을 나누어 가졌듯이, 짝의 기억을 진하게 간직하고 있을 것이다. 죽음과 삶은 서로 그 짝꿍과도 같은 것이다.

삶 다음에 올 그 죽음, 다음의 죽음, 미래의 죽음에 대해서 말하는 게 아니다. 당장의 죽음, 지금의 죽음에 대해 얘기하는 것이다. 엄밀히 말해서, 삶의 끝에 죽음이 오는 것은 아니다. 삶 속에 보이지 않게 간직되어 있던 죽음이 어느 날 문득 다 갖추어진 모습으로 삶 전체를 뒤집어 보이는 것뿐이다. 그것은 죽음의 실지 회복, 말하자면 잃어버린 땅 찾기나 다를 바 없는 것이다.

죽음을 삶 다음에서, 삶의 끝자락에서만 생각하는 것은 숙제를 미루는 것과 같다. 그것도 지금 당장에 해야 할 숙제를 내일에, 모레에 미루는 것과 같다. 죽음은 삶의 한복판에서 생각해야 한다. 네거리 한복판에서 우리의 행방을 결정해야 하듯이 말이다. 다 건너가놓고서 행방을 생각한다는 것은 있을 수도 없는 일이다. 이것을 자기 죽음에 대한 네 번째 자기 반응이라고 생각해도 좋다면, 우리는 그것을 리얼리즘의 타나토스론이라고 이름 지을 수 있을 것이다.

'죽음은 은유隱喩, 한 역사(얘기) 속의 형상이라고 딜런 토머스는 뇌이고 있다. 죽음이 은유라고 할 때, 그것은 말할 것도 없이 삶을 향한, 삶을 위한 은유란 뜻이다. 삶을 말하는 숨겨진 비유법이란 뜻이다. 그러기에 죽음은 삶과 하나의 역사, 하나의 얘기를 나누어 갖고 있는 삶의 또 다른 형상, 모양인 것이다.

은유란 원칙적으로 한 사물로 하여금, 그와는 사뭇 다른 사물에 은근히(숨겨지듯) 견주어지게 함으로써 그 견줌 없이는 못 가졌을 법한 새로운 속성을 갖추게 하는 언어적 전략이다. 은유에 의해서 한 사물은 새로운 유대 속에서 다시 태어나는 것이다. 딜런 토머스가 '죽음은 은유'라고 말한 것은 바로 이 때문이다. 그렇기 때문에 '한 역사 속의 형상'이라고 할 때, 그것은 죽음이 삶과 함께한 역사 속의 또 다른 형상임을 지적하는 것이다.

지금 당장의 죽음, 삶의 한복판에서 생각하는 죽음은 삶의 부정으로서의 죽음을 거부하는 정신에서 비롯할 수 있다. 어떻게든 삶을 지탱하는 주춧돌이나 기둥쯤으로 죽음을 전환하고자 하는 정신이 아니고는 죽음을 삶의 핵 속에 확보할 수 없다. 이것이 일반적으로 예상되는 삶의 부정으로서의 타나토스론의 극적인 전환이란 것을 이해하기는 어려운 일이 아닐 것이다.

　죽음이 있어서 삶이 사라지거나 지워지는 게 아니다. 죽음이 있어서 오히려 삶이 굳건해지는 그런 경지에서 죽음을 생각해야 함을 리얼리즘의 타나토스론은 일러주는 것이다. 존 던의 시에서와는 극단적으로 달리 죽음을 먹고 사는, 죽음을 먹고 자라는 삶을 말하려는 것이다.

　죽음에 의해 삶에 한계가 지워진다는 그 엄정한 현실 앞에서 오히려 삶을 향해 돌아설 수 있어야 한다. 한계성의 인식 때문에 공포나 자포자기, 아니면 허무감에 빠져서는 안 된다. 혹은 그 인식에서 도망가려고 들거나 그 인식을 누그러뜨릴 위안을 찾으려 하는 것도 바람직하지 못하다.

　죽음 때문에 우리가 삶을 등져서는 안 된다. 아니 단연코 그 거꾸로라야 한다. 죽음 때문에 도리어 삶을 향해 돌아서야 한다. 삶으로 회귀해야 한다. 죽음으로 하여금, 우리들을 삶으로 되돌려 세우게 하는 강한 반사성을 갖게 해야 한다. 그것은 죽음 자체가 발휘하는 힘이 아니다. 우리들 삶에 대한 의지가 죽음으로 하여금 누리게 하는 힘이다.

　죽음 때문에 우리들은 삶에 달라붙어야 한다. 그 죽

음으로 해서 잃어질 삶이라면, 아니 결정적으로 잃어지게 되어 있는 게 삶이라면 우리들은 한사코 그 삶에 마음을 붙여야 하고 사랑을 붙여야 하는 것이다. 바로 그 죽음 때문에 오히려 우리들은 악착같이 살아야 하는 것이다.

메멘토 모리, 죽음을 기억하라

2부

한국인의 죽음, 그 자화상

죽음에서 공포 따로 허무 따로 얘기할 수는 없다. 별개의 둘이 하나의 것에 별도로 엉겨 있는 것은 결코 아니다. 죽음이란 허무의 수렁창에는 공포가 독사처럼 서리 감고 있는 것이다. 그 철저한 삶의 지움, 그 철저한 삶의 말살이 허무감의 원천이자 공포의 원천이다. 그래서 사람들은 죽음 앞에서 떨면서 함께 짙게 한숨짓는다.

죽음은 삶이 끝나면서 시작되는 게 아니다. 삶과 함께 비롯해서 삶 속에서 삶과 함께 자란다. 죽음은 삶 속에 내재해 있다. 그것은 삶이 없이는 죽음이 있을 수 없다는 사실 하나만으로도 입증되고 남는다.

그러기에 우리는 자신의 죽음과 미리 교제한다. 낯설지 않은 자신의 죽, 미리 길든 자신의 죽음. 거기엔 강박관념화한 죽음의 공포도 없고, 허무에 짓눌린 죽음도 없다. 죽음 앞에서 고개를 외로 꼬는 것도 아니고, 죽음을 영원한 미래 시제 속에 미루려 드는 기색이 있는 것도 아니다. 죽음과 화친한 삶은 이미 익을 대로 익은 삶이다.

죽음은 이미 맥박 속에 깃들여 있다. 죽음이 삶의 끝에서 시작한다고 말하는 것은 현명하지 못하다. 죽음은 목숨이 잉태되는 순간부터 그 목숨과 함께 비롯했다고 말해야 한다. 그래야만 정확하다.

죽음은 삶과 함께 자란다

특유의 삶의 방식이 있듯 특유의 죽음의 방식이 있다

프로이트는 '인간 존재 그 자체가 불안의 유일한 바탕'이라고 하면서 죽음의 불안에 관해서 이야기한 바 있다. 그는 인간이 죽음과 화해하지 못할 때, 자신의 죽음을 받아들이지 못할 때, 죽음은 불안이 된다고 했다. 한데 우리들은 이에 덧붙여서 다음과 같이 말해야 한다. '죽음이 불안인 동안, 삶 또한 내내 불안일 수밖에 없다.'

하기에 죽음의 불안을 조금씩 가라앉혀가는 과정이 삶이기를 우리들은 바라게 된다. 그로서 우리들 각자의 삶과 우리들 누구나의 죽음 사이에 끈끈한 함수관계가 있기를 희망하기도 할 것이다. 죽음의 질과 개성은 삶의 질과 개성에 비례한다. 이 말은 사람들 각자에게 그 사람 특유의 삶의 방식이 있듯이, 그 사람 특유의 죽음의 양상이 있음을 뜻하고 있다.

삶이란 워낙 다양한 것이다. 지문이 서로 다르고 성

대가 서로 구별되고 얼굴이 서로 같지 않듯이, 제각각 자기 나름의 삶을 사는 것이다. 그렇듯이 사람들은 각인각양, 백인백태의 죽음을 죽는 것이다.

이것은 덩달아서 몇 가지 명제를 파생시키게 된다. 첫째로, 죽음을 말하는 것이, 특히 한 공동체의 죽음을 통틀어서 말하기가 매우 어려운 일이라는 명제가 갈라져 나올 수 있다. 둘째로는, 결국 사람들은 그의 삶에 의해서, 그 삶에 어울리는 죽음을 길러간다는 명제가 파생될 수 있다. 어느 명제의 경우나 죽음이 삶의 함수라는 것을 의미하기로는 마찬가지다.

엄밀히 말해서 죽음은 삶이 끝난 어느 시점에서 느닷없이 갑작스레 시작되는 게 아니다. 하긴 길이 눈을 감는 것, 심장이 정지하고 숨이 끊기는 것.―이런 현상이 일어나는 특정 시점을 의사들은 죽음이라 말할 수 있을 것이다. 그러나 그것은 죽음이 가진 극히 단편적인 생리적 징표에 불과하다.

이 징표로 가름되는 죽음은, 사실은 죽음의 후반기일 뿐이다. 그 이전에 이미 죽음의 전반기, 죽음의 예비 시기가 있다. 그러지 않고는 각자의 죽음이, 각자의 삶에 의해 길러진다고 말할 수 없다.

죽음은 삶이 끝나면서 시작되는 게 아니다. 삶과 함께 비롯해서 삶 속에서 삶과 함께 자란다. 죽음은 삶 속에 내재해 있다. 그것은 삶이 없이는 죽음이 있을 수 없다는 사실 하나만으로도 입증되고 남는다. 논리적으로 따지고 캐고 하기 이전에 이미 진실로서 우리에게 주어져 있다. 다만 흔히들 그 주어진 것을 의식하지 못하고 그냥 지나가는 것뿐이다.

가령 딜런 토머스는 '맥박 그것은 제 무덤을 파는 삽질소리'라고 노래한 적이 있다. 켈트 신화에 깊이 물든 음울하고도 놀랍도록 정확한 시인의 이미지치고는 사뭇 전율적이다. 그의 대선배 시인격인 형이상학파 시인의 이른바 '전율적인 이미지'를 연상시키기에 족하다.

아무리 섬뜩해도 이 이미지가 진실이 아니라고 우길 수는 없다. 사람들은 혼절한 사람의 맥박을 짚으면서, 그게 뛰고 있으면 그 사람은 살아 있노라고 말하게 된다. 이 판단에 아무 잘못이 없다. 하지만 맥박이 한 번 뛸 적마다 그 맥박으로 해서 사람이 살아 있다고 판단하는 것에 잘못이 없듯이, 그 당사자가 정확하게 한 발 한 발 죽음을 향해 다가가고 있다는 판단에도 아무 잘못이 없다.

이렇듯이 죽음은 이미 맥박 속에 깃들여 있다. 죽음이 삶의 끝에서 시작한다고 말하는 것은 현명하지 못하다. 그렇다면 어떻게 말하는 게 정확한 것일까. 죽음은 목숨이 잉태되는 순간부터 그 목숨과 함께 비롯했다고 말해야 한다. 그래야만 정확하다.

곡성, 삶과 구별되는 징표

사람들은 모든 목숨 있는 것과 마찬가지로 살아감으로써 죽는다. 삶과 죽음의 이 관계를 생각할 때, 삶 그 자체가 이미 큰 아이러니임을 알게 된다. 딱히 비극적이라고만 말할 수도 없고, 그렇다고 구태여 희극적이라고만도 말하기 거북한 아이러니. 그래서 우리들은 죽음과 맺어져 드러나는 삶의 아이러니를 천상 희비극적이라고 부를 수밖에 없다. 억척같이, 무진무진 애쓰며 살아가는 그 힘의 타성으로도 이미 죽어가는 사람들을 보고 그렇게밖에 말할 수 없다. 사람들은 살며 죽으며 하면서 살아가고 있다.

이 같은 논지는 거꾸로 죽음을 말함으로써 삶에 대해 말할 수 있다는 것을 뜻할 수 있다. 죽음을 통해 삶을 들여다볼 수 있음을 뜻할 수 있다. 죽음이란 거울에 비치는 삶, 죽음에 의해 굴절되어서 비로소 모양 잡기 시작할 삶이 있다는 뜻이 되기도 한다.

한국인들도 물론, 그들의 삶만큼 다양한 죽음을 겪어왔고, 죽음의 생각을 간직해왔다. 삶이 가꾼 죽음을 간직해온 것이다. 가령 항간에서 경기도 강화의 부인네를 곡哭으로는 으뜸으로 치는 속사정은 강화가 겪은 옛적 그 무시무시한 병란에까지 거슬러 올라가지 않고는 이해할 수 없다.

곡은 곡성哭聲이라고도 한다. 그것은 울음은 울음이되

예사 울음과는 다르다. 눈물이 나고 소리를 하고 하는 겉
보기는 울음과 큰 차이 없어 보인다. 하지만 그것은 어디
까지나 피상적 관찰에서 얻어지는 결론일 뿐이다.

굳이 둘을 가름하자면 울음은 생리고 곡은 문화라고
할 수 있다. 바깥에서 멀리 소리만 들어도 곡성은 금방
구별될 수가 있다는 것을 한국인은 익히 알고 있다. 그
만큼 곡이 특징적인 것은 그것이 일정한 양식을 가진
것이요, 또 제도화되어 있기 때문이다. 말하자면 문화
적이기 때문이다.

"애고 애고 애고……"하고 우는 곡은 3박자의 느린
장단을 타고 있다. 그 소리 마디의 높낮이며, 짧고 길기
가 일정하고 하다못해 곡이 지닌 특이한 생김새가 있다
고 말해도 좋을 것이다. 죽음의 의례, 말하자면 장례(상
례)는 전통의식 중에서도 가장 까다롭다. 그 까다로운
의식의 일부로서 곡을 하니까, 자연 문화화할 수밖에
딴 도리가 없는 것이다. 이같이 죽음은 문화의 양식에
까지 관여할 뿐만 아니라, 그 자신이 스스로 문화화하
기까지 하는 것이다.

곡은 또 다른 것을 의미한다. 그것은 곡이 울음과 구
별됨으로써 죽음의 윤곽을 선명하게 그려낸다는 점이
다. 삶과 분명히 구별될 징표를 죽음에 부여하는 것이
곡이다. 이같이 죽음은 삶과 연관되어 있으되, 삶과 확
연히 갈라설 표정을 요구한다.

한국인의 민속과 민간신앙을 통해 한국인의 죽음을

말하려 하되, 이제 다음에서 장과 절이 여럿으로 갈라져 있는 것은 한국인의 죽음이 그 삶만큼 다양하다는 것을 고려에 넣었기 때문이다. 시대에 따라, 문화적 층위에 따라 한국인의 죽음 그 자체와 죽음에 부친 생각은 다르기 때문이다.

하지만 장과 절을 달리하면서까지 죽음의 여러 모를 보이려고 했을 뿐이고, 그 다양성 사이의 지속성이나 통일성은 미처 제시하지 못했다. 가령 화사하게 되살아나기를 기대한 죽음과, 공포와 부정감으로 얼룩진 죽음 사이를 잘 다리 놓아주지 못한 것이 그 결여된 통일성의 일부다.

그럼에도 불구하고 굳이 변명을 늘어놓자면, 죽음의 다양성을 가급적 여러모로 보이면서, 그러한 죽음을 살다가 간 한국인의 삶의 다양성을 간접적으로 시사하고자 했기 때문이라고 말하고 싶다. 이 글이 여러 죽음을 살다 간 한국인의 여러 삶의 그림자로 비춰지기를 바라고 싶다.

메멘토 모리, 죽음을 기억하라

우리들 죽음의 자화상

죽음의 몰개성 시대

그동안 우리들은 죽음에 대한 원론적인 생각을 해왔다. 사람이면 누구나 가질 만한 죽음에 대한 생각들, 말하자면 죽음에 대한 일반론을 얘기해온 것이다.

이제 그 일반론을 실마리로 삼아서, 한국인의 죽음을 얘기하자는 것이다. 말하자면, 한국인의 죽음에 관한 개별론을 얘기하려고 하는 것이다. 하지만 한국인의 죽음을 일반론적인 죽음과 꼬집어 비교해가면서 얘기할 생각은 없다. 무엇보다 그것은 필자로서는 너무 성가시고 어려운 일이다. 또한 한국인의 죽음에 관한 개별론을 하자는 그 말이 다른 민족들은 절대로 못 가진, 그래서 딱 한국인만이 갖는 죽음만을 족집게로 집어내자는 것을 의미하지는 않는다. 이것 또한 필자에게는 과분하게 힘들고 겨운 일이다.

그럼에도 불구하고, 여기서 굳이 한국인의 죽음을 얘

기하자고 나선 것은, 한국 민속 현장과 민간신앙 현장에서 맞닥뜨리게 되는 한국적 현장 속의 죽음을 얘기하고자 하는 기도 때문이다. 요컨대 한국인만의 죽음이란 뜻으로 사뭇 좁혀서 한국인의 죽음을 말하려는 것은 아니다. 다만 한국의 민속과 민간신앙 현장에 있는 죽음이 지닌 그 한국적 현장성 때문에 한국인의 죽음이라고 부를 수 있는 죽음에 대해 얘기하자는 것뿐이다.

가령 "개똥 밭에 굴러도 이승"이라는 속담 때문에 한국인의 죽음의 피안에 관한 생각이 유추될 수 있을 것이고, 남의 집 부고를 집안에 들여놓지 않는 풍습 때문에 한국인이 죽음에 부치는 부정관不淨觀을 헤아리게 될 것이다. 권세 누리고 부富도 누리는 집안에서 초상이 나면, 그때 상여꾼으로 굳이 백정을 골랐음은 뭐라고 말해야 하는 걸까? 행여라도 죽음을 깔본 건 아닐런지 궁금하다. 그런가 하면, 원령신앙에서는 죽음의 공포를 얘기할 수 있을 것이고, 꽃받침에 얹힌 꽃망울 같은 형상을 갖춘, 전통적인 분묘墳墓에 의지해서는 미화된 죽음의 관념을 찾게도 될 것이다. 백제 무령왕의 무덤은 땅 밑에 핀 커다란 연꽃이다.

죽음에 길들려는 생과 사의 화해정신

우리의 옛모습 그대로 간직한 무덤을 높은 데서 내려

다본다고 치자. 봉분, 봉긋한 타원형의 봉분은 커다란 꽃망울이다. 그 뒤를 반쯤 두르고 있는 야트막한 둑은 꽃받침이다. 이래서 봉분은 꽃받침에 바쳐진 꽃망울이 된다. 온 세계에 이보다 더 아름다운 무덤은 없을 것이다. 그걸 요즘에 장방형으로 바꾼 것은 어리석기 이를 데 없다.

이들은 모두 자질구레한 사례들, 극히 흔하게 접하게 되는 일상적인 사례들이다. 하지만 그것들로 해서 한국인의 죽음의 사상이 유추될 수 있다면, 자질구레하다고 해서 버릴 수는 없을 것이다. 한국인의 죽음론에서 주로 이 같은 얘기를 하자는 것이다.

또 다른 잔 보기를 들어보자. 진갑을 지나고 칠십을 넘보게 된 옛 노인 가운데서는 드물지 않게 미리 자신을 위한 묘자리를 스스로 정하고 곽을 미리 파두는 경우를 보게 된다. 뿐만 아니라, 더불어 미리 수의를 마련하고 관도 만들어두는 경우도 아주 드문 것은 아니었다. 이 같은 자기 죽음의 자기 예비는 살아생전에 미리 자신의 죽음에 스스로 길들려고 든, 생과 사의 화해정신이었다.

낯설지 않은 자신의 죽음, 미리 길든 자신의 죽음, 이런 것은 여간 귀중한 죽음의 사상이 아니다. 거기엔 강박관념화한 죽음의 공포도 없고, 허무에 짓눌린 죽음도 없다. 죽음 앞에서 고개를 외로 꼬는 것도 아니고, 죽음을 영원한 미래시제 속에 미루려 드는 기색이 있는 것도 아니다. 죽음과 화친한 삶은 이미 익을 대로 익은 삶이다. 자질구레한 보기는 이에 그치지 않는다. 가령 친한 두 노인 사이에서 주고받아졌을 이런 얘기는 어떨까.

"여보게, 자네 죽음의 세계가, 저승이 얼마나 좋은 덴가 알고 있나."
"예끼, 사람 실없어 가지고, 별 싱거운 소릴……."
"이 사람, 미리 손젓긴……. 모르면 깨끗이 모른다고나 할 일이지."
"그래, 똑똑한 자네 얘기 좀 들음세."
"그러지. 잘 듣게나. 죽은 사람 다들 저승 간 것까지 자네라고 모르진 않겠지. 그런데 말일세. 그 죽어서 간 하고많은 사람 중 돌아온 사람, 자네 보았나. 아니, 듣기라도 했나. 오죽 그쪽이 좋으면 안 돌아오겠는가 이 말일세. 알겠나, 이 사람."
"예끼, 역시 싱겁긴……. 그렇게 좋은 데면 자네나 빨리 가지 않구."

우린 이것을 실없는 우스갯소리라고 따돌릴 수는 없다. 그래서도 안 된다. 그게 우리들을 미소 짓게 하는 것은 사실이다. 얼마쯤 싱겁다는 핀잔을 들을 수도 있을 만큼 우스운 익살이다. 하지만 이 익살에는 그늘이 있다. 비참하다고 해도 좋고, 페이소스라고 고쳐 불러도 좋을 기척이 깃들어 있는 것이다. 말하자면, 우스우

메멘토 모리, 죽음을 기억하라

면서도 애달픈 익살이 이 얘기에는 고여 있다.

이것을 익은 삶의 예지가 낳은 것이라고 하면 과장일까. 죽음과 정면으로 맞서지 않고 슬쩍 비껴가면서 죽음을 얼마쯤은 삶의 단짝이 될 수 있게 꾸며준 것을 기지라고 해도 좋을 것이다. 그리고 종국적으로 이것은 가장 순도 높은 유머(해학)일 수도 있다. 웃음 어린 기지에 의한 위기 또는 긴장의 실팍한 회피 또는 완화가 있기 때문이다.

우리들 주변에서 흔하게 듣고 보는 자질구레한 죽음 얘기는 물론 이 정도에 그치지 않는다. 허다한 얘기가 많을 것이다. 죽음의 얘기는 삶의 얘기만큼 흔하고 많을 것이기 때문이다.

원칙적으로 죽음 얘기는 삶의 얘기 못지않게 있을 수 있다. 어리석게도 가짓수를 따지고 들자면 삶의 가짓수가 삶을 살아가고 있는 사람만큼 많듯이, 죽음의 가짓수 또한 그렁저렁한 삶을 살다가 그 삶에 맞게 죽음을 맞이하게 될 사람만큼 많을 수 있기 때문이다.

릴케가 『말테의 수기』에서 걱정했듯이, 오늘날의 사람들이 기성품의 삶을 살 듯이 기성복 사 입기와 같은 죽음을 죽고 있음은 부인할 수 없다. 개성 없는 삶이 개성 없는 죽음을 낳기 때문이다. 죽음의 몰개성 시대를 우리들은 살고 있다.

똑같이 생긴 아파트에 살다가, 비슷한 병으로, 그나마 의학의 발달로 가짓수가 극히 제한된 비슷한 병으로 죽어가는 현대인들. 병드는 과정이 비슷하고 병을 처치하는 방법이 다르지 않기에 죽음 또한 다를 수 없다. 게다가 예사로 대량의 죽음이 나돌고 있다. 한꺼번에 떼죽음들을 쉽게 당하고 있다.

전쟁, 전염병, 대형 사고는 죽음의 대량생산을 초래한다. 일시에 한 장소에서 똑같은 모양으로 죽어가는 것이다. 선택의 여지도, 피해갈 여지도 전혀 없이 당하는 대량학살도 꽤나 흔하게 되었다. 오늘의 세계, 그 아무 곳에나 작은 '킬링필드'가 널브러져 있다. 무더기 죽음의 처리는 잔혹할 만큼 사무적이다.

현진건은 「할머니의 죽음」에서 이색적이 아님에도 불구하고, 개성적인 죽음을 그려내고 있다. 그것은 온 집안의 분위기를 통틀어 바꿔버리고 마는 강렬한 죽음이라고 해도 좋을 것이다. 때로 작가들은 살아 있는 인물을 그들의 행위를 통해 특징적으로 성격 지으려 하는 이상의 노력을 들여서 죽음을 묘사함으로써 한 인물의 개성을 성격 지으려 한다.

요컨대 오늘날 삶이 위협받듯 죽음이 위협받고 있다. 인간 제도와 사회 관습이 죽음의 값을 막무가내로 평가절하하는가 하면, 갖가지 반인간적인 인간행위가 죽음의 의미를 빼앗아가고 있다. 이제 한국인의 죽음을 되돌아보는 일이, 이 위협받는 죽음의 시대, 죽음이 삶보다 더 심각하게 위협받는 시대에 죽음의 뜻의 재생에 도움이 되었으면 한다.

죽음의 뜻매김

한국말은 숱한 죽음의 우원법을 거느리고 있다. 직접 맞대놓고 말하기 거북한 것을 에돌아서 표현하는 것이 우원법이다. 가령 의사가 환자에게 증상을 일러주면서 "별로 좋지 않은데요"라고 할 수 있는가 하면, 이와는 달리, "나쁜데요"라고 할 수도 있을 것이다. 엄밀하게는 크게 다를 것 없는 표현이지만, 신중한 의사라면 뒤의 것보다는 앞의 것을 택하게 될 것이다. 그는 이 경우, 우원법을 쓰게 된 것이다. 한데 둘러말하기에는 이와 비슷하면서도 조금 다른 완곡법이 있는데, 사교社交에 좋지 않거나, 분위기에 어울리지 않거나 해서 나쁜 인상을 주게 될 특정한 말을 기피하기 위해서 쓴다. 가령 창부를 '밤의 꽃'이라고 하는 것이 그 본보기의 하나다. 간호사를 '백의의 천사'라고 부르는 것과 비교해보면 그 쓰임새가 천양지차로 다르다는 것을 알게 된다. 죽음 대신에 쓰이는 숱한 낱말이나 어구는 엄밀히 말해 우원법이기보다는 완곡법의 속성을 보다 더 진하게 간직하고 있다. 죽음이란 말을 기피하려고 하기 때문이다.

쉽게 짐작가듯, 완곡법은 죽음을 에워 많이 쓰이기 마련이지만, 묘하게도 성을 에워서도 적지 않은 완곡법이 쓰이고 있다. 그런 뜻에서 죽음과 성은 완곡법을 많이 거느린 낱말 중의 쌍벽이라고 일컬어도 좋을 것이다. 사람들은 죽음을 기피하듯 성을 기피했고, 성을 기피하듯 죽음을 기피한 것이다.

하지만 이때 중대한 차이가 있음을 놓치지 말아야 한다. 죽음을 두고는 사람들은 죽음의 현상과 함께 죽음이란 말까지 더불어서 기피하려고 드는 것이다. 현상과 말의 기피 가운데, 구태여 선후를 매기자면, 현상의 기피가 먼저고 말의 기피가 나중이라고 보아야 할 것 같다는 느낌이 든다. 그러나 성은 이와는 다르다. 사람들은 성의 현상에는 집착한다. 특히 그들의 욕망은 때로 과다할 만큼 이에 얽매인다. 다만 성이란 말을 직접 쓰는 것은, 특히 사교적인 자리에서 쓰는 것은 기피하려고 든다.

죽음의 완곡법에는 공포나 도피의식이 깃들어 있고, 성의 완곡법에는 위선이나 허울의식이 작용을 끼치고 있는 것이다. 죽음의 현상 기피와 죽음의 말 기피 사이에는 상호 간 비례관계가 있으나 성의 현상과 성의 말 사이의 기피에는 이와는 달리 반비례 관계가 껴들고 있는 것이다. 여기에 다름 아닌 에로스와 타나토스 사이의 상거가 있다고 해도 지나친 말은 아닐 것이다.

한국인이 숫자에서조차 4자四字를 기피함은 익히 알려져 있다. 웬만한 빌딩에서는 3층 다음이 4층 아닌 5층이다. 승강기에서도 마찬가지다. 그런가 하면, 1, 2, 3, 다음은 F로 표기하고 5, 6으로 이어져 층계가 표시되기도 한다. F란 말할 것도 없이 영어로 '네 번째'라는 뜻인 'fourth'의 머리글자다. 이렇듯이, 식당 같은 대중 서비스 업소에서는 종업원들이 테이블 번호를 외칠 때 15번을 '십오 번'이라고 하는 대신 구태여 '열다섯 번'이라고 한다. 성의 기피는 숫자에서도 시행되는 셈이다.

한데 여기서 참 묘한 현상이 있음을 지적해야 한다. 사람을 두고는 악착같이 기피되는 죽음이란 낱말이 사람의 목숨 아닌 다른 사물이나 사람 목숨과 직접 관계없는 현상의 경우, 오히려 심하게 남용된다는 사실이다. 즉 나무가 시드는 것을 '나무가 죽는다'고 하고, 소리가 낮아지는 것을 '소리가 죽는다'고 한다. 뿐만 아니다. 사람의 기가 꺾이는 것도 거침없이 '기가 죽는다'고들 한다. 그 밖에 '채소의 숨이 죽다'라거나 '코가 죽다'라고도 한다. '코가 죽다'는 코가 낮다는 뜻이다. '풀이 죽다'는 말도 꽤나 많이 쓰인다. '기가 죽다'와 거의 같은 뜻임은 말할 나위도 없다. 사물들의 생명력의 소멸, 탄력성의 소멸만이 아니라 그런 것들의 쇠퇴나 기울어짐 또한 곧잘 죽는다고들 표현하는 것이다.

위의 보기들에 일종의 과장법이 껴들어 있듯이, 죽음이란 낱말은 걷잡을 수 없을 만큼의 과장법이 더불어 사용되고 있다. '목이 말라 죽겠다'거나 '배가 고파 죽겠다' 등은 죽음의 원뜻이 그런 대로 살려진 용납될 만한 과장법이지만, '잠이 와 죽겠다'거나 '보고 싶어 죽겠다'에 이르게 되면 죽음의 원뜻은 상당히 옆으로 비켜 서고 은유적인 뜻이 두드러지게 된다. 이 경우 '죽겠다'는 '못 견디겠다'의 과장법이라고 볼 만한 것이다.

그러나 이들 중간 단계쯤의 보기를 거쳐 '좋아 죽겠다'거나 '예뻐 죽겠다'에 이르게 되면 죽음의 원뜻이 아예 스러질 뿐만 아니라, 은유적 의미도 빛을 잃고 그저, '매우 좋다'거나 '심히 기쁘다'의 호들갑스러운 과장법에 불과하게 된다.

사람의 목숨 그 자체에 관련되어서 직설적으로 쓰이는 죽음이란 낱말은 기피하면서도, 사람의 목숨과 관련이 직접적으로는 없는 사물이나 현상에 관련되어서는 은유법 또는 과장법의 테두리 속에서 죽음이란 낱말을 심하게 과용하고 또 남용하고 있음을 위의 보기 등을 통해 헤아릴 수 있을 것이다. 이것은 사람의 목숨에 관련된 죽음의 낱말이 극단적으로 기피되고 있음을 보여주는 데 대한 역설적인 사례들이라고 받아들일 수 있을 것이다.

사람의 죽음과 직접 관련되어서 죽음이란 낱말을 회피하게 된 결과 숱한 죽음의 우원법이 쓰이게 된 것이지만, 그 우원법을 요긴하게 활용하는 수가 없을까. 한국인에게 있어서 죽음이 무엇이었을까 하는 물음, 말하자면 한국인의 죽음의 정의定義, 곧 그 뜻매김에 관한 물음을 그 대유법代喩法에 의지해서 제기해볼 수는 없을까. 한국인들은 죽음을 '목숨이 끊기다'라고 하거나 '숨이 진다'라고 말한다. 그것은 '죽는다'의 대유법을 겸한 우원법들이다. 그것도 생리현상 내지 생체현상으로 죽음을 표현한 것들이다. 그것을 죽음의 생태학적 대유법

메멘토 모리, 죽음을 기억하라

들이라고 말해도 크게 잘못될 것은 없다.

죽음의 대유법

　죽음의 모든 대유법들이 하나같이 생태론적이 아님
은 말할 나위도 없다. '영면하다(길이 잠들다)', '눈감다'
등이 여전히 생태론적인 것이긴 하지만, '세상을 뜨다',
'세상을 등지다', '세상을 하직하다', '입적하다, '길이 이
별하다(영결하다)', '유명을 달리하다', '타계하다', '영서
하다', '임종하다', '신의 부름을 받다' 등 일방적으로 또
전적으로 생태론적이라고만 부르기 어려운 것들도 적지
않다.
　이들 숱한 죽음의 대유법들은 (1) 생태론의 대유법,
(2) 떠나감의 대유법, (3) 종교적인 대유법 등 세 묶음
으로 엮을 수 있다. 생태론적인 것이 생리현상 내지 생
체현상으로서 죽음을 바라보는 것이라면, 떠나감의 대
유법에는 이승을 떠나서 저승으로 가는 것으로 관념된
죽음과, 살아 있는 가족들 및 이승과의 이별로 관념된
죽음이 포함된다. '세상을 뜨다', '타계하다', '유명을 달
리하다', '영결하다', '영서하다', '세상 하직하다', '세상
등지다' 등이 이들의 보기다. 생태론적인 죽음의 대유법
은 이미 앞에서 언급한 바 있지만, 종교적인 대유법으
로는 '입적하다'와 '신의 부름을 받다'를 지적할 수 있

을 것이다.

'입적하다'는 불교적 이념에서 비롯한 것이기에, 전통적·민속적인 죽음론을 다루는 여기서는 논외로 한다면, 한국인의 죽음의 대유법은 (1) 생태론적인 대유법, (2) 떠나감의 대유법이 따로 문제가 된다. 한국인의 죽음을 정의내리고자 할 때, 이들 두 가지 대유법이 도움이 될 것은 말할 나위도 없다.

생태론적인 죽음의 대유법 가운데서 '목숨이 끊기다'가 가장 직접적이다. 그것은 생명의 단절이 곧 죽음이라고 관념하고 있기 때문이다. '숨이 지다'도 본질적으로 '목숨이 끊기다'와 다를 것 없다.

'숨지다'가 '숨이 끊기다'와 구별되는 것은 그것이 숨이 가을잎처럼 져서 떨어지는 것으로 죽음을 표상하고 있는 점이다. 이들 직접적 표현들이 다소 완화되었을 때, '길이 잠들다', '눈감다'라는 표현이 쓰이게 되지만, '잠들다'가 '숨(목숨)이 지고 끊어지다'에 비해, 적어도 표현상 목숨의 여운을 지니고 있는 것으로 생각될 수 있을 것이다.

이와 같이 볼 때, 한국인들이 죽음을 목숨 및 숨의 단절로 관념했음을 지적할 수 있게 된다. 그것이 가장 직접적으로 표현된 죽음의 생태론적인 대유다. 목숨이 있다가 끊어지는 것, 있다가 없어지는 것이야말로 죽음이다. 이 경우, 목숨은 숨(결)과 동의어가 되기도 한다.

'숨지다', '숨을 끊다' 등의 보기는 한국인의 죽음에

메멘토 모리, 죽음을 기억하라

'숨결 죽음breath death'의 범주가 있을 수 있음과 함께 이 '숨결 죽음'의 확인이 장례식 절차에도 관여하고 있음에 대해서 말하고 있다. 숨결 죽음은 넋의 떠나감으로 관념되고 있는 '영혼 죽음Soul death'과 살갗의 부식으로 확인되는 '세포 죽음cell death'과 함께 한 인간의 임종에 다다라서 한국인이 시행한 죽음의 확인을 위한 세 가지 절차를 결정짓고 있었다.

떠나감의 대유법들은 영혼의 존재를 전제해야만 한다. 목숨이 끊기고 인간 그 자체가 없어짐을 의미하는 생태론적인 대유법을 고집한다면, 계속 머물 것이 없을 것처럼 떠나갈 것도 없어지고 말기 때문이다. 따라서 무엇인가 뜨고 떠나가고 이별하고 하는 것이 있어야 하지만, 그게 다름 아닌 영혼이다. 그것이야말로 넋이다.

넋이 떠나간 상태가 죽음으로 관념되고는 있으나, 넋이 곧 목숨이라고 단정할 수는 없다. 넋이 육신 내에 머물고 머물지 않음에 따라, 사람의 생사가 가름되기는 하지만, 목숨이나 숨이 있고 없음과는 달리 넋은 따로 존재할 수 있기 때문이다. 목숨은 넋에 기대어 있되, 넋이 목숨에 기대어 있는 것은 아니다.

가령 시베리아의 원시신앙, 그것도 샤머니즘과 관련된 원시신앙에서 자유혼(탈신혼)과 구속혼(육신혼)이 서로 구별될 때, 전자는 육신의 지속, 생명의 지속을 초월해 있거니와 이 점은 한국의 민속신앙에서도 확인이 가능하다.

넋은 목숨의 원리 같은 것이다. 목숨이 움직임이라면, 그 움직임의 동력이 곧 넋이다. 그러기에 "넋이야 있건 없건 / 임 향한 일편단심 / 가실 줄이 있으랴"라고 노래한 정몽주는 넋의 초월성을 넘어선 또 다른 초월성을 마음에 부여하고 있는 셈이다.

넋나간 상태, 넋떠난 상태가 죽음인 것은 사실이지만, 모든 넋나감이 곧 죽음인 것은 아니다. 넋빠진 사람이 정신이 몽롱한 사람 또는 일시 혼절한 사람을 뜻하기 때문이다. 따라서 넋나감이 죽음은 죽음이되 죽음의 넋나감은, 나간 넋이 다시 육신 속으로 되돌아올 수 없게 된 상태를 가리킨다. 그것을 넋의 육신 회귀 불능의 상태, 넋의 영원한 탈신脫身, 곧 몸 벗어남이라고 부를 수 있을 것이다.

이와는 달리 회귀 가능한 일시적 넋나감이 있을 수 있다. 그게 정신의 혼몽 상태이거나 혼절 상태이거니와, 사람이 잠든 사이에도 넋은 육신을 일시 벗어난다고 믿어져 있다. 그런가 하면, '넋나감'과 아주 비슷한 말에 '얼빠짐'이 있다. 이 경우, '넋나감' 대신에 '넋빠짐'이 쓰이고 있음을 생각해야 한다. 그러나 넋과 얼은 상당한 정도 양분론적 대립을 보이고 있는 것으로 짐작된다. 그것은 넋이 직접 생사여탈권을 지니고 있음에 비해 얼이 그런 것 같지는 않기 때문이다.

메멘토 모리, 죽음을 기억하라

얼과 넋, 목숨 안팎의 생기

'얼이 나가 죽었다'거나 '죽은 얼이 돌아왔다'거나 하는 말은 쓰이고 있는 것 같지 않다는 점도 고려해야 한다. 따라서 얼이 목숨 안의 생기라면, 넋은 목숨을 넘어선 생기라고 보아도 무방할 것 같다.

말하자면, 얼과 넋은 서로 목숨에 제약된 것과 목숨을 넘어선 것이란 뜻의 양분론적 대립을 보이고 있는 것이라고 생각되는 것이다. 얼은 살아 있는 사람의 것이지만, 넋은 산 사람의 것이면서, 아울러 죽은 이의 것이기도 한 것이다. 따라서 얼은 육신의 삭아짐과 운명을 함께하게 된다. 이 언저리에서 우리들은 한국인의 혼의 이원론을 제기할 수 있게 된다. 한국인의 혼이 넋과 얼로 갈라질 수 있다는 뜻이다. 넋이 피안적이라면 얼은 차안적이라고까지 할 수 있을 것 같다. 물론 넋은 또 넋대로 복합관념이라서, 그 자체로 이원적 대립을 간직하고 있음을 간과하지 말아야 한다.

복귀 불능의 넋나감이 죽음이라고 관념되는 증거를 우리들은 한국인의 민속현장에서 몇 가지 찾아볼 수 있다. 하나는 초상 때의 것이고 다른 하나는 잠에 관한 속신이다. 이 경우 뒤의 보기는 전자의 보기가 지닌 의미를 보강하게 될 것이다.

초상에는 초혼 절차가 있다. 넋부르기라고도 부를 수 있는 이 절차는 넋을 불러서 되돌이키는 것을 목적으로 한다. 넋의 회귀를 재촉하는 것이 넋떠남을 전제할 것은 뻔한 일이다. 이제 갓 숨진 육신을 벗어나서, 저승을 향해 막 길을 나서고 있는 넋을 다시 불러들이는 일이 곧 초혼이다. 이때, "복, 복, 복"이라고 세 번 소리친다. 숨진 사람의 근친 중 한 사람이, 집 안의 비교적 높은 데에 올라가서 숨진 이의 속옷을 흔들면서 소리치는 복이란 소리는 다름아닌 '되돌아올 복復'이라고 해석되고 있다.

여기서 우리들은 잠자리 잡기를 하는 소년들의 주술呪術이 섞인 손짓을 연상하게 된다. 소년의 암놈 잠자리나 포충망 대신에 초혼하는 사람은 속옷을 들고 흔들고 있는 것이다. 이 경우, 속옷이 숨진 이의 육신의 대유임은 말할 것도 없다. 이같이 초혼을 하고서도 숨진 이가 목숨을 돌이키지 않으면, 그때 비로소 상주들은 곡을 하기 시작한다. 넋은 길을 떠나고 이제 소생 불능의 죽음이 확인되었기 때문이다. 이와 관련된 한국인의 죽음의 범주의 하나가 곧, 앞에서도 말한 '영혼 죽음'이다.

한편 잠과 관련되어서 아주 특이한 영혼관을 찾아볼수 있게 된다. 여기서 필자는 크게 쭈뼛댐이 없이 어릴적 경험을 펼쳐놓고자 한다. 그것이 잠과 넋에 관한 한국인의 생각을 썩 훌륭하게 일러주기 때문이다.

유치원에 들어가기 퍽 이전의 일이다. 잠들 무렵이되면, 할머니께선 얼굴을 씻고 자라고 말씀하시곤 했다. 요즘과 사정이 다르니까 어둔 바깥으로 나가 세수

한다는 게 여간 성가신 일이 아니라서, 꼬마는 늘 찡얼 대곤 했었다. 그럴 때면, 할머니께서는 거의 정해놓았 다시피 겁을 주시곤 했다.

"네가 말이제, 잠든 새에 네 넋이 네 몸을 빠져나갔다 가는 아침이면 다시 돌아오는 거제. 그런데 그때, 네 얼 굴에 황칠이 있으면 넋이 안 들어간단 말이제. 황칠한 게 흉하니까 제 얼굴 아니라고 말이제. 그라믄 어찌 되 는지 알겠나. 너는 다신 못 깨어나고 죽게 되는 거지."

그제야 손주 녀석이 황칠한 얼굴, 말하자면 땀과 흙 먼지로 얼룩진 얼굴을 씻으러 부스스 일어나곤 했음은 말할 나위 없다. 그나마 겁주신 할머니 앞세우고…….

이 할머니가 주신 겁은 대단한 설득력을 지니고 있었 던 것이지만, 그 겁은 사람이 잠든 새에 육신을 일시 떠 나는 넋이 있음에 대해 시사하는 것이다. 이로써 잠과 죽음의 관계는 분명하다. 넋이 일시 육신을 떠났다 되 돌아오면 잠이요, 영 떠나서 안 돌아오면 그게 곧 죽음 이다. 죽음은 그래서 끝없이 긴 잠이 되고, 잠은 한참 동안의 죽음이 된다. '죽은 듯이 잤다'라는 말은 결코 비유법이나 과장에 그칠 수 없다. 죽음은 넋이 길이 몸 을 떠나간 잠이다.

얘기가 그 사이 꽤나 에돌아온 것 같다. 죽음 얘기란 게 워낙 그렇게 붓끝을 주춤거리게 하는 것인지도 모른 다. 하지만 이제는 생태론적 대유법과 떠나감의 대유법 을 통틀어서 우리들의 죽음을 정의내릴 만한 계제에 다

다른 듯하다. 그 두 가지 큰 대유법을 한데 묶게 된다면, 한국인의 죽음, 우리들의 죽음은 '이승의 목숨이 끊어지고, 넋이 길이 육신을 벗어난 상태'라고 뜻매김할 수 있게 된다. 넋이 육신을 떠난 상태를 넋이 저승으로 떠난 상태라고 바꾸어 말해도 좋을 듯하다.

하지만 여기서 우리들은 저승이란 말을 조심해서 써야 한다. 사후에 넋이 누리게 될 또 다른 삶의 터를 언제나 저승이라고 잘라 부르기에는 사태가 사뭇 엇갈려 있기 때문이다. 문제가 그렇게 단순하기만 한 것이 아니라는 뜻이다.

가령 살아 있는 사람의 생전의 모습을 비롯해서, 그 주변 인물들의 생시의 모습과 환경의 상황을 매우 사실적으로 또 생동감 있게 묘사한 벽화들이 그려져 있는 고분의 경우, 그 고분 말고 따로 있을 넋의 공간, 말하자면 이승을 떠난 머나먼 어느 피안세계, 이승과 길이 끊겨 있는 피안이 따로 있을 거라고 상상하기가 힘들게 된다.

더욱 흔히들 의기儀器라고 부르는 유사한 생활기구가 부장되어 있다는 점까지 고려한다면, 그 상상은 더욱 어려워진다. 이들을 통틀어서 다시 생각하게 되면, 아무래도 그 고분 공간에서 생시와 마찬가지로 살아 움직이고 있을 모습을 그려보게 된다. 가령 저승을 단순히 죽음의 땅, 죽은 넋들의 삶터라고만 말할 수 있다면, 우리들은 그 고분 속 공간을 두고 따로 저승이라고 부를

메멘토 모리, 죽음을 기억하라

만한 곳을 찾지 못하게 되어도 그만이다. 적어도 이런 느낌이 드는 것이다.

가령 우리들이 비교적 근자에 발견된 고구려 장천 고분 속에 서 있다고 가정해보자. 그리하여, 그곳이 마치 크게는 깊지 않은 어느 굴 속 같아서 희미한 빛이나마 새어들고 있다고 가상해보자.

그때 우리들 눈앞에 나타날 장면 또 장면들……. 능히 후세의 별신굿판과 그것에 따른 난장판을 거슬러 옮겨다 놓은 듯한 광경에 놀라게 될 것이다. 소리치는 장사치들, 탄주하는 악공들, 씨름하는 역사들, 말 달리며 사냥하는 사람들, 이곳저곳 기웃대며 바자니는 사람들─이 모든 사람들이 무슨 웅장한 영화의 몹신처럼 우리들을 압도할 것이다. 그러면서 그 '스펙터클'에 압도당하면서, 무성영화라고는 차마 못미칠 역동성을 실감하게 될 것이다. 동시에 피라미드가 죽음의 궁전이란 사실을 떠올리게도 될 것이다.

그러니까 가령 저승이란 말을 죽음의 땅이란 뜻으로만 쓰기로 한다면, 우리들은 결국 이승 땅 밑의 무덤 속에 꾸며진 저승을 생각하게 되고, 달리는 이승에서 가는 길이 틔어져 있을 뿐, 이승으로 되돌아오는 길은 애초에 있어본 적이 없는 머나먼 저 너머의 저승을 생각하게 되어도 좋을 것이다.

여기서 이 점까지 고려해서, 다시 한국인의 죽음을 정의내려보자. 죽음은 이승의 숨이 끊어지고 넋이 땅 밑 저승으로 또는 저 너머의 저승으로 떠난 상황이라고 할 수 있을 것이다. 이것이 곧 몇 가지 죽음의 우원법을 한 묶음으로 해서 정리해본 한국인의 죽음의 정의다.

한 조각 뜬구름이 사라지고 나면

우리들은 죽음 앞에서 무서워 떤다. 자기와 가까운 사람의 죽음일수록 그 떨림은 더해가는 것이지만, 묘하게도 자신의 죽음 앞에서도 그 못지않게 사시나무 떨 듯한다. 남의 죽음의 경우는, 그 죽음의 형상, 겉모양에 떨게 되지만, 자신의 죽음의 경우는, 자신이 죽는다는 그 생각에 겁먹고 떤다. 지레 넘겨다본 자신의 죽음의 형상에도 떨게 되지만 이것은 어디까지나 제2차적인 떨림이다.

가령 사찰에서 흔하게 보게 되는 주련柱聯 가운데의 낯익은 칠언대구七言對句. 생야일편부운기生也一片浮雲起/사야일편부운멸死也一片浮雲滅. "삶은 한 조각 뜬구름이 일어남이요, 죽음은 한 조각 뜬구름이 사라짐이다"라고 읽혀질 이 대구를 새기면서 우선 사람들은 애상이 서린 짙은 허무감에 젖게 될 것이다. 푸른 하늘에 뜬 한 오리, 한 가닥의 구름의 영상이 그 감상을 자극하기에 알맞은 것이다. 하지만 이 대구가 허무를 궁극적으로 노래하는 것은 아니다. 그와는 전혀 반대의 경지를 부드럽고 따스하게 다짐하는 것이다.

메멘토 모리, 죽음을 기억하라

어느 누군가가 진실로 자신의 삶을 일편운의 피어남이라고 깨닫고, 마찬가지로 자신의 죽음을 그것의 스러짐이라고 깨닫게 된다고 가정해보자. 아니 깨달음이란 말만으로는 충분하지 않다. 깨달으면서 그 깨달음에 각오와 의지와 결단이 수반되었다고 치자. 자신의 생사 앞에서 그 경지를 실천할 수 있다고 가정해보자.

　누가 자신의 생사 앞에서 미동이나 하겠는가. 구름, 그것도 한 오리 실구름이 피었다 지는 것은 자연이요, 이치다. 그 앞에서 시적인 정서를 느낄지언정, 기뻐하고 슬퍼할 일은 못 된다.

　한여름이라도 좋고 가을이라도 좋다. 청정한 하늘에 뜬 한 가닥 흰 구름의 피고 짐은 찰나의 일이면서도 더없이 유유하다. 바람이 잔풍한 날이면 그 유유함은 사뭇 아련한 길고 긴 여운까지도 남긴다. 자신의 삶이 진실로 그 같은 구름의 피어남일진대, 자신의 죽음이 진실로 그 같은 구름의 스러짐일진대, 그 피고 짐을 두고 감정의 물살이 일 턱이 없다. 그야말로 시적 정서를 누릴 뿐, 감정은 담연자약, 한치의 흔들림도 겪지 않을 것이다.

　"生也一片浮雲起 死也一片浮雲滅"의 대구는 이 경지를 일구어낸다. 자신의 생사 앞에서 담연자약할 수 있는 마음의 경지를 그것은 노래한다. 그러기에 그 같은 대구 한 쌍을 읽는 것은 여간 정복이 아니다. 그리고 깊은 잠과도 같은 크나큰 안식이며 위안을 맛볼 것이다. 능히 생사불이, 곧 삶과 죽음이 둘이 아닌 밝음도 열리게 될 것이다.

그런데도 이 같은 정복, 이 짙은 안식이며 위안도 오래 가지 못한다. 다만 한순간 관념의 세계에서만 위안을 느낄 뿐, 현실의 죽음에 맞닥뜨렸을 때 그 위안이야말로 한 조각 뜬구름처럼 이스러지고 만다. 그게 보통 사람이다.

그만큼 죽음에 매어진 공포의 사슬은 질기고 강하다. 지옥의 그림, 사신死神의 얼굴, 데스마스크의 이지러진 표정, 뭉크의 죽음의 그림이 일깨우는 것은 늘 화산처럼 위협적인 공포다.

그런 뜻에서 다음과 같은 일화는 퍽 시사적이다. 몇 해 전 일이다. 필자를 한 동아리의 수녀들이 찾아온 적이 있다. 그들은 다들 헌신적이고 경건하게 스스로 응한 소명에 충실한 넋을 지니고 있었다.

"저희는 호스피스의 일에 참여하고 있습니다." 이렇게 그들의 대표자격의 수녀가 말문을 열었다. 짙은 고뇌가 끼쳐져 있는 말투여서 꽤나 위압적이기도 했다. 지방 어느 작은 도시의 근교에서 죽음의 안식을 예비하는 집을 경영하고 있다는 그들이 내놓은 사연은 다음과 같이 요약될 수 있었다.

그 집은 임종이 멀지 않은 비교적 나이 많은 환자들을 수용하고 있었다. 영세를 받은 사람들, 말기암으로 자신의 죽음의 시기를 어림으로나마 짐작하는 사람들, 그리하여 천국에 그 넋이 인도되는 것이 결정적인 사람들, 거기다 살아 있는 이승의 천사들인 수녀들의 따뜻한 보살핌을 누리는 사람들. 이를테면 그 영혼들을 위

메멘토 모리, 죽음을 기억하라

해 이미 천국의 문이 반쯤 열려 있는 것과 다를 바 없는 복 받은 사람들임에도 불구하고 좀체 그들에게서 죽음의 공포를 걷어내기가 힘들다고 했다.

그 까닭은 가령, 환자들의 믿음이 옅을 수 있는 것 이외에도 수녀들 자신의 봉사가 모자라는 탓도 있을 것이라고 하면서 그들은 가책해 마지않았다. 그러면서 종교와 믿음 밖에서도 혹 무슨 해답을 구할 수 있지 않을까 해서 필자를 찾아왔다고 말끝을 맺기에 앞서, 전통문화의 죽음의 사상에 무슨 열쇠가 있지 않겠느냐고 넌지시 시사하는 것이었다.

죽음과 화해를 방해하는 문화

영혼이 맑으면 문제를 보는 눈에도 남다른 빛이 트이는가 싶었다. 그들의 시사는 매우 그럴듯한 것이었기 때문이다. 죽음, 특히 자신의 죽음과 화해하기 힘든 그런 문화 속에서 우리들은 삶을 지탱해온 것이다. 죽음을 공포로워하고 죽음을 부정시하고, 죽음을 위험시하고도 모자라서 죽음을 업신여기고 얕잡아보면서 살아온 사람들이면 쉽게 죽음과는 화해할 수 없을 게 뻔하지 않겠는가.

가령 말머리를 좀 다른 데로 옮겨보아도 비슷한 얘기를 하게 된다. 한때 꽤나 뜨거웠던 논쟁이 의학계에 있었다. 암으로 진단된 환자에게 의사가 진실을 말하는 것이 좋은가 나쁜가 하는 논쟁이 불꽃을 튀긴 적이 있었다. 진실의 토로가 있어야 한다고 주장하는 측에서는 진실 자체를 존중해야 한다는 것, 환자의 각오와 결단을 촉구함으로써 치료효과의 증대 내지 삶의 연장의 증대 등이 가능하다는 것, 환자에게 삶의 마지막 정리를 하게 될 말미를 준다는 것 등, 지극히 논리적이고 타당한 논점들을 제시했다.

이에 반대하는 측에서는 논점이 적은 대신 논지를 전개하는 감정적 강도가 매우 강하고, 태도 또한 매우 완강한 편이었다. 그들의 논지는 단 하나, 외가닥 외줄기였다. 암선고가 환자의 삶의 의지를 꺾고 그럼으로써 병의 진행을 나쁜 방향으로 급속도로 유도하게 된다면, 그 선고는 명백히 반법의학적이요, 히포크라테스 정신에 어긋나는 것이라고 단호히 주장했던 것이다. 이 반격 쪽에 오히려 동조하는 환자나 환자가족이 많은 것이 오늘날 우리 사회의 추세라고 느껴지는 것도 이들의 논지가 워낙 단호했기 때문이다.

그러다가 이 논쟁은 잠잠해지고, 여전히 의사들은 그들의 암환자에게 선고를 할 것인가 어떨 것인가 하는 문제에 대한 공개적인 논쟁을 유보하고 있다. 지금 당장 이 유보는 그때그때 상황에 따른 의사의 임기응변적인 판단에 따라 선고할 수도 있고 하지 않을 수도 있다는 것을 의미하겠지만, 이 유보의 그늘에는 죽음에 대한 공포가 서리 감고 있다는 것도 놓치지 말아야 할 것이다.

메멘토 모리, 죽음을 기억하라

호스피스 운동에 관한 사례나, 암환자에 대한 의사의 선고 여부를 에워싼 논쟁의 유보 사례 등 우리들은 죽음에 대한 공포감이 눈에 보이게 혹은 보이지 않게 심각한 작용을 끼치고 있음을 지적할 수 있게 된다. 그것은 우리들이 갖는 죽음에 대한 공포가 신앙의 손길 바깥으로 삐어져 나가 있고 의학의 엄정한 손길에서도 벗어나 있음을 의미하고 있는 것이다. 정말 무서운 일이다.

　　　고향에 돌아온 날 밤에
　　　내 백골白骨이 따라와 한방에 누웠다.

　　　어두운 방은
　　　우주宇宙로 통하고
　　　하늘에선가
　　　소리처럼 바람이 불어온다.

　윤동주는 그의 「또 다른 고향」에서 이같이 노래하고 있다. 죽음의 공포를 절실하게 형상화하고 있다. 그리고 그 공포는 이내 독자들에게 번져온다.
　도대체 사람들이 죽음에 대해서 갖는 공포감은 무엇 때문에, 또 어떻게 비롯하는 것일까. 사람들이 죽음에 씌운 어둠과 검정빛은 어쩌자고 그렇게 된 것일까. 무섭다고 하거나 두렵다고 하는 그 느낌은 본능적인 것일까. 본능만으로, 반사적인 반응만으로 설명되면 그뿐,

아무 의문도 남지 않을 수 있을까.

인간은 앞을 내다보면서 살아간다. 살아가면서 지레 내다보기도 하는 것이다. 내일을 미리 생각하고 모레를 앞질러 궁리하는 게 인간이다. 인간의 삶은 앞질러 내다보는 눈길, 바로 그것이기도 한 것이다. 그럴 때 사람들은 기대, 소망, 희망, 동경, 그리고 발전 따위를 함께 생각하게 된다. 인간은 걸음이기보다는 뜀질, 그것도 3단뛰기쯤에 견줄 만한 뜀질이다. 인간은 내다보면서 뜀질한다.

물론 그 뜀질은 무절제할 만큼, 제약을 모른다. 거의 무한정하게 앞을 내다보면서 오늘의 자기 자신을 내일과 모레와, 그리고 까마득한 미래에다 앞질러 자리잡게 한다. 그것은 인간 자신의 끊임없는 뻗어감이다. 인간은 오늘에 있으면서도, 내일로 미래로 덩굴을 뻗친다. 앞을 지레 내다봄을 생각할 때, 인간은 무한정 뻗는 덩굴과도 같은 것이다.

그리하여 사람들은 그 덩굴 끝에 곁가지가 돋고 그리고 수없이 꽃이 피고 열매가 맺기를 바란다. 하지만 그 내다봄의 끝은, 그 무한정 뻗어가는 넘겨다봄의 끝은 죽음에 맞닿아서는 꺾이고 만다. 이때 사람들은 내다봄이 '꺾임의 내다봄'임을 깨닫게 된다. 희망과 기대와 소망이라고 이름한 것들이 필경 꺾임의 환멸에 다다르는 무수한 징검다리에 불과하다는 것을 미욱하게나마 눈치채게 되는 것이다. 내다봄으로써 꺾이게 마련인 것이 삶이다.

'허무'는 공포의 밭

내다보는 것, 지레 넘겨다보는 것은 환멸의 시작이다. 그것은 절망과 좌절의 시작이다. 그것이야말로 궁극적인, 최종적인 삶의 부조리 그 자체란 사실이 사람들의 기를 앗아가는 것이다. 죽음에 대해서 사람들이 갖는 또 다른 감정인 허무감은 이에서 비롯하는 것이다. 죽음은 공포로우면서도 허무한 것이다. 그게 사람들을 못 견디게 만들어놓는다. 악마는 공포로우면서도 허무하지는 않다. 전쟁이 무서워도 허무감 그 자체라고 말하기는 힘들다. 굶주림이, 그리고 고문이 겁나는 것이긴 하지만, 아무도 그 경험을 허무한 것이라고 부르지는 않는다. 한데도 죽음은 공포이면서 아울러 허무다. 그런 뜻에서 죽음은 유일무이한 것이고 아주 독특한 것이다.

죽음에서 공포 따로 허무 따로 얘기할 수는 없다. 별개의 둘이 하나의 것에 별도로 엉겨 있는 것은 결코 아니다. 죽음이란 허무의 수렁창에는 공포가 독사처럼 서리 감고 있는 것이다. 그 철저한 삶의 지움, 그 철저한 삶의 말살이 허무감의 원천이자 공포의 원천이다. 그래서 사람들은 죽음 앞에서 떨면서 함께 짙게 한숨짓는다.

하지만 죽음의 허무감과 공포감을 생각할 때, 가령 우리들이 병상의 죽음을 그린 뭉크의 그림을 연상하면서 느끼게 되는 공포감과 허무감을 함께 생각할 때, 공포가 허무감의 근원이라고 말할 수는 없다. 왜냐하면 나머지 모든 무서움이 곧 허무감을 자아내지는 않기 때문이다. 따라서 우리들이 허무를 공포의 발원이라고 생각하게 되는 것이 훨씬 순리라는 것을 짐작하게 된다.

「또 다른 고향」에서 윤동주는 "어둠 속에 / 곱게 풍화작용하는 / 백골白骨을 들여다보며 / 눈물짓는 것은 / 내가 우는 것이냐 백골이 우는 것이냐 / 아름다운 혼이 우는 것이냐"라고 노래한다. 풍화작용 끝에 결국 어느 날엔가 백골마저 삭아져 없어질 것이다. 죽음이 삶의 일차적인 말소라면, 백골이 삭는 것은 그 최종적인 말소라고 한국인들은 생각해왔다. 「또 다른 고향」에서 시인은 그 최종적 말살에 울음을 울고 있는 것이다.

죽음에서 허무는 공포의 밭이 된다. 그렇다고 해서, 허무만으로 죽음의 공포를 설명할 수도 없다. 죽음은 차단된 수수께끼이듯이, 그 공포감의 근원 또한 단순하지 않은 것이다. 죽음은 가려짐임으로써 사뭇 어려운 분규와 갈등 그리고 문제를 빚는다.

허무가 죽음이 갖는 공포의 생리적이면서도 형이상학적인 근원이라면, 죽음의 생리적 양상에서 또 다른 공포의 근원을 찾게 된다. 죽은 이의 얼굴, 말하자면 사상死相뿐만 아니라, 시신의 경직, 피부에 번지는 사반死斑 등이 그것들을 보는 사람들로 하여금 공포감에 사로잡히게 한다. 그것들은 산 사람들의 친근한 접근이나 접촉을 절대적으로 완강하게 거부하는 것이다. 깊게 그 자신의 비밀의 바닥에 폐쇄되어 있는 것이다. 들리는

메멘토 모리, 죽음을 기억하라

소리가 없다뿐, 그것은 아우성보다 더한 거역이다.

하지만 부패가 시작되었을 때의 공포감에 비하면 사망 직후의 공포감은 오히려 부드러운 편이다. 초상을 치르는 벽두에서 입관하기 직전 상주들은 돌아가신 이의 염을 지켜보아야 한다. '돌아가신 이와의 사이에서 정을 떼기 위해서'라고 그 동기가 설명되곤 한다. 부모자식 사이일망정, 정을 뗄 만한 공포감을 시신이 자아내기 때문이다. 그러나 이 경우의 공포감을 시신의 부식을 목격할 때의 공포감에 견줄 수는 없다. 부식하는 시신만이 아니다. 백골, 특히 해골의 공포감은 사뭇 충격적이다. 사람들이 위험 경고판에 흔히들 백골을 그려 넣는 것은 바로 이 때문이다. 산 사람들은 부식하는 주검, 앙상한 해골들에다 자신의 죽음을 겹쳐 연상하면서 진저리를 치게 된다.

시신의 부란腐爛이 불러일으킬 공포감은 마침내 사령死靈 공포와 겹쳐지게 된다. 한국말인 귀신에는 유령이란 말이 갖는 것만큼의 공포감이 수반되어 있다. 귀신이란 다름 아닌 사령이다. 습지고 음산한 곳, 어둠이 진 곳에 나돈다는 그들의 습성부터가 사람으로 하여금 무서워 떨게 만든다. 사령 공포감은 죽음이 일깨울 공포감의 최절정을 결정짓게 된다.

사람들이 상상하는 사령의 모습, 혹은 때때로 직접 보았다고도 말하는 사령의 모습은 언제나 공포의 극이다. 이 점을 강조하기 위해서는 사령이 공포를 빚는다기보다 사람들의 공포감이 그 전형으로서 사령을 빚어 낸 것이라고 하는 게 옳을지도 모른다. 헝클어진 머리 칼, 창백한 낯빛, 하반신 없이 안개에 가린 듯한 몸, 그리고는 푸르게 타오르는 듯한 눈빛, 그것은 단적으로 인간적 공포감의 표상 그 자체다. 사령에서 죽음의 공포감은 마침내 극에 달한다.

귀신은 사람들을 겁준다고들 한다. 그런가 하면 홀리거나 넋을 빼간다고들 하기도 한다. 그러나 무엇보다도 사람을 잡아간다고들 한다. 극단적일 때는 사람을 잡아먹기도 한다고 믿었을 정도다. 한데 더 무서운 것은, 귀신 앞에서 산사람은 결정적으로 무력하다는 사실 때문이다. 꼼짝 못하고 당하기만 한다고 믿어져 있기도 한 것이다. 옴짝 못하고 일방적으로 당하기만 하면 으레 허망한 법이고, 이래서 죽음의 공포에는 허무의 잔인한 그늘이 드리워져 있는 것이다.

겹겹으로 무서워지는 죽음

주검의 부란에는 혐오감이 따르지 않을 수 없다. 심하면 썩어 문드러진다고까지 표현하게 되는 시신의 부란은 그 형체의 극심한 문드러짐에 악취가 따르고 그래서 혐오감은 더욱더 짙어진다. 따라서 우리들은 송장의 공포에 혐오감을 곁들여 얘기해야 하는 것이다.

주검은 무섭고도 더러운 것이 되면서, 부정不淨한 것이 되고 만다. 이 경우 부정이란 단순히 종교적 오예(더러움)만을 의미하는 것이 아니다. 그것은 동티나 살이 껴들어 있는 만큼 위험한 것이기도 한 것이다. 부정은 더러움이자 위험함이다. 부정이 위험을 수반하게 되면서 죽음은 다시 한 번 더 무서운 것이 될 수밖에 없다.

죽음은 이리하여 겹겹이 무섭다. 죽음이 지닌 공포의 속을 들여다보기 위해 껍데기를 벗기면, 우리들은 양파껍질 벗기기와 같은 짓을 끝도 없이 되풀이해야 할지도 모른다.

허무의 그늘에 가린 깊은 곳을 들여다보아야 하고, 시신의 부란이며 부정을 들여다보아야 하고, 사령이 지닌 무서움을 눈여겨보아야 한다. 그러고도 죽음은 완강히 닫혀진 철의 침묵인 그 본래의 모습을 좀체 드러내려 들지 않을 것이다.

하지만 부정과 사령을 얘기하게 된 이 언저리에서 한국인의 풍습이며, 민속신앙과 맺어진 죽음의 공포에 대한 말머리를 잡게 된다. 한국인들이 그 생활의 현장과 믿음의 맥락 속에서 종양처럼 길러온 죽음의 공포란 어떤 것일까.

우선 우리들 생활의 둘레에서부터 얘기를 시작해보자. 우리들의 장례식은 남달리 음산하다. 그게 엄숙하고 장중한 것은 틀림없다. 하지만 그 지엄한 격식이 음습한 분위기를 떨쳐내지는 못하고 있다. 아니 오히려 그 둘은 사뭇 엉켜 있다. 하긴 삼엄한 격식 자체가 이미 죽음의 공포를 누르기 위한 일종의 차폐遮蔽 또는 억압의 장치일 수도 있을 것이다.

장례가 치러지는 동안, 굴건과 상복의 둔중한 삼베빛, 탁한 향내음, 그리고 곡소리 등이 어울려서 사람들을 내리누른다. 겸해서, 역천逆天에도 비길 만한 살아남은 자들의 죄의식이 마음만을 옥죄어 드는 것이 아니다. 이런 상례의 분위기들이 어린아이들의 심성, 그 죽음의 관념에 주게 될 어둔 영향은 거의 결정적이다. 죽음은 중압이고 암울이란 생각을 소년 소녀들은 은연중 그 속마음에 지니고 자라게 될 것이다. 죽음의 관념이 마음에서 단단한 어둠의 자리 하나를 차지하게 될 법도 한 것이다.

뿐만 아니다. 우리들의 무덤자리, 공동묘지는 또 어떠하였던가. 돌아앉은 외딴 곳, 해가 지면 도깨비며 귓불이 나돌고 한낮에도 여우가 울어대는 그런 곳이다. 심부름길이라도 소년 혼자 지나치기는 힘겨운 곳이다. 여우가 아기무덤을 파헤집었다는 소문이라도 나돌게 되면 무서움은 곱쟁이로 늘어난다. 소년 소녀의 마음속에 죽음은 다시 한 번 더 짙은 어둠으로 내려앉고 진하게 박히게 될 것이다.

그러다가 소년 소녀들은 이내 죽음이 부정임을 알게 되면서 어둠은 이제 무슨 석탄덩이처럼 굳어진다. 실제로 한국인들에게 있어서 죽음은 여성, 그리고 '타(다른 곳, 다른 물건, 다른 사람 등)' 또는 낯선 것과 함께 '3대 부정'이라고도 부를 만한 것이다.

　그것은 마을굿에서 분명해지지만, 일상 시 생활풍습에서도 곧잘 드러나곤 한다. 남의 집 부고는 원칙적으로 집 안에 들여놓지 않는 법이고, 남의 상가에 다녀오면 부정을 타지 않게 마음을 쓴다. 상갓집의 부정을 타서 묻어오는 살이 이른바 '상문살'이다. 상갓집살이란 뜻이지만 이런 경우, 죽음 그 자체가 아예 살이 된다. 살이란 남보고 악담을 할 때, "급살 맞아 죽어라"고 하는 그 살이다. 인간 둘레를 떠돌고 있는 독하고도 매운 기운을 뜻한다. 한자로는 죽일 '살殺'과 워낙 같은 발음, 같은 뜻의 글자이지만, 민속신앙의 살은 따로 '살煞' 자로만 쓰고 있다. 남의 죽음 그 자체가 살이란 생각, 사람을 해치는 떠도는 독기운이란 관념은 무서운 생각이다. 죽음이란 그토록 무서운 것이다.

　서낭굿, 당산굿, 별신굿, 도당굿 등 규모가 크고 작은 각종 마을굿의 경우, 미리 날짜를 잡아놓고도 동네 안에 초상이 나면 아예 굿을 연기해버린다. 굿을 주관하게 될 제주(당주)를 뽑을 때, 그전 해 1년 동안 상주가 된 적이 있는 사람을 기피하는 것은 이로 보아 당연하지만, 이 경우 여인(의 아기 낳기)과 '타'는 죽음과 어금버금한 부정으로 간주되는 것이다.

　마을굿이면 골막이, 곧 마을 수호신에게 바치는 종교적 의식이다. 마을의 번영과 안녕이 그 굿에 걸려 있다고 옛사람들은 믿어왔다. 그만큼 중요한 행사인 마을굿에 위협을 줄 만큼, 죽음은 부정한 것이라고 생각된 것이다. 한국인에게 죽음은 그만큼 흉측한 것이었다.

사령의 공포, 학대당하는 죽음

하지만 숨지는 일인 죽음 그것의 흉측함은 사령의 흉측함에 비교할 때, 오히려 유하고도 부드러운 것이었다. 공포로서의 죽음은 죽은 넋에 다다라 사뭇 가팔라진 것이라고 말할 법도 한 것이다. 사령의 공포가 죽음 그 자체의 공포에 겹쳐서 상승작용을 한 것을 아무도 부인할 수 없다.

사령을 유령이라고도 하지만, 한국 민속은 전통적으로 그것을 귀신이라고 불러왔다. 굳이 달리 말하자면 귀신이란 사령신이다. 따라서 그것을 영어로 번역할 때는 '스피릿'과 맞바꿀 수도 있게 된다.

물론 모든 귀신 곧 사령을 하나같이 무섭다고 말할 수는 없다. 그것은 적어도 본래적으로 악마로 규정될 성질의 것은 아니다. 현실 민속신앙이나 속신을 감안할 때, 마구잡이로 귀신을 마귀라고 부를 수는 없다. 이른바 원귀라는 이름이 붙여진 귀신이 공포 대상인 귀신의 주종을 이루고 있다. 하지만 귀신 그 자체가 곧 공포였다는 귀신 공포 일반론을 전적으로 철회하기 힘든 낌새가 아주 없는 것은 아니다.

메멘토 모리, 죽음을 기억하라

우리들은 초상을 치를 때, 입관하기 전에 이른바 염을 하게 된다. 염이란 시신을 맑히고 난 뒤, 수의를 입히고 이어서 시신을 묶되 일곱 매듭을 지어 묶는다.

뒤에 시신을 얹게 되는 칠성판과 더불어 일곱 매듭의 일곱의 뜻풀이가 가능해진다. 목숨의 신, 장수의 신이 북두칠성 신이기에 그 칠을 시신에 옮겨서 사후의 명운을 비는 것이라고 생각된다. 여기까지에서 염을 흠잡을 구석은 전혀 없다.

그러나 그 일곱 매듭의 묶음이 여간 단단하지 않아서 결박짓는 것이나 다를 바 없다. 아무리 정해진 절차라고는 하지만, 상주가 아들인 경우, 그 장면을 목격하는 것은 여간 충격적인 일이 아니다. "왜 어쩌자고 움쩍도 못할 시신을 저같이 심하게 얽매는 것일까." 이런 생각으로 상주는 더욱더 상심하게 된다.

그 까닭을 물을라치면, 옛 노인들은 시신이 흐트러지지 않게 하기 위해서라고들 대답한다. 얼핏 듣기에 그럴싸한 대답같이 느껴진다. 하지만 그 이유란 게 믿을 만한 것일까. 불행히도 그렇게만 외곬으로 믿기는 힘든다.

왜냐하면 입관에서 하관을 거쳐 달구질 절차까지를 꼼꼼히 하나하나 따져보게 되면, 어느 한순간이라도 비록 잘못되어서라도 시신이 흐트러질 빈틈은 전혀 없음을 알게 된다. 시신과 관 사이의 빈틈은 메워지기 마련이고, 일부 지방같이 회칠해서 다진 곽 속에 관을 내리고 달구질로 꼭꼭 흙을 다지게 되면, 지진이라도 생긴

다면 모를까 시신은 흐트러지게 되어 있지 않다. 시신은 그만큼 겹겹이 다져져 있는 것이다.

한데 왜 구태여 결박짓듯 매듭으로 엮는 것일까. 해답의 일부는 불행히도 사령 공포에서 찾을 수 있을 것 같다. 그런 느낌이 진하게 드는 것이다. 무덤에서, 죽음의 세계에서 삶의 세계에로 나다니지 못하게 붙들어 매어두자는 계산이 그 일곱 매듭에는 작용하고 있는 것 같다. 비록 혈친의 사령일망정, 일단 사령이고 보면 무섭다고 생각한 것이나 아닌지 모르겠다.

그것이 아기무덤, 총각·처녀무덤이 결박지워지거나 짓눌려진 주검의 무덤이라는 것, 나다니지 못하게 틀어막혀진 무덤이라는 것과 맥을 같이할 가능성이 아주 없는 것은 아니다. 처녀 시신을 밤에 몰래 네거리 밑에 암장한 것은, 사람들 발길에 짓밟혀서 이 세상에 나오지 말라고 구박하고 억압한 것이다. 처녀 시신을 엎어서 묻은 것도 목적은 마찬가지다. 세상 못 보게 엎어서 묻어버린 것이다. 이럴 때, 무덤은 감금의 자리가 된다. 그것은 영락없는 주검을 위한 감옥이다.

적어도 아기, 처녀, 그리고 총각의 죽음만 가지고 얘기하자면, 우리들은 죽음마저 학대했다고 할 수밖에 없다. 그 가엾은 죽음들을 사뭇 구박한 것이다. 아기무덤의 일부는 땅에 묻힌 옹기뿐이다. 그 속에 아기시신을 구겨서 넣고는 땅에 묻은 뒤, 큰 바위로 눌러버렸다.

따져보나마나, 아기와 처녀, 그리고 총각의 죽음은 애

메멘토 모리, 죽음을 기억하라

처롭기 그지 없다. 서럽고 애달픈 죽음들이다. 꽃으로 치면 못다 핀 망울이 폭풍에 지는 것과 다를 바 없다.

"부모가 돌아가면 선산에 묻고, 자식을 여의면 부모 가슴에 묻는다"고 했다. 그토록 비통한 게 이들 요절한 죽음들이다. 하기에 장례는 한결 따뜻하게, 무덤도 유달리 꽃답게 그들을 길이 잠들게 해야 하는 것이다. 한데도 거꾸로 그들을 묶고, 엎어 누이고, 짓누르고 가두어버린 것이다. 그들은 갇혀 있는 죽음들이다.

그들을 어둡고 습진 땅, 웅달진 그늘의 구렁텅이에 가두어버린 까닭은 물어보나마나다. 세상에 나다니지 못하게 하자는 것이다. 그만큼 무서워한 것이다. 아이들과 미성년의 죽음을 무서워한 어른들, 정말 애처로운 어른들이다.

어린 넋, 처녀와 총각의 넋 앞에서 뉘우치고 죄를 빌어서 마땅할 어른들이다. 귀신이 무섭다지만 죽은 이는 실질적으로는 살아 있는 인간들에게 어떤 물리적인 힘도 끼칠 수 없다. 따라서 귀신 자체가 무섭다고 말할 수는 없다. 무서움은 산 사람들 마음속에 서리 감고 있는 것이다. 산 사람들은 그들 마음속의 무서움을 애처로운 넋들에게 뒤집어씌운 것이다. 가엾은 넋들에게 바가지를 씌운 것이나 마찬가지다. 거듭 한심한 어른들이다. 아기들과 처녀, 그리고 총각의 죽음이 쓰고 있을 그 무서움의 표정은 그들 자신의 것이 아니라, 살아 있는 사람들의 것이다.

물론 죽음의 공포의 부드러움을 위해 우리들이라고 애쓰지 않았다는 얘기는 차마 할 수가 없다. 나이가 들 만큼 든 노인이 생전에 미리 자신의 관을 만들어둘 뿐만 아니라, 이따금씩 그 속에 들어가 누워보는 사례를 들 수가 있다. 그것은 살아 있는 동안 미리 죽음과 친해두자는 뜻을 품고 있다. 뿐만 아니다. 죽어서 입을 수의를 미리 장만해두는 사례도 빠뜨릴 수 없다. 모두 죽음과의 화해를 위한 노력들이다. 죽음을 편안한 마음으로 받아들이자는 뜻이 간직되어 있다.

　그러나 죽음의 공포를 유화하기 위한 이 노력들을 무색하게 할 만큼, 죽음의 공포가 컸다는 것을 아기 죽음과 처녀·총각 죽음에서 얘기하지 않을 수 없는 것이다.

　　북망산천 멀다더니,
　　문전 앞이 거기로다.

　상두 노래는 이같이 죽음의 허무를 노래하고 있다. "눈 감으면 그만이다"라고 하고, "한 번 가면, 다신 못 오는 길"이라고들 한다. 이들은 필경 '공수래공수거'와 묶어져 죽음의 허무감을 진하게 표출하고 있다.

　그러면서 죽음은 부정으로 얼룩져 있다. 그것은 죽음이 더럽다는 것만을 뜻하지 않는다. 더러우면서도 더불어 위험하다는 것을 뜻하고 있다. 남의 죽음 때문에 살을 맞을 수 있고 동티를 탈 수 있기 때문이다. 그래서 남들의 죽음은 되도록 멀리 해야 한다. 더러움과 위험함의 둘레에는 내숭스러움과 음흉함이 대추나무 가지에 연 걸리듯 엇설켜 있는 것이다. 죽음이 부정이란 것이 죽음이 금기의 대상임을 의미하는 것은 말할 나위도 없다.

허무하고 부정한 죽음은 공포롭기도 한 것이다. 윤동주의 시가 그 죽음의 공포에 저려 있는 것은 이미 살펴보았다. 부정으로 해서 위험하니까, 무서워하는 것은 차라리 당연한 귀결일지도 모른다. 그래서 우리들은 남의 죽음 앞에서 떨었던 것이다.

죽음과 무덤의 방향

우리들은 잠잘 때의 머리 방향에 대해 마음을 써왔다. 극단적으로 어느 쪽으로 머리를 두고 자면, 몸에 좋다거나 아니면 해롭다는 말들을 흔하게 우리들은 써왔다. 더러는 어느 쪽 머리 방향이면 흉한 꿈을 꾸게 된다고 믿어지기도 했던 것이다.

생활과 행동의 방위에 일정한 금기가 있었다는 것도 우리들은 익히 알고 있다. '손이 든 방향', '장군이 든 방위'란 말은 살이 낀 방위와 마찬가지 뜻으로 쓰인 말들이다. 오늘날 대도시에서조차 '손 없는 날'에 이삿짐 나르는 트럭들이 별스럽게 많이 눈에 띈다는 것을 지적할 수 있을 정도다.

낮에 움직이는 사람에게 방위가 의미로 채워져 있다면, 잠자는 사람에게도 그것은 마찬가지다. 다만 후자가 전자에 비해 조금 단순하다는 차이만 있을 뿐이다. 움직임 없는 경우가 움직임 많은 경우보다 단순하다는 것은 당연한 일이다.

잠든 이들의 머리 방향에 죽은 이의 머리 방향을 겹쳐보는 것은 흉한 짓일까. 잠시의 잠과 영원한 잠, 이들 두 가지 잠들에 머리 방위를 겹쳐 생각하는 일이 크게 흉될 것 같지는 않다. 잠시의 잠에서 머리를 북으로 두지 말라거나, 서쪽으로 두지 말라거나 할 때, 그것은 잠시의 잠, 산 사람의 잠을 영원한 죽음의 잠에서부터 가름하려는 의도를 간직한 것이다. 그러기에 두 가지 잠의 머리 방향이 사뭇 무관하기는 힘든 일이다.

그래서 우리들은 움직이는 산 사람에게 방위가 의미로 채워져 있고, 따라서 공간이 의미로 채워진 것이라고 생각해야 하듯이, 죽은 이를 에워싼 공간도 의미론적인 공간이라고 생각해야 한다. 사람은 살아 움직일 때나, 살아서 잠들 때나, 숨지고 길이 잠들었을 때나 다름없이 의미로 채워진 공간 속의 존재다. 인간은 죽으나 사나 공간적 존재다. 이것은 우리들 시대의 위대한 건축가 르 코르뷔지에의 말을 흉내내는 것은 아니다.

우리들은 흔하게 음택 또는 유택이란 말을 쓴다. '음의 집' 또는 '그늘진 집'이란 뜻이다. 말할 것도 없이 그

것은 무덤을 뜻한다. 하지만 무덤이라고 부를 때와 음
택이라고 부를 때, 물리적으로는 같은 대상을 가리킨다
고 해도, 적어도 관념적으로는 판이하게 다른 것을 가리
키게 된다. 관념적으로는 모든 무덤이 언제나 음택인 것
은 아니다.

　음택이나 유택이 그늘진 습지를 연상하는 것은 부인
할 수 없다. 음산하게 누기찬 것이 음이고 유이기 때문
이다. 유幽는 '숨을, 어두울, 귀신, 저승 유'라고 읽는다.
음陰은 '몰래, 음침할, 그늘, 음달, 음기 음'이라고 읽는
다. 유나 음이나 상당한 공통성을 지니고 있다.

　그러나 음택의 음이 음양의 음임에 대해 유념하고 싶
다. 산 사람의 집이 양택이라면 죽은 이의 집은 음택이
다. 음택은 사람의 또 다른 제2의 집이다. 그것은 양택
과 한 짝을 이루고 있다. 어느 한쪽이든 잃게 되면, 사
람은 집 없는 사람이 되고 만다. 우리들은 누구나 '집도
절도 없는 사람'이 무엇을 뜻하는지 익히 알고 있다.

　음택이라고 부름으로써 우리들은 무덤을 또 다른 집
이라고 생각하게 된다. 양택이 집이라면 음택도 집이기
때문이다. 우주와 세계가 음양으로 이룩되어 있듯이,
집 또한 음양으로 이룩되어 있음을 음택이란 말은 보여
주고 있다. 유택이 명택明宅의 짝이라면, 유택의 함축성
도 음택과 크게 달라질 수 없을 것이다.

　다만 땅 밑이라서 어둡고 그늘질 뿐, 우리들 인간의
집이기로는 음택이 양택과 다를 수 없고, 유택이 명택

과 다를 수 없을 것이다. 음·유택이란 말은 무엇보다 그런 것을 뜻하고 있다. 무덤이란 말에 다 그런 뜻을 함축시킬 수는 없다.

산 사람을 위한 집, 말하자면 양택이나 명택은 옛부터 이른바 '배산임수' 하는 지점, 곧 산을 등지고 물을 내다보는 지점에다 남향 바라기로 건물을 앉히되, 대문은 동쪽 바라기로 열리게 한 것이었다. 그렇게 해야만 길한 땅에 길한 방위로 집을 자리잡게 하는 것이라고들 생각했다.

그러나 유택의 자리와 방위는 이보다 훨씬 까다로웠다. 풍수지리설이란 것은 이래서 생겨난 것이다. 그것은 직접적으로는 죽은 이를 위한 지역방위설이었지만, 간접적으로는 살아 있을 후손들을 겨냥한 지역방위설이기도 했던 것이다.

풍수설은 무덤의 좌향, 곧 앉은 자리와 방위만을 문제삼는 것은 아니다. 당연히 그 무덤 좌향의 영향을 받는 관의 위치와 방위도 중요하게 다루어지게 된 것이다. 관의 방향을 정할 때, 주검의 머리와 다리를 잇는 신장선을 기준으로 삼되, 머리가 기준점이 되었던 것이다. 말하자면 머리를 뾰족 끝으로 삼은 지남철 바늘 구실을 주검의 신장선이 도맡았던 셈이 된다.

무덤 속의 머리 방위는 결코 일정하지도 않고 따라서 단순하지도 않다. 시대가 달라지면서 머리 방위가 달라졌다는 것을 고고학적 자료나 유적들이 보여주고 있다.

그 여러 가지 머리 방향 가운데에서 김병모 교수(고고

학 전공)가 밝혀 보인 바와 같이 강물 상류를 향한 것이 아주 특이한 보기의 하나다. 이 머리 방향은 원삼국시대 경주 사람들의 해돋이 방위와 함께, 상고대 시대의, 한국인의 고유한 것이라고 보아야 할 것이다. 이 경우 신장선이 강물의 흐름과 나란히 놓여 있되, 그 머리 방향이 물줄기 위쪽을 향하고 있다고 말하면, 이해하기 쉬울 것이다.

이 주검의 신장선 방향은 아주 특이하다. 이때는 동서남북의 방향은 직접적으로는 의미가 없다. 오히려 원칙적으로 동서남북의 방위 관념과는 무관하다고 강조하는 것이 좋을 것이다. 이것을 동서남북의 사방방위가 아닌 지리적 형세에 다른 '지세방위'라고 부를 수 있을 것이다.

앞에서 집의 자리를 말할 때 '배산임수'라고 했지만, 이것도 일종의 지세방위다. 가령 '산을 보고 간다'거나 '강물 줄기를 거슬러 간다'고들 할 때, 우리들은 흔하게 지세방위에 의존하게 된다. 우리 국토의 지형상, 마을들은 대체로 앞이 들 쪽이고 뒤는 골짝 쪽이다. 앞뒤라는 인체 중심의 방위가 자연스럽게 지세방위와 겹치게 되는 것이지만, 더불어서 앞은 항시 남이고 뒤가 북이고 보면, 사방방위, 인체방위, 지세방위 등이 세 겹으로 엉기게도 되는 것이다. 알기 쉽게 요약하면, 앞=들=남, 뒤=골짝=북과 같이 묶을 수 있게 된다. 실제로 전국 방방곡곡에서 남산南山을 앞산이라고 하고, 북곡北谷을 뒷실이라고 부르고 있음을 듣게 된다.

산 사람의 방위, 죽은 사람의 방위

산 사람이 동네를 기준점으로 삼을 적에, 앞=바깥=아래=들과 같은 방위의 묶음을 얻게 되는 것은 당연하다. 동네의 집에서 동네 앞쪽인 아래로 내려가서 들을 지나 바깥 세계로 나가게 되는 것이다. 이와는 반대로 바깥에서 마을로 돌아올 때는, 들을 지나 올라가서 동네 안쪽으로 가게 되는 것이다. 이런 경우, 앞=바깥=아래=들이란 패러다임과 그 역의 패러다임인, 뒤=안=위=산이란 묶음을 얻게 된다. 이것이 살아 있는 사람이 동네에서 갖게 되는 방위다.

이 같은 살아 있는 사람의 방위를 앞에서 보인 죽은 사람의 방위와 비교하면 금세 그 차이가 드러나게 된다. 죽은 사람의 경우는, 위=앞=산의 묶음이 생김에 비해서 산 사람에게서는, 위=뒤=산이란 묶음을 얻어낼 수 있다.

산은 당연히 높이고 위다. 이 자연방위 또는 지세방위는 달라질 수 없다. 그것은 절대방위다. 하늘이 언제나 위고 땅이 언제나 아래인 것과 같은 이치다. 사람이 물구나무를 서서 걸어다니게 되지 않는 한, 이 방위는 요지부동이다. 하지만 이 절대방위가 산 사람에겐 뒤가 되고 죽은 사람에겐 앞이 된다. 앞과 뒤는 상대적 방위다. 사람이 얼굴을 어느 쪽을 두고 서느냐에 따라 금세금세 앞뒤는 달라진다. 죽고 삶에 따라 산과 위의 절대방위는 달라지지 않지만, 앞뒤의 상대방위는 달라지는 것이다.

산 사람의 머리는 동네 아래로 향하고, 죽은 이는 그 머리를 위를 향해서 두고 있다. 그게 산 사람과 죽은 사람의 차이다. 이렇게 해서 삶과 죽음에는 서로 다른, 서로 대조적인 징표가 붙는다. 그것에 의해 삶과 죽음이 가름되는 것이다.

산 사람의 주된 생활공간은 동네 앞의 들이다. 거기 내려가서 논밭을 갈고 씨 뿌리고 거둬들이면서 산 사람들은 살아간다. 그러기에 그들의 생활이 산 아래쪽 들을 지향하듯, 그들의 머리가 산 아래쪽 들판을 향하는 것은 당연하다.

그러나 죽은 이는 더 이상 논밭갈이 일을 하지 않게 된다. 그들은 머리를 그쪽으로 둘 까닭이 별로 없는 것이다. 세상을 하직한다는 것을 세상을 등진다고도 말해 왔다. 죽음이란 세상을 등지는 것이다. 등진다는 것은 돌아서고 돌아앉고 돌아눕는다는 뜻을 간직한다. 산 아래쪽 들을 향해 있던 사람들, 그쪽으로 머리 두고 있던 사람들이 등져서 서고 눕게 되면 어떻게 될까. 당연히 그 머리는 산 위를 향할 수밖에 없다. 이리하여 죽은 이는 세상을 등지고 산을 향하게 된다.

살아 있는 사람이 그 뜻을 펴기 위해 동네를 떠나 세상으로 나갈 때, 개울물 줄기 따라, 강물 흐름 따라 아래로 내려간다. 하류로 하류로 흐르는 물을 따라가면서 산 사람들은 세상을 향해 간다. 하지만 죽은 이는 세상 등지고 마을을 떠날 때, 상류로 거슬러 올라가는 듯이 머리 방향을 정하고 있다. 돌아간 이는 산머리를 향한다.

왜 그런 죽은 이의 머리 방향이 정해진 것일까. 그것에 의해 삶과 죽음의 가름이 생겨난 것은 사실이지만, 오직 그 가름 하나만을 위해서 죽은 이의 머리 방향이 산을 바라보게 되었다고 잘라 말할 처지가 못 된다.

물론 죽음이 삶의 역으로, 삶의 거꾸로이듯 잡혀져 있다는 것만 해도 귀중한 일이다. 우리들에게 삶과 죽음만큼 대조적이고 대척적對蹠的인 것도 드물기 때문이다. 이 경우, 대척적이란 말은 지구의 남극과 북극 사이가 대척적인 지점에 있다고 말함으로써 간접적으로 그 뜻이 무엇인가를 시사하고자 한다.

동과 정, 낮과 밤, 양지와 그늘, 형체와 그림자, 있고 없는 것, 뜨거운 것과 찬 것—지나치게 공식적이긴 하지만, 우리들은 이 같은 양 갈래의 묶음으로 삶과 죽음을 이해하여왔다. 그렇다면 산 사람에게 산봉우리가 뒤가 되는 것과 달리, 죽은 이에게 봉우리가 왜 앞이 되었는가를 이 양 갈래의 묶음에서 쉽게 미루어 헤아릴 수 있을 것 같다.

하지만 이 같은 양 갈래의 묶음을 보완하기 위해서만 죽은 이의 머리 방향이 산 쪽으로 잡혀진 것은 아니다. 거기엔 그보다 더한 곡절이 있다.

죽음이 환고향, 그것도 최종 귀향임을 그 머리 방향에서 헤아릴 수 있게 된다. 그것은 산 사람들이 고향으

메멘토 모리, 죽음을 기억하라

로 돌아갈 때, 아래에서 위로, 바깥에서 안으로 돌아가는 행정의 연장선상에서 죽은 이의 머리 방향의 뜻을 짐작할 수 있기 때문이다.

산 사람들이 아래에서 위로, 바깥에서 안으로 가면서 고향으로, 고향집으로 돌아가듯이, 죽은 이는 그의 머리를 아래에서 위로 향하게 두었던 것이 아닐까. 죽은 이의 영원한 고향을 향해서⋯⋯. 이럴 경우 살아 있는 이들을 위한 산기슭의 고향은 중간쯤 위에 자리한 곳이다. 이에 비해서, 죽은 이의 환고향은 아주 위를, 사뭇 위를 향하고 있는 셈이 된다.

이승을 등진 떠돌이 넋은 어디로 가나?

고운孤雲 최치원에 관한 전설은 널리 알려져 있다. 그 많은 전설들은 그를 마치 '떠도는 자유의 넋', 말하자면 '호모 비아토르Homo Viator'이듯 느끼게 만들어주고 있다. 더러는 한국 팔경의 하나로 일컬어지면서 〈해운대 저녁 달〉의 노랫말로도 유명한 해운대는 고운의 또 다른 호인 해운을 좇아서 지어진 것이지만, 이 얘기에 이르면 그의 떠도는 자유의 넋은 극에 달한 느낌을 주게 된다.

고운이 남긴 숱한 지방 전설 가운데의 백미는 그가 거꾸로 꽂은 지팡이 얘기다. 전국 어디든 좋다. 어디메 깊은 골 속, 산사 어귀에 은행이나 느티 아니면 느릅나무 따위 고목이 정정할 경우, 심심치 않게 그 나무들은 고운의 지팡이였다고 한다.

그가 길이 입산할 때, 평소 짚고 다니던 지팡이를 그곳에 꽂았더니 그것도 거꾸로 꽂았더니, 웬걸 그 곤두선 지팡이에서 뿌리가 내리고 줄기가 자라고 가지가 뻗어 우람한 거목이 되었다고들 전설은 전해주고 있다. 이것은 참 멋있는 전설이다. 그 흉내를 내고 싶고 그러다가 실제로 고운의 뒤를 따르고 싶은 충동이 불끈 치솟게 할 만큼 충동적인 전설이다.

'호모 비아토르'다우면서, 호모 비아토르의 종언에 가장 어울리는 마무리, 그것은 지팡이를 거꾸로 꽂는 일이다. 더 이상 그것이 필요없음을 일러주고 있고, 더불어서 바야흐로 위대한 코다^{coda}가 내리고 있음을 일러주기 때문이다. 떠돌던 혼이 이제 영원히 머물게 되기 때문이다.

그러나 그것은 끝이 아니고 종말이 아니다. 하나의 끝이긴 하지만, 그 끝은 동시에 또 다른 것의 시작이다. 왜냐하면 거꾸로 박힌 지팡이에서 움이 돋고 마침내 정정한 거목으로 자라났기 때문이다. 떠돌던 혼은 이제 머물러 장엄한 정주定住를 얻은 것이다. 지팡이 꽂음은 마무리이자 시작이었던 것이다. 지팡이 꽂던 고운에게 삶은 떠돌이었고 죽음이야말로 정주였던 것일까.

그러나 어떤 전설도 고운이 지팡이를 꽂은 뒤 죽었다고는 말하고 있지 않다. 하나같이 다만 길이 산으로 들

메멘토 모리, 죽음을 기억하라

어갔다고 전해줄 뿐이다. 이 말과 되살아나서 나무가 된 지팡이를 아울러 생각하면, 그가 입산한 뒤에 어떻게 되었는가 하는 물음에 대한 해답을 상징적으로 우회해서 얻게 된다.

전설대로 따르면 고운의 입산은 고운이 산 속의 신선이 되어 영생을 누렸다는 것을 의미하게 된다. 그런 뜻에서 고운의 지팡이 심기 전설은 흔한 신선담의 하나일 수가 있지만, 신선담에서 산은 영생의 자리, 정주의 자리다. 이승을 등지고 마지막 정주의 땅인 산을 향하는 사람이 산을 앞에다 두게 되고, 위에다 두게 되는 것은 당연하다. 그의 머리 방향은 마땅히 산을 향해야 한다.

그러기에 지팡이 거꾸로 꽂고 길이 입산한 고운은 머리 방향을 산으로 향해서 누워 있는 죽은 이들의 원형이라고 볼 만도 할 것이다.

하지만 또 다른 원형이 있다. 그것을 원형의 원형이라고 부르면 어떨까. 누구나 다 알다시피 단군은 죽은 것이 아니라, 길이 산으로 들어갔다고 전해지고 있다. 그런가 하면 탈해왕 또한 토함산 산신이 되어 길이 산으로 들어갔다. 산은 사후의 땅이자 길이 되돌아갈 곳임이 분명해진다.

우리에겐 정견모주, 그리고 천도산 성모로 일컬어진 여산신들이 계셨다. 모주母主라고 하나 성모聖母라고 하나 우리들의 대모신大母神임엔 다를 바 없다. 하니까, 이들은 산의 대모신들이다.

우리 고유신앙의 용어를 빌려 부르자면 산할미山姑라고 해도 좋다. 전국에 흩어져 있는 하고많은 노고산은 모두 이들 산할미의 산이다. 그리고 노적봉 전설에 얽힌 산할미들도 그 수가 적지 않다.

한편 이들 산의 대모신들은 나라의 시조 할머니신이기도 했다. 정견모주는 가야왕국의 시조 할머니이고, 천도산 성모는 신라의 시조 할머니다. 그들은 나라의 시조 할머니인 대모신들이다. 이들만 못하긴 하지만, 능히 이들에게 견주어질 만한 산의 대모신에는 지리산 성모, 덕유산 성모, 그리고 치술령 성모들이 있다. 다들 의젓한 대모신들이다.

산이 대모신의 땅이란 말은 산이 단적으로 우리들의 '아니마', 곧 여성스러움의 원형이었다는 것을 뜻한다. 그것도 어머니의 품, 그것을 뜻한다. 산은 모성의 자리다. 풍수지리설이 묘혈을 근본적으로 태형胎形으로 잡은 것은 바로 이 때문이다.

산이 어머니의 땅이라면 어떻게 될까. 외로운 죽은 이, 이승을 등진 외로운 떠돌이 넋은 어디로 가야 하는 것일까. 물을 것도 없이 그들은 어머니의 품, 산으로 가야 한다. 단군이 길이 입산하고, 탈해가 산신이 되고, 고운이 지팡이 거꾸로 꽂고는 산으로 들어가고, 그리고 죽은 이가 그 머리 방향을 산으로 두게 되는 것은 바로 그 때문이다. 이들은 하나같이 어미 품을 찾듯이 산으로 갔다.

하지만 산을 앞으로 바라보는 죽은 이의 머리 방향은

이렇게만 그 동기가 설명되는 것은 아니다. 또 다른 설명이 가능하다. 그것은 산과 관련된 것이면서 산과 관련된 설명보다 더한 의미를 지니고 있다. 그것은 하늘과 관련됨으로써 가능해진다.

단군의 아버지 신인 환웅은 하늘에서 산봉우리에 내리지만, 그것은 수로왕도 마찬가지다. 산은 신이 내리는 곳이다. 그것은 신이 하늘로 되돌아갈 때, 산을 타게 된다는 것을 암시한다. 이리하여 산은 이승과 저승, 땅과 하늘의 어름에 자리잡게 된다. 산봉우리는 하늘에 맞닿은 곳이다.

아버지인 하늘, 우리들의 아니무스인 하늘은 아니마인 산을 지나서 가게 되어 있는 곳. 그곳은 또 다른 피안이다. 사리가 이런데, 어찌 죽은 이의 머리가 산 위를 향하지 않겠는가.

동명왕은 그의 아버지 신인 해모수가 그랬듯이 평소에도 한 해 한 번, 정해놓고 하늘을 내왕했다고 한다. 그러다가 마침내 나이 쉰을 넘어 길이 승천해 불반不返했다고 일컬어져 있다. 하늘에 오른 뒤, 다시는 되돌아오질 않았다는 뜻이다.

고구려인은 시신의 머리에 날개깃을 꽂음으로써 넋으로 하여금 새가 되게 하였다. 그래야만 넋이 하늘로 날아오를 것이기 때문이다. 신라 왕관에도 날개깃이 얹혀져 있음을 이 경우, 잊지 말아야 한다.

강물의 흐름과 나란히 누워 있는 죽은 이들. 그것은

사람은 죽어서도 물흐름의 움직임을 간직하고 있다는 것이 될까. 흐름과 나란히 눕되, 물을 거슬러 올라가는 형세를 취하고 있는 사람들. 그것은 귀소하는 연어 떼들이나 은어 무리를 연상시켜준다. 그들이 태어난 곳을 향해, 마지막 여정을 가고 있는 그 싱그러운 물속의 생명들. 그것은 환고향의 행렬이자 또 다른 생명 창조의 단서이기도 한 것이다.

바위 너설을 깨물며 흐르는 깊은 산골의 개울 물살, 허이옇게 물바래 일으키며 소슬한 소리로 내리닫는 격류를 거슬리는 물고기 떼들의 환상에 물길 되짚어가는 자세로 누워 있는 사람들을 겹쳐본다.

물살을 거슬러 산 위로, 산 위로 행하고 있는 사람들, 그들의 행보는 어머니의 품이던 산을 향하고 그러다가는 급기야 산봉우리를 거쳐 하늘에 닿을 수 있을 것이다. 산을 향해 머리를 두고 누워 있는 사람들의 마음에는 그 환고향의 뜻이 새겨져 있을 것이다. 그것은 곧 귀천歸天이다.

무덤 속 환히 비춰줄 태양만이 그리우라

여기서 우리들은 한국인이 누린 또 다른 아주 특이한 죽은 이의 머리 방향에 대해 얘기할 수 있게 된다. 그것은 다름 아닌 원삼국 시대, 신라인들 머리 방향이다. 이 시대의 죽은 이의 머리 방향은 대체로 동향이었던 것으로 생각되고 있다. 지금까지 이 시대의 옛 무덤들 발굴 때마다 그 사실은 낱개로 따로따로 확인되어왔던 것이지만, 전 경희대 박물관장 황용훈 교수는 총체적이고도 결정적인 단서와 근거를 제시하기에 이르렀다.

「경주 인왕동 19, 20호 고분 발굴 조사보고서」(경희대학교 박물관, 1969.9.26~11.27)에 의하면, L, E, G, D, H, C, K, J 등 도합 8개의 묘곽墓槨의 방위가 대체로 동남으로 향해 있음을 잘 보여주고 있다. 이 고분 속에 묻혀 있는 옛 신라 사람들은 머리를 동남으로 두고 다리를 서북으로 두고 누워 있음을 알게 되는 것이다.

인왕동 19호 고분군 묘곽의 장축의 방위각

고분 구분	보고서 도면상의 각도 (자동磁東 기준)	진동眞東으로 환산한 각도 (편각을 뺀)
L	26°(동북으로)	19.5°(동북으로)
E	16°(동남으로)	9.5°(동남으로)
G	38°(동남으로)	31.5°(동남으로)
D	35°(동남으로)	20.5°(동남으로)
H	60°(동남으로)	53.5°(동남으로)
C	8°(동남으로)	1.5°(동남으로)
K	7.5°(동남으로)	1°(동남으로)
J	10°(동남으로)	3.5°(동남으로)

하지만 이 도표를 발판으로 하게 되면 재미있는 결론을 얻게 된다. 이 도표는 묘곽 장축長軸(곧 곽의 긴 축), 말하자면 시신의 머리와 다리를 잇는 키를 따르는 축의 방위각을 자세하게 보여주고 있거니와, 서로 사이에 조금씩 방위각의 차이(편차)를 드러내고 있음도 보여주고 있다.

이것은 시기를 조금씩 달리해서 만들어진 8개의 묘곽들의 장축이 그때그때마다 대충대충 결정된 그 방위각을 따라 이루어져 있음을 의미하는 것일까. 그러나 이 생각은 너무 황당하고 또한 옛 선인들에게 버릇없는 일이 되기도 할 것이다. 무덤 방위를 대충대충 잡을 만큼, 그들이 사람의 죽음을 소홀히 다루지는 않았기 때문이다.

살아생전에 앉을 때도 무엇인가를 바로 보고 앉는 게 사람이다. 어딘가를 향해 떠날 적에도 바로 향해서 길을 나서는 게 사람이다. 잠잘 때도 머리 방향을 바로 두고자 한 게 또한 사람이다. 주검의 머리 방향을 정할 때, 얼렁뚱땅이 통했을 턱이 없다.

위에 보인 도표에 따르면 죽은 이의 머리 방향은 각각 자동磁東(자석이 지시하는 동쪽)과 진동眞東(남·북극을 잇는 선에 의해 결정된 동쪽)에서 조금씩 벗어난 동향임을 알게 된다. 그것은 무엇을 뜻하는 것일까. 대충대충 어림잡아서 정한 것이 아니라면 그 벗어남은 무엇을 뜻하는 것일까.

황용훈 교수는 그 묘곽 방위의 자동과 진동에 대한 편차는 계절에 따르는 해돋이 방향의 변동 때문에 생긴

메멘토 모리, 죽음을 기억하라

것임을 통계를 잡아가면서 조직적으로 증명해 보여주고 있다. 그것은 학문의 재미가 이런 것인가 싶게 감동적이다. 과학적인 치밀한 추적이 되려 핍진하는 상상력을 자극하게 되는 좋은 본보기가 되기도 할 것이다.

그러니까 이렇게 가정해볼 수 있다. 신라인은 죽은 이의 머리를 동향으로 누이되, 봄 · 여름 · 가을 · 겨울에 따라 조금씩 이동하는 해 방향을 정확하게 따라가며 누이게 된 것이라고 생각해볼 수 있다.

황 교수의 정교한 추정을 따르게 되면, 고신라 시대 사람들의 동향한 무덤의 방위를 측정하는 것만으로도 그 무덤이 만들어진 것이 봄 · 여름 · 가을 · 겨울 네 계절 중의 어느 철인가를 알아볼 수 있게 되어 있는 것이다.

진북이나 자북이 기준이 된 동향이 아닌 것이 원삼국시대, 신라의 죽은 이들의 머리 방향이다. 그것은 철저하게 그때그때 계절 따라 옮아가는 태양 중심의 방위에 의거한 것이다. 그러므로 그 방위를 동향이나 동남향이라고 말하는 것은 적어도 사실적인 것이 못된다. 그것은 정확하게 떠오르는 태양방위, 해바라기라고 말해야 한다.

해를 바라고, 해돋이 방향으로 머리를 두고 누워 있는 사람들, 옛 신라인들은 죽어서 그렇게 누워 있었던 것이다. 이것은 매우 특징적이다. 불교에서는 내세, 곧 죽음의 세계를 서방에다 두고 있다. 서구에서도 그것은 마찬가지다. "그대, 오라 / 오랜 고독의 끝에 여기 서쪽

끝에 / 수선화 피는 끝에"라고 스펜서가 노래한 서쪽은
죽음과 겹친다. 극히 일반적으로 말할 때 삶의 방위는
동이거나 남에 두고, 죽음의 방위를 그 역인 서나 북에
둔 사례를 보다 더 많이 찾아보게 된다.

　죽음의 방위를 서나 북에 두는 것이 자연스럽다고 생
각할 수 있다. 밝음이나 양지가 삶이라면 그늘이나 음
지가 죽음으로 잡혀질 것이고, 그러노라면 당연히 죽음
의 방위는 해가 지는 쪽인 서나 그늘진 쪽인 북으로 잡
혀지게 될 것이기 때문이다.

　고신라인의 시신의 머리 방향이 해바라기란 것은 우
리들에게 자연스럽게 석굴암을 연상시킬 것이다. 물론
이 둘은 직접적으로는 아무 관계가 없다. 하지만 토함
산 꼭대기에서 장엄한 새벽 해돋이를 맞보고 있는 석불
과 매일매일 해돋이 방향을 바라보면서 아침을 맞게 될
옛신라인의 시신이 적어도 겉보기의 머리 방향의 유사
성을 가졌다는 것만은 부인할 수 없다.

　　　북망北邙이래도 금잔디 기름진데 동그만 무덤들
　　　외롭지 않어이.

　　　무덤 속 어둠에 하이얀 촉루가 빛나리. 향기로운
　　　주검읫내도 풍기리.

　　　살아서 설던 주검 죽었으매 이내 안 서럽고 언제

무덤 속 화안히 비춰줄 그런 태양만이 그리우리.

금잔디 사이 할미꽃도 피었고, 뻬이 뻬이 배, 뱃
종! 뱃종! 멧새들도 우는데, 봄볕 포근한 무덤에
주검들이 누웠네.

박두진은 「묘지송」에서 이렇게 노래한다. "무덤 속 환
히 비춰줄 태양만이 그리우리"라고 한 것은 땅 밑 무덤
의 세계가 어둡다는 것을 전제하기 때문이다. 그러나
옛신라인들을 두고는 이같이 노래할 필요가 없다. 왜냐
하면 그들의 시신의 머리 방향은 아예 해바라기였기 때
문이다. 옛신라인들의 무덤은 그 해바라기의 방위 때문
에 애초부터 환한 무덤이었기 때문이다.

죽은 이의 해바라기 방위는 물론 밝음만을 의미했을
까닭은 없다. 봄 · 여름 · 가을 · 겨울에 따라 조금씩 달
라지는 해돋이 방향을 쫓아 무덤 방위가 그때그때 옮겨
앉아 있는 옛신라인들의 무덤. 그 무덤들을 만일 춘하
추동 따라 나란히 재배치한다고 하면, 틀림없이 태양을
기점으로 삼아 활짝 펴진 부챗살의 모양이 생겨날 것이
다. 그것이 옛신라인들의 무덤들이 집단적으로 이루어
내게 될 형상이다.

그것들은 늘 태양을 맞바라보고는 환했을 것이다. 그
러면서 그 무덤들에는 해가 떠오를 적마다 신생의 기운
이 서리고 또 서렸을 것이다. 그 무덤들은 아침 햇살 기

운을 정면으로 받을 적마다 조금씩 조금씩 숨이 트일 신생의 기척을 피워 올리곤 했을 것이다.

옛신라인들의 동남향의 머리 방위는 죽은 사람만이 취하게 된 것이라고 생각할 수 없다. 동남향은 태양의 방위이기 때문이다. 그것은 빛과 밝음, 그리고 맑음을 더불고 있는 신생의 방위다. 영원한 새 삶의 방위다.

옛부터 한국인들은 남南을 앞이라고 일러왔다. 앞에서도 나왔다시피 지금도 남산을 앞산(앞메)이라고 하고, 북곡은 전국 어디서나 변함없이 뒷실이라고 한다. 남북을 이으면 앞뒤가 된다는 것은 우리들 방위의 기본축이 남북이었음에 대해 말해주고 있다. 그러자니 동은 왼쪽이 되고 서는 바른쪽이 된다.

뿐만 아니다. 한국의 지형으로 보아, 대체로 남은 앞이요, 들이다. 그리고 북은 뒤고 동시에 산이거나 골짝이다. 마을이 터를 잡을 때나 집이 그 터를 마련할 때나 자연스럽게 남전북곡南田北谷, 말하자면 전전후곡前田後谷이 되게 잡혀져 있었던 것이다.

앞들 뒷메의 자리는 농업 경제적으로만 의미가 있었던 것이다. 생태론적으로 그것은 온기를 취하고 추위를 막는 것을 의미했다. 또 존재론적으로는 뻗어가는 삶의 가능성이 잘 보호되고 있다는 것을 의미하기도 했던 것이다.

이 같은 의미를 남이 지니고 있다. 방위의 기본축이 남북(앞뒤)이었다면, 남은 그 기본축의 머리에 자리잡고 있었다. 그토록 남은 중요했던 것이다. 결국 우리 겨레

메멘토 모리, 죽음을 기억하라

의 독특한 방위는 남을 기점으로 삼아 뻗어져 있었던 것이다. 그러기에 옛부터 동대문 남향 바라기의 집에 살자면 한 집안이 3대에 걸쳐 공덕을 쌓아 적선해야 한다고 일컬어져오기도 했다. 남에 더하여 동도 못지 않게 요긴한 삶의 방위였다고 보아야 한다. 요컨대 동남은 삶의 방위다.

한데도 옛신라인은 죽은 이의 머리 방향을 구태여 동남으로 잡아주었다. 살아 있는 사람들이 살아 있는 동안, 가장 목숨 어린 방위로 향하여 살았던 그 동남의 방위에다 옛신라인들은 죽은 이를 자리잡게 한 것이다. 밝고 따뜻한 방위에서 잠들게 한 것이다.

죽음은 또 다른 삶이라는 인식

죽은 옛신라인들의 머리 방향은 어떻게 풀이되어야 하는 것일까. 무엇보다 살아 있는 사람들의 이상적인 삶의 방향과 같다는 사실이 우리들을 당혹하게 만든다. 왜냐하면 생과 사란 유명幽明이란 말이 보여주듯이, 혹은 이승과 저승, 유택幽宅과 명택明宅이란 말이 보여주듯이, 서로 대극적인 또는 대조적인 것으로 파악되기 십상이기 때문이다.

말하자면 삶의 방위가 동남이라면 이와는 반대로 죽음의 방위란 당연히 서북쯤으로 잡혀져야 하는 것이다.

그게 일반적이다. 가령 불교가 서방정토를 말하고 기독교가 죽음의 세계를 서쪽에다 배정했을 때, 그것은 서쪽이 태양이 지는 곳이었기 때문이다. 중국인의 '북망산천'을 두고도 비슷한 말을 할 수 있다. 이럴 경우 삶의 방위가 동쪽으로 트일 것은 말할 나위도 없다. 이런 사고방식이 훨씬 일반적이다.

그런데도 불구하고 옛신라인들이 죽음의 방위를 삶의 방위와 굳이 가르지 않고 동남으로 잡고 있는 것은 무슨 까닭일까. 절기 따라 옮겨가는 해뜨는 방향으로 길이 누워 있는 옛신라인의 죽음이란 어떤 것이었을까. 적어도 옛신라인들의 경우, 살아 있는 이나 죽은 이가 다 같이 동남방을 향하고 있다. 그들은 다 같은 해바라기들이다. 삶이 해바라기이듯이 죽음 또한 해바라기였다.

이것은 무엇보다 옛신라인이 죽음 그 자체를 삶의 역으로만 보지 않았음을 의미한다. 삶이 뒤집힌 경지에서만 죽음을 생각하지 않았음을 의미하는 것이다. 삶이 지상에 있고 주검이 땅 밑에 누웠다고는 해도, 그 지상과 지하만큼 대극적인 상거가 삶과 죽음 사이에 있다고 그들은 생각하지 않았던 것이다.

삶의 연장선상에 있을 죽음, 그런 죽음을 옛신라인들은 생각했다. 말하자면 죽음은 또 다른 삶, 제2의 삶으로 그들에게 받아들여졌던 것이다. 비록 보이고 보이지 않는 차이, 땅 위와 땅 밑의 차이는 있을망정, 그로 해서 짧은 단절 내지 비약이 있을망정, 사람이 누릴 두 번째 삶으로서 죽음은 받아들여졌던 것이다. 신라의 '백마총'은 그 살아 있는 증거다.

죽은 이들의 넋은 살아생전의 그 모습, 그 얼굴로 살아생전과 다를 게 없는 삶을 누리게 되리라고 옛신라인들이 믿었음을 무덤의 동남 방위에서 헤아릴 수 있게 된다. 산 사람이 동남을 방위의 축으로 삼는다면 죽은 사람 또한 그래야만 하는 것이라고 그들은 믿었음직한 것이다.

이런 생사관에서는 부활이나 재생의 관념이 생겨날 수 없다. 죽음이 옮겨감이고 장소를 옮겨 이사를 가는 것과 같은 것이라고 생각된다면 거듭남이나 되살아남과 같은 관념은 끼어들 틈이 없게 된다.

이렇게 되면, 죽음에 어둡고 습기찬 그늘이 질 수가 없다. 이별은 다만 재회의 전제가 될 뿐이고, 존재의 소멸이나 상실 따위와도 무관하게 된다. 그것 자체가 죽음이란 문제 해결의 훌륭한 방법이 된다.

무덤의 방위를 동남으로 잡은 옛신라인이 이승의 삶의 연장선상에서 이어질 또 다른 제2의 삶으로서 죽음을 생각한 것이라면, 그러한 죽음은 머리 방위를 산봉우리 쪽에 두고 있는 무덤 방위가 의미하게 될 죽음과는 다르게 된다. 왜냐하면 이미 앞에서 누누이 얘기했다시피, 죽은 이의 산봉우리 쪽 머리 방향은 산 사람들의 방위와는 반대로 잡혀지기 때문이다.

마을 안에 살아 있는 사람들에게 있어 산봉우리 쪽이

뒤편인 데 비해서 죽은 이들에게 있어서 그것이 앞편임을 앞에서 보았다. 같은 산봉우리가 뒤/앞인 만큼, 삶/죽음의 관계도 서로 반대로 잡혀질 수 있게 된다. 산 사람이 뒤로 간다고 갈 때, 죽은 사람은 앞으로 가게 되기 때문이다.

그렇다면 동남쪽의 무덤 방위와 산봉우리 쪽의 무덤 방위를 함께 놓고 생각할 때, 한국인의 고유한 죽음 방위에 서로 다른 두 가지가 있었음을 피치 못하게 지적해야 한다. 해 방향이 삶의 방향의 연장선상에서 죽음을 생각한 것이라면, 산봉우리 방위는 삶의 방향과 거꾸로 잡힌 선상에서 죽음을 생각한 것이 된다.

이것은 달라도 보통 다른 죽음들이 아니다. 서로 반대되기 때문이다. 적어도 삶을 향해서 죽음이 취하는 방위가 둘 사이에서는 극단적으로 대조적이기 때문이다.

둘 사이에서는 이 차이로 인해 의심을 품게 한다. 한 문화권 안에서 그것도 토착성 짙은 고유한 전통 안에서 빚어진 생각, 그것도 일단은 동일한 대상을 두고 형성된 생각이 흑과 백으로, 혹은 동과 서로 사뭇 다를 수가 있을까 하는 의심이 일어나는 것이다.

이 의문 때문에 산봉우리 방향을 다시 되새겨보게 된다. 해바라기 방향을 두고는 달리 궁리해볼 가능성이 없기 때문에 피치 못하게 산봉우리 방향을 재고하게 되는 것이다.

해바라기 방위나, 산봉우리 방향은 다 같이 자연방위

다. 자연의 지형이나 지리, 또는 자연의 사물이 방위의 기준이 되어 있기 때문이다. 그러나 태양 방위는 산봉우리 방위에 비해 거의 절대적인 방위다. 한 시기에 바라보게 되면, 그것은 바라보는 사람끼리 서로 달라질 수 없는 이동 불가능하고 변이가 있을 수 없는 유일한 방위가 되기 때문이다. 하지만 산봉우리는 무수하게 존재한다. 이 산봉우리가 앞이라면 저 산봉우리는 뒤일 수도 있다. 태양은 항상 앞이다. 태양을 등진 방위의 기준이란 실제로 존재하고 있지 않다. 하지만 산은 앞을 향한 방위 기준일 수 있고, 뒤로 등진 기준일 수도 있다. 산봉우리 방위를 재고하게 되는 이유가 여기 있는 것이다.

죽은 이의 시신이 그 신장방위를 흐름과 나란히 잡고 누워 있되, 그 머리가 흐름을 거슬러 산봉우리를 향하고 있는 것은 마을 안에 살고 있는 사람들과는 엄청나게 다르다. 산 사람들은 그 집에 살고 있는 동안 그 삶의 방향은 물 흐르는 방향을 따르고, 그 머리 방향은 산봉우리를 등지고 있다. 이 차이는 엄연한 차이다. 마을 안의 집 방위를 고려에 넣고 산 사람의 방위를 바라보는 한, 이 차이는 부정될 수 없다.

그러나 마을 바깥에서 산 사람의 방위를 되짚어 생각하게 되면 얘기는 사뭇 달라진다. 배산임야背山臨野背하는 마을의 지리적 조건을 감안할 때, 마을 바깥은 정해놓다시피 들이 있는 저 너머고, 물 흐름의 끝의 저 너머다.

바깥에서 집으로 간다는 것, 마을로 돌아가는 것은 머리 방향을 바깥을 향할 때와는 달리 위로, 안으로, 그리고 뒤로 잡게 된다. 물 흐름을 거슬러가게 되는 것이다. 이것이 산 사람이 마을 바깥에서 마을 안으로 돌아갈 때 취하게 될 걸음의 방향, 머리 방향이다. 이것이 죽은 이의 산봉우리를 향한 머리 방향과 같다는 것은 명백하다.

이승의 삶을 고향에서 잠시 떠난 바깥살이라고 가정해보자. 이승의 삶을 누리기 이전에 지녔던 원향이 있고, 그 원향을 이별한 타향살이가 곧 이승살이라고 가정해보자. 아울러 그 원향이 산봉우리 쪽, 그리고 그 산봉우리가 직접 닿아 있는 하늘 쪽에 있다고도 가정해보자. 이런 가정에서 귀향길은 그 방위를 어떻게 잡아야 하는 것일까. 그것은 이승에서 타향 나들이 한 사람이 이승의 고향 마을로 되돌아올 때의 방위와 꼭 같아질 것이다.

그렇다. 산봉우리의 방위로 누운 시신의 머리 방향은 고향으로 되돌아가는 사람이 지어야 할 몸시늉이다. 몸짓이고 발림이다. 환고향하는 사람이 항용 짓게 되는 머리 방위를 지으면서 죽은 옛사람은 무덤 속에 누워 있는 것이다.

그러던 것이 불교를 따라서는 서방으로, 유교를 따라서는 '북망'으로 달라져버린 죽음과 무덤의 방위. 그것은 한 민족문화의 공간개념의 기본인 방위가 엎치락거렸음을 의미한다. 서글프기 짝이 없다.

이승의 삶이 누렸던 형체의 끝

상고대의 한반도 북쪽사회에서는 중장제重葬制가 시행된 것으로 기록되어 있다. 일부의 인류학자들이 '2차 시체 처리'라고 부르기도 하는 중장제란 문자 그대로, 장사를 겹으로 두 번 지내는 제도다. 하지만 엄밀히 말해서 같은 자격, 같은 비중을 지닌 장례가 두 번 치러진 것은 결코 아니다.

어디까지나 예비적인 장례절차를 앞서 치르고 그 뒤를 이어 본격적인 최종 장례절차를 치렀던 것이다. 따라서 굳이 중장제라고 부르고 싶다면, 1.5 중장제라고 불러야 할 것이다.

예비적 장례는 시신을 일정한 자리에 내다놓기만 하는 것이다. 그리고는 시신이 자연적으로 부패하게 내버려둔다. 이것은 계획적으로 절차를 밟은 시신의 내다놓기라고 해도 무방할 것이다.

본격적 장례는 시신에서 살이 다 삭아지고 난 다음, 뼈만 따로 남았을 때 올려진다. 전자를 육신의 부식장腐飾葬이라고 한다면, 후자를 백골장이라고 이름지을 수 있게 된다. 살은 내다버려지고 뼈만 따로 거두어지는 것이다. 살 버리기와 뼈 거두기의 절차를 따라 1.5 중장제는 시행된다.

시신의 살이 썩게 내버려지다시피 한다면 글 읽는 사람들로 하여금 눈살 찌푸리게 할지도 모른다. 하지만 그렇게 말할 수밖에 없는 게 현실이다. 시신의 부란(썩음)은 무엇보다 사람들에게 혐오감을 준다. 더러운 것이란 느낌을 준다. 그것은 빨리 삭아서 없어져버리게 하는 것이 바람직할지도 모를 일이다. 가령 티벳 사람들이, 시신을 새가 쪼아먹기 쉽게 산봉우리 높은 곳에 내다놓을 때도, 그것은 손쉬운 살^肉의 처리라는 면을 갖는다.

시신에 비해 살이 삭고서 남은 뼈는 혐오감이 덜할뿐더러 악취가 없다. 더욱 그 모양새도 살에 비하면 훨씬 영속적이다. 오랫동안 제 모양을 지탱한다. 뼈야말로 영혼의 참다운 집이라고 생각된 것은 바로 이 때문이다. 뼈가 영혼의 참다운 집이라면, 어차피 쉽게 삭을 살은 빨리 없어질수록 좋은 것이다. 1.5 중장제는 이렇게 해서 비롯된 것이다.

시베리아 무당들의 입무식(성무식) 절차에서는 뼈 분해와 그 재결합의 절차를 꿈에서 시행하게 된다. 무당 후보자들은 그의 육신이 혼절하는 사이에, 육신을 떠난 혼이 되어 자신의 뼈가 분해되어서는 다시 엮어지는 과정을 지켜보게 된다. 그러고서야 그의 넋은 뼈 속으로 되돌아 들어가게 되고, 뒤이어 그의 뼈에 다시 살이 오르고 그럼으로써 다시 목숨을 되돌리게 되는 것이다.

이것은 무당 아니던 후보자가 그가 여태껏 누려왔던 삶과 목숨을 죽이고, 무당으로서 새 목숨을 얻어 거듭나게 됨을 의미한다. 이것을 흔히 시베리아 샤머니즘의 성무식에 따른 재생의 주지라고 말한다.

1.5 중장제가 이론상 이것을 본딴 것이라고 보아도 크게 잘못될 것은 없다. 살이 삭은 뼈만을 따로 추려서 장사지냄으로써, 영혼에게 둥지를 마련해주고 나아가 언젠가 다시 새살 돋아서 되살아날 그날을 기약했을 법한 것이라고 생각된다.

인류가 인체의 특수한 부위만을 따로 넋의 둥지라고 생각한 사례는 이에 그치지 않고 있다. 가령 두개골 곧 해골바가지만이 넋의 둥지라고 믿어서 인체의 다른 부위에서 이것만을 따로 떼내어서 무덤을 만든 사례를 찾아볼 수 있게 된다.

우리들의 흔한 악담 내지 욕설에 "뼈도 못 추린다"는 말이 있다. 그것은 목숨이 없어지는 것은 물론이고, 시신마저 온전히 갖추게 되지 못할 것이라고 상대방을 저주하고 있다. 이때도 뼈가 인체의 마지막 근거란 것을 의미한다.

> 어둠 속에
> 곱게 풍화작용하는
> 백골을 들여다보며
> 눈물짓는 것은
> 내가 우는 것이냐
> 백골이 우는 것이냐
> 아름다운 혼이 우는 것이냐

앞 부분에서도 인용한 「또 다른 고향」에서 윤동주가 백골의 풍화작용, 곧 백골이 삭아짐을 두고 눈물지은 것은 인체의 마지막 근거가 사라져가고 있기 때문이다. 「또 다른 고향」에는 죽음의 강박관념이 사슬같이 얽혀 있다. 노래 부르는 사람을 겹겹으로 옥죄는 것이다.

모처럼만에 돌아온 고향의 방, 이제 거기 어둠이 깃들이면, 그새 떠돌아다니던 외로웠던 혼에게는 어미 닭의 품에 안긴 병아리가 누릴 만한 안식이 있어야 한다. 고향도 집도 방도, 어둠도 하늘도 우주도 필경은 그 크고 작은 것의 차이를 넘어서서 완벽한 어미 닭의 품이라야 하고 태라야 한다.

한데도 역설스럽게 모든 안식이 예정된 그 품의 형상들, 태의 형상들은 거짓에 불과했다는 것이 드러난다. 그것들은 허덕이고 있는 바람에 찍힌 허술한 천막이나 움집 같은 것에 불과했음이 폭로된다. 그것은 백골, 내 백골 때문이다. 지겹게 따라붙은 죽음의 상념 때문이다. 거기에는 이미 강박관념이 된 죽음이 있다. 윤동주는 그 겉보기의 완벽한 안식의 상징 속에서 귀신에 들듯이 죽음에 들고 만다.

귀신이 지피듯 죽음에 지핀 공포, 그것으로 해서 우주마저 무너져 내리는 경험을 이 시인은 갖게 된다. "어둔 방이 우주로 통한다"고 한 것은 그 모든 외양상의 안식의 상징들의 무너짐이다. 그것은 윤동주 개인의 묵시론적 종말, 우주론적 종말의 순간이다. 그의 죽음은 조국의 죽음, 고향의 죽음, 그리고 우주의 죽음을 더불고 있다. 일체의 것이 동시에 붕괴한 것이다. 존재하는 모든 것이 사태져내린 것이다. 이런 것이 이 시가 노래하는 죽음이다. 죽음의 원천적인 붕괴, 허무, 공포가 무섭게 뒤엉켜 있다.

그러나 습진, 음산한 이 뒤엉킴의 막판에 뼈가 있다. 바람 따라 삭아져가고 있는 뼈가 있다. 그것은 종말의 종말, 소멸의 소멸을 상징한다. 존재의 종국, 이승의 삶이 누렸던 형체의 끝을 상징한다. 그게 스러지면 이제 모두가 끝장이다. 뼈의 풍화작용은 죽음의 죽음이다. 죽음에서 뼈란 그런 의미를 갖는다.

뼈는 넋의 마지막 근거지

골육이란 말은 피붙이와 같은 뜻이다. 골육상잔이면 동포끼리의 살상행위다. 하지만 이럴 때라도 육보다는 골이 항상 보다 더 근원적이다. 무당들은 삶을 노래할 적마다 뼈가 먼저 생기고 그리고 다음 살이 붙는 과정을 노래한다. 골격이란 말이 그렇듯이, 뼈는 살붙임의 근간이다. 보통 물고기와 문어를 비교할 때, 하다못해 멸치조차도 뼈대 있는 것으로 평가되는 것은 뼈대 있다는 말이 제대로 격식을 갖춘 것, 대물림의 전통이 있는 것, 존경받을 만한 여건을 갖추었다는 것 등을 의미한다.

뼈와 살의 대비에서 뼈는 아버지에게, 살은 어머니에 걸려 있다. 뼈는 아버지에게서 받고 살은 어머니에게서 받는 것으로 되어 있다. 이때 아버지와 어머니의 대비가 씨와 밭의 대비에 호응하고 있음을 생각해야 한다. 그렇다 치면, 뼈=씨=아버지/살=밭=어머니라는 대비관계를 설정해볼 수 있을 것이다. 가부장제 사회에서, 남과 여의 등차가 무엇을 의미하는가를 고려한다면, 위의 대비에서 뼈가 살에 대해서 갖는 압도적 비중을 지적할 수 있게 된다.

뼈의 중요성을 말하는 언어관습을 따로 지적할 수도 있다. 언중유골言中有骨이면, 말에 뼈가 들었다고 직접 풀이되겠지만, 그것은 말 속의 가시와 마찬가지로 만만찮은 뜻이 말 속에 박혀 있다는 것을 함축하는 것이다. 이때도 말은 허물허물한 것으로 살에 견주어진다는 것을 놓치지 말아야 한다. 뼈 없는 말은 쓰잘데없기로는 알맹이 없는 봉투와 같다는 뜻이 담겨 있을 것이다. 형식이 말이라면 의미가 곧 뼈가 되는 셈이다. 뼈는 말의 의미에 견주어진다.

죽음에서 뼈가 종국적이기 이전에 이미 삶에서 뼈는 중핵이다. 그것에는 아버지, 씨, 기본구조 등의 의미가 함축되어 있다. 죽음에서 뼈가 갖는 의의를, 삶에서 그것이 갖고 있는 의의에서 유추해도 좋을 것이다. 중장제가 뼈를 거두어 따로 마지막 최종적인 장례를 치른 것은 바로 이 때문이다. 이때 뼈가 1이라면 살은 0.5의 비중밖에 없다는 것에 거듭 유념하고 싶다.

하지만 이때도 생각을 조금 교정할 필요가 있다. 살의 처리는 뼈의 장례를 위한 예비이긴 하지만, 그것의 부란이, 그 삭아짐이 자연에 내맡겨 있음을 계산에 넣는다면, 방치한다거나 내버려놓는다는 낌새가 아주 없는 것도 아니기 때문이다. 살은 빨리 아주 없애버리는 것이 바람직하다는 생각이 작용하고 있음직도 하기 때문이다.

누구나 알다시피, 서해안 그리고 남해안 일대에는 초분이 있었다. 풀무덤이란 뜻이다. 오태석의 희곡으로 해서 더욱 유명해진, 이 초분도 살 따로 뼈 따로의 일종의 중장제다. 땅이 좁은 섬에서 시신 전체를 위한 넓은 땅의 무덤을 낱낱이 제공할 수는 없다. 현실적으로 초분이 땅의 경제학에서 비롯한 것임은 부인할 수 없다. 하지만 이 경우에도 살/뼈의 양분론적 대립에서 뼈에 주어진 비중의 크기가 작용하고 있다는 것을 간과하고 싶지 않다.

중장제 그 자체의 표현으로, 아니면 그와 간접적으로 관계를 맺고 있을 전형적인 신화로 탈해왕 신화를 들수 있지만, 그 연장선상에서 혁거세왕 신화를 생각해볼수 있다. 그런 뜻에서 이 두 신화는 장례에 관한, 죽음에 관한 요긴한 몫을 지니고 있게 된다.

탈해는 사후에 그의 뼈만을 따로 장례 치러주기를 계시했다. 그 같은 공수를 내린 것이다.

23년 동안 왕위에 있다가 건초建初 4년 기묘에 돌아가심에 소천내의 둔덕에 장사해 모셨더니 그 뒤에 신이 말하기를 '조심하여 내 뼈를 묻어라'고 당부하였다. 그의 머리뼈는 들레가 석 자 두 치, 몸뼈의 길이는 아홉 자 일곱 치였고, 치아는 맞붙어서 한 덩치를 이루고 있었으며, 뼈마디는 모두 이어져 있었으니 천하에 맞수가 없을 장사의 뼈였다고 한다.

이에 사람들이 뼈를 부수어 소상塑像을 만들어 대궐 안에 편히 모셨다. 그랬더니 다시 또 신이 이르되, '내 뼈를 동악에 안치하라'고 했다. 그런 까닭으로 왕은 영을 내려서 말대로 안치하였다.

『삼국유사』의 원문은 이와 같이 일러주고 있다. 이 같은 탈해왕의 신화는 (1) 신체 전체의 매장, (2) 골장, (3) 죽은 이의 뼈로 만든 소상 등에 관해서 일러주고 있다. 이때 (1)과 (2)가 중장제에 대해 일러주고 있거나 그와 관련이 있는 간접적 표현이란 것은 새삼스레 말할 게 못 된다.

하지만 탈해 신화만이 누리는 특색은 죽은 이의 뼈를 부수어서 빚은 소상이다. 신라인들은 적어도 탈해왕의 '죽은 골상'을 섬기고 있었던 것이다. 이때 이 '죽음의 골상'이 시베리아 원주민 사이에서 샤머니즘적 이념을 따라 섬겨진 '온곤ongon'을 연상시켜주게 된다. 이 온곤은 물론, 뼈만으로 빚어진 것은 아니다. 압도적으로 많은 사례는 목제(목각)들이다. 그것은 고구려인들이 섬긴

메멘토 모리, 죽음을 기억하라

동명왕과 그 모신 유화의 목각신상에 견주어질 수 있다. 이 모자신의 목각신상은 고구려인들의 온곤인 셈이다. 그뿐만 아니다. 상고대의 한국의 북방사회에서 집단적인 가족묘를 형성하였을 때, 그 속에 죽은 이들의 목상을 안치한 것도 같은 시각으로 바라볼 수 있을 것이다.

하지만 탈해왕의 경우는 죽은 이 본인의 뼈로 만들어진 골상이란 각별한 특색을 갖추었다. 온곤이 사령상死靈像, 특히 조상령상祖上靈像일 때, 목각상에 비해서 골상이 비교도 안 될 만큼의 상징성을 누리게 되리란 것은 쉽게 헤아릴 수 있을 것이다. 뼈는 넋의 마지막 근거지, 넋의 최종적 주거지였던 것이다. 넋의 집, 그것이 다름 아닌 뼈란 것을 탈해왕의 온곤이 일러주고 있다.

흰빛의 넋과 검은빛의 넋

넋이 영영 육신을 떠나버리는 것, 그것을 한국인들은 죽음이라고 생각했다. 이 경우 넋이 곧 생명력의 바탕 또는 생명원리를 의미했음은 말할 나위도 없다.

하지만 한국인들은 죽은 이의 넋을 귀신이라고 불러왔다. 산 사람의 넋을 귀신이라고 부르는 법은 결코 없다. 이와는 달리, 죽은 사람의 넋은 따로 귀신이라고 일컬어왔다. 귀신이란 곧 사령, 말하자면 죽은 넋이다.

한데 귀신이 되는 죽은 이의 넋은 육신을 떠나고 난 뒤

어떻게 된다고 한국인은 믿었던 것일까. 기본적으로, 혹은 원칙적으로는 육신을 떠난 넋은 저승으로 간다고 믿어져 있었다. 저승이란 따라서 귀신들의 세계다.

하지만 귀신이 저승으로 간다는 것은 원칙일 뿐이다. 그것도 예외가 많은 원칙이었을 뿐이다. 왜냐하면 저승으로 못 가는 넋들이 허다했기 때문이다.

이들 저승을 못 가는 넋은 이승을 계속 떠돌게 된다고 믿어지고 있었다. 떠돌이 넋, 방황하는 넋들이다. 이들을 통틀어 객귀라고 부르는 것은 이들이 떠돌이 나그네이기 때문이다. 육신을 떠난 넋은 당연히 죽음의 세계, 곧 저승에 거주지를 옮겨가야 한다. 한데도 이승을 계속 헤매게 되는 넋은 그 신분상황이 죽음의 세계에도 딸려 있지 않고, 삶의 세계에도 딸려 있지 않게 된다. 생도 사도 아닌, 유도 명도 아닌 중간자가 되고 만다. 떠돌이 넋, 객귀들은 삶의 변두리와 죽음의 변두리 두 어름에 어정쩡 걸려 있는 셈이 된다.

넋이 이승의 떠돌이 나그네가 되는 것은 넋이 이승에서 풀고 떠나야 할 문제가 남겨져 있는 탓이라고 설명되고 있다. 죽음에 다다라서, 이승에 문제를 남긴 넋은 저승을 못 가게 되는 것이라고 믿어져왔다. 죽음 자체가 문제성을 띨 때도 마찬가지다.

가령 어린 자식들을 두고 부모가 죽을 때, 시집 장가 못 가고 처녀 총각들이 죽을 경우, 혹은 '꼭 요것만은' 하고 벼른 일이 꺾어진 채 어떤 사람이 죽을 경우, 이들

메멘토 모리, 죽음을 기억하라

의 넋은 한결같이 저승을 못 가게 된다고 믿어져 있었다. 물에 빠져 죽은 사람, 불에 타 죽은 사람, 싸움터에서 죽은 사람, 객지에서 죽은 사람—이들의 넋도 대표적인 객귀들이요 잡귀들이다.

죽은 이가 삶에다 남겨놓은 문제, 그것을 한국인은 원한이라 불러왔다. 물론 자질구레한 것까지 쳐서 모든 문제라고까지 말하는 것은 현명한 일이 못 된다. 한 사람의 삶에서 결정적으로 중요한 의미가 있다고 믿어진 문제라고 제한해서 생각하는 것이 옳다.

가령 문제를 상처나 병이라고 고쳐 말한다고 하면, 피부가 긁힌 정도라거나, 아니면 가볍게 살점이 떨어져 나간 정도, 혹은 감기·몸살이 든 정도는 생각하지 않는 게 좋을 것이다. 살점 깊이 칼이 꽂히고 뼈가 으스러진 상처, 암에 걸린 정도를 계산에 넣는 게 좋을 것이다.

죽음이 이승에 남긴 문제만이 원한이 되는 것은 아니다. 죽음 자체가 문제성을 띠고 있을 때, 그 죽음이 지닌 문제성도 또한 원한이라고 일컬어왔다. 가령 너무 일찍 겪은 죽음, 객지에서의 죽음, 외로운 죽음 등이 문제성 있는 죽음의 보기로 들 수 있다. 이것이 이른바 원통한 죽음이지만, 우리들은 죽음이 이승에 남긴 문제와 죽음 자체가 지닌 문제를 끝까지 사뭇 별개의 것으로만 갈라서 설명할 수만은 없다. 그 둘은 많은 경우 서로 엇물려 있기 때문이다.

억울한 삶을 살다가 죽은 넋, 원통한 죽음을 겪은 넋

은 저승을 못 간다고 믿어져 있었다. 이 믿음을 다음과 같은 이청준의 「석화촌石花村」이라는 작품에서도 확인할 수 있다.

> 그러나 마을에서는 그 물귀신을 끔찍이도 믿었다. 원래 물귀신은 앉은뱅이귀신이어서 바다를 마음대로 돌아다니지 못한다고 했지만, 언제부턴가 사람들은 그 말에 아랑곳없이 다른 귀신을 찾아 온통 바다 밑을 헤매고 다니는 것으로 생각하기 시작했다. 사람이 바다에 빠져 죽는 일이 한 곳에서만 아니라 여기저기서 생겨났기 때문이었는지 모른다. 괴상한 일은 진짜로 마을에서는 거의 매년 한 사람씩 바다귀신이 되어가는 것이었다.

이 같은 인용문은 참 음산하고도 지겹다. 하지만 이 지겨움 속에 원령에 부치는 한국인의 믿음의 실상이 있는 것이라면, 우리들은 그것을 외면할 수 없게 된다. 하지만 보기는 이에 그치지 않는다. 다음과 같이 음산함이나 지겨움이 덜하지도 더하지도 않은 또 다른 보기를 들수 있다.

> 해신은 마을 사람들이 '물 아래 긴 서방'이라고 부르는 신이었다. 그 신은 몸을 사리면, 팔척장신의 남자만큼 하여지지만, 그 몸을 늘이면 이 바

다 안에 꽉 들어찰 만큼 크다고 했다. 그 신은 수천만의 수부를 거느리고 있었다. 수부란 억을하게 물에 빠져 죽은 귀신들이었다. 그 해신은 그 귀신들을 그렇듯 많이 거느리고 있는 만큼 권능도 대단하여, 마음이 내키기만 하면, 이 바다로 수없이 많은 고기나 먹장 같은 김이나 미역이나 조개들을 끌어다가 놓기도 하고, 심술이 끓어나면 그것들을 모두 다른 바다로 몰고 가버리기도 한다고 했다. 어머니는 용신굿을 잘했다. 한 손에 술잔을 들고 다른 한 손에 대신 칼을 든 채 무가를 불러댔다.

"수부 수부를 불러주자. 불쌍하신 어열씨나 만경지 수리장파 수살영신 불러주자. 못 살고 못 먹고 저 바다 중축에 나갔다가 명 바리 나갔다가 죽은 귀신, 조기잡이 나갔다가 죽은 귀신⋯⋯."

중대한 것은 이 원령怨靈을 통해서, 혹은 원령이란 관념을 통해서, 한국인에게 넋이 허구가 아니고 현실이 된다는 사실이다. 조상숭배를 통해서 넋이 현실로 받아들여진 것과 아울러서 생각해야 할 것이다. 원령은 삶과 교섭을 갖는다. 삶에 영향을 끼치고 삶을 좌지우지한다고 믿어져왔다면, 원령의 넋은 더 이상 허구일 수 없다.

한국의 데모놀로지demonology, 곧 마성론魔性論이나 악령론惡靈論에서 귀신이 갖는 비중은 절대적이다. 귀신은 도깨비와 함께 데모놀로지의 양대 영역을 이루게 되지만, 그중에서도 귀신의 비중은 도깨비의 비중을 훨씬 웃돌게 된다. 때로는 도깨비마저도 귀신론에 거두어들여질 만큼 귀신론은 우세한 것이다. 짐승 가운데서는 여우와 뱀이 더러더러 데모놀로지에서 웬만한 구실을 도맡긴 하지만, 그것마저 귀신의 몫에 비하면 단역에 불과했던 것이다.

귀신론에서 다시 또 사령, 곧 죽은 이의 몫이 커진다. 아주 거칠게 갈래를 짓자면 죽은 이의 넋 가운데 흰빛의 넋과 검은빛의 넋의 가름을 지을 수가 있다. 앞의 것이 살아 있는 자에 대해 착한 넋들이라면, 뒤의 것은 생자에게 매우 해로운 넋들이다. 그래서 양자를 명확히 가름하기 위해 전자를 단순히 신이라고 한다면 후자를 귀신이라고 불러도 좋을 것이다.

물론 이 같은 신/귀신의 양분론은 헷갈리기 쉬워서 크게 바람직한 게 못된다. 흰빛과 검은빛이 서로 넘나들 수 있는 터라, 실제로는 귀신이란 개념으로 흰빛까지도 포괄하기 때문이다. 그렇다고 해서 신/귀신의 양분론이 사뭇 쓸모없기만 한 것은 아니다. 가령 조상신이라고 부를 때 거기 흰빛이 절대적으로 우세하다는 것은 의심의 여지가 없듯이, "귀신이 사람 잡아간다"고 할 때, 거기 검은빛이 우세한 것 또한 사실이기 때문이다.

오늘날에도 우리들은 싸움터에서 나라 위해 목숨을

바친 병사들의 넋을 영령英靈이라거나 꽃다운 넋이라고 부르면서 그들을 기리고 있다. 그와 함께 이들은 호국의 영이라고 부르는 게 사실이지만, 이 호국령이란 말이 쉽게 호국신이란 말로 대체되곤 하는 것을 우리들은 익히 알고 있다. 죽은 병사들의 넋이 예대로 신으로 섬겨지고 기려지고 있음을 보게 되지만, 이것을 단순히 수사학적인 미화라고만 생각해서는 안 될 것이다. 그들은 오늘날에 있어 국가적으로 기려지는 흰빛의 넋들이다. 그리고 우리들은 그들을 거리낌없이 신이라고 부른다. '넋=신'의 등식은 이럴 경우, 아주 생생하게 유효한 것임은 말할 나위 없다.

호국의 영령들의 경우, 그들의 맑고 성스러운, 정갈하면서도 거룩한 흰빛은 그들의 의로운 삶, 그것에서 비롯한다. 희디흰 그들의 삶, 순백의 그들의 삶이 있고서야 그들의 넋이 비로소 흰빛을 띨 수 있었던 것이다. 죽음의 넋이 지닌 흰빛은 그들이 치룬 값진 삶에 대한 보상이다.

하지만 죽은 넋을 귀신이라고 할 때는 검은빛이 사뭇 진하게 끼쳐진다. 물론 조상귀신이라는 말이 있고 보면, 귀신에 언제나 검은빛만이 뒤집어씌워져 있는 것은 아니다. "귀신을 잘 모신다"고도 실제로 쓰이고 있다. 그렇지만 신이란 말과 대비시킬 때, 귀신에 검은빛이 우세한 것은 부인할 수 없다.

검은빛 사람귀신

신神은 워낙 천신의 신이고 정신의 신이고 신령스럽다고 할 때의 신이다. 애초부터 데모놀로지의 영역에 편입될 성질의 것이 아니다. 그러나 귀鬼는 '귀신 귀', '도깨비 귀', '뜬 것 귀' 등으로 읽혀지는 말인데다, 그 사전적 정의가 꽤 음산하다. 장삼식의 『대한한사전』에서는 "人死骨肉歸土 血歸水 魂氣歸天 其陰氣薄然獨存無所依故爲鬼(인사골육귀토 혈귀수 혼기귀천 기음기부연독존무소의고위귀)"라는 한문 원전의 정의를 인용한다. 대략 풀이하면, "사람이 죽으면 그 뼈와 살은 흙으로 돌아가고 그 피는 물로 돌아가고 그 혼의 기운은 하늘로 돌아간다. 하지만 죽은 이의 음기는 엷고 가벼워서 홀로 있게 되고 또한 의지할 바 없으니 이를 일러서 귀라고 한다"와 비슷할 것이다. 사람의 구성요소 가운데 긍정할 만한 것은 각기 돌아갈 데로 돌아가고, 그렇지 못해서 떠돌이가 된 음기를 귀라고 하는 셈이다. 그래서 귀라는 말에는 음陰, 사邪, 독毒, 흉凶, 요妖, 그런 따위의 함축성이 따라붙을 수 있었던 것이다. 귀곡鬼哭이라면 귀의 곡소리란 뜻이지만, 사실은 망령(죽은 넋)의 울음소리다. 귀관鬼關이면 저승 들어가는 관문을 뜻하지만, 이런 보기들에서 귀는 한결같이 흉하고 삿되다.

이렇듯이, 사전적인 정의를 따르게 되면 귀와 신은 별개의 것이다. 신은 워낙 천신이고 귀는 사귀死鬼, 곧 사령이다. 그러나 귀신이라는 합성어가 이루어지면서 신과 귀 양쪽을 포괄하는 개념으로 쓰이는 한편, 아예 귀신으로 사령을 가리키는 쓰임새도 생겨나게 된 것이라고 짐작된다.

한국 민속신앙 현장에서 귀신은 실제로 다양한 쓰임새를 보이고 있다. 나무귀신, 바위귀신이라고 하면, 애니미즘animism적인 발상법에 의한 나무에 깃들인 영, 바위에 깃들인 영을 의미한다. 목정木精 또는 암정岩精이라 불러도 큰 잘못은 없을 것이다. 비슷하게 산귀신, 집귀신, 뒷간귀신 따위의 관념이 생겨날 수 있다.

그런가 하면 천신은 하늘귀신으로 불리고 해신은 바다귀신으로 일컬어진다. 귀신의 개념이 사물에서 우주론적 단위에까지 확대되었지만, 애니미즘적 발상법은 이 경우에도 여전히 효력을 발휘하는 것이다.

처녀귀신(명도 또는 손각시), 총각귀신(몽달귀신), 아기귀신 등에 이르게 되면 본격적으로 인귀, 곧 사람귀신이 된다. 말할 것도 없이 각기 사람의 죽은 넋들이다. 그러나 여기 나열된 사령들은 하나같이 원령의 귀신들, 검은빛 귀신들이다. 요컨대 한국 민속신앙에서 귀신이라고 하면 물체적인 애니미즘의 귀신, 우주론적인 애니미즘의 귀신, 그리고 끝으로 사령의 사람귀신 등을 통틀어 일컫게 된다.

한국의 민속신앙에서 이들 세 범주의 귀신들은 하나같이 섬김을 받는다. 개인적으로나 집단적으로나 그것은 다를 바 없다. 그런 뜻에서 한국 민속신앙은 상당한 정도로 귀신신앙이라고 해도 좋을 것이다. 우리 공동체의 가장 중요한 집단적 신앙행위의 현장이던 별신굿에서 마을 수호신격인 별신이 산신, 바다신, 바위신, 나무신, 그리고 사람신으로 이루어져 있음이 그것을 말해준다.

이들 귀신 가운데서도 사람귀신에 대한 신앙은 그 상대적 비중에 있어서나 기능이나 의미에 있어 그야말로 다른 것의 추종을 불허한다. 특히 무속신앙에서 그 현상은 두드러지게 된다. 우리 무속신앙은 상당한 정도로 검은빛 사람귀신에 대한 신앙이다. 따라서 우리 무속신앙을 시베리아 샤머니즘의 보기를 따라 '검정 샤머니즘'이라고 일컬어도 좋을 것이다. 극히 줄여 말할 때, 사령신앙이 중심이 된 샤머니즘을 검정 샤머니즘이라고 하기 때문이다.

사령死靈을 통틀어 귀신이라고 불러도 무방하다. 그들 사령귀신 가운데, 이승에 문제를 남겨 원한이 맺혀 있거나, 죽음 그 자체가 문제성을 내포한 나머지 원한이 맺혀 있는 귀신은 저승을 못 가고 이승의 떠돌이 귀신이 된다.

앞에서 말한 바와 같이 삶의 세상은 이미 떠났으나 죽음의 세계에 온전히 편입된 것이 아닌 무적無籍의 방랑자가 곧 원귀, 원령이다. 그들은 삶의 세계와 죽음의 세계 양쪽에 동시에 어정쩡하게 걸려 있는 양다리 걸치기의 중간자다. 중간자가 대체로 그렇듯이, 이들 또한 위험한 존재들이다. 특히 산 자를 향해서 심히 위험스러운 존재들이다.

은진 별신굿의 은진 별신이 그렇듯이, 전국의 별신이나 서낭신에는 원령이 적지 않다. 그들의 원한, 그들의 저주를 달래고 푸는 것이 별신굿의 목적이 된다. 이럴 때 별신굿은 한 집안의 사령死靈굿 내지 진혼鎮魂굿인 진오귀굿이나 씻김굿 따위와 성격을 같이하게 된다. 서해안 일대에서 마을신으로 섬겨지는 임경업 장군, 남해안의 최영 장군 그리고 경북 안동 일역의 공민왕 등은 예외 없이 원신들이다.

무당이 섬기는 몸주나 만신이 원령인 경우도 물론 허다하다. 손각시, 몽달귀신, 아기귀신 이외에 사도세자나 최영 장군 등이 그 대표적인 본보기들이다. 이때 우리 무속신앙의 검은빛이 더욱 두드러지게 되는 것은 말할 나위도 없다.

이같이 민속신앙 및 무속신앙이 원귀, 원신을 혹은 원령을 섬기는 원인은 일차적으로 사령공포에서 찾을 수 있다. 죽은 이의 넋들에 대한 공포가 원귀신앙의 기틀이란 뜻이다. 상상하고 있는 귀신의 형상만이 무서운 게 아니다. 그들은 산사람에게 고통과 질병과 재앙을 예사로 끼치기 때문에 더욱더 무서운 것이다. 이 같은 사령공포에는 앞 부분에서 언급했듯이, 죽음 자체에 대해서 산 사람들이 갖는 공포가 겹쳐져 있음은 뻔한 일이다.

'갖추어진 삶', 원귀 속에 담긴 한국인의 인생관

매우 무서운 원귀들. 산 사람이면 누구에게나 무차별하게 공격을 가하는 흉폭한 원귀들 관념 뒤에는 적잖이 사치스럽고 호화스러운 한국인의 인생관이 도사리고 있다. 한국인들이 사후에 문제를 남기지 않을 온전한 삶이란 갖출 것 고루 갖춘, 잘 '갖추어진 삶'이라야 한다.

실제로 옛날 기준으로 따져서 '갖춘 삶'이 갖추어야 할 조건을 생각해보자. 나이로는 환갑·진갑을 넘기기까지 살아야 한다. "인생은 옛부터 나이 일흔이 드물다"고 한 옛말도 있듯이, 옛날로서는 환갑·진갑 넘기기가 그렇게 쉬운 일이 아니다.

회갑·진갑 넘기기까지 목숨 부지만 해서는 안 된다. 그만큼 드물게 오래 살되, 자식은 적어도 5남매 정도는 슬하에 두었어야 한다. 그 5남매란 것도 이상적으로 4남 1녀 정도, 마지못할 경우라도 3남 2녀를 내려서는 안 될 것이다. 옛부터 부귀다남이라고 했듯이, 3남 2녀를 거느리고도 그 집 가장은 부와 귀를 누려야 한다. 자산이 많아야 하고 벼슬이 높아야 하고 이름을 세상에 드날려야 한다. 부귀영화가 빠진 인생이란 날개 떨어진 새와 다를 게 없었다.

장수와 부귀다남을 누린 끝에 그 많은 아들딸들이 빠짐없이 장가들고 시집가야 한다. 그래서 자식 앞마다 다들 손자 두셋은 주렁주렁 딸려 있어야 하는 것이다.

그러자니까 자라다가 장가, 시집 못 가고 죽은 자식이 있어서는 안 되는 것이다.

하지만 이들로서만 유족하게 다 갖추어진 죽음을 죽게 되는 것이 아니다. 또 다른 조건이 있어야 한다. 위에 이미 들어 보인 그 어려운 것들 다 갖춘 끝에 드디어 세상 떠나게 될 때, 고통 없이 잠시 앓는 듯 마는 듯하다가 편히 잠들 듯이 죽어야 한다. 그것도 안채 안방에서, 혹은 안사랑에서 이른바 '와석종신臥席終身'을 해야 한다. 평소의 잠자리에서 한평생을 마쳐야 한다. 게다가 그 임종의 자리를 자식이 빠짐없이 지키고 있어야 한다. 남김없이 다 모인 자식들이 둘러앉아 지켜보는 가운데 숨져야 하는 것이다.

하지만 이것들로는 아직도 미진하다. 초상이 장중하고 은성해야 하고, 그 무덤자리가 명당이라야 하고, 3대에 걸쳐 봉제사할 후손이 끊기지 말아야 한다.

이것으로써 가까스로 한국인의 죽음은 '갖추어진 죽음'이 되는 것이다. 이를 '호상好喪'이라고 하는데, 참 사치스럽고 욕심 사나운 죽음이라고 하지 않을 수 없다. 이 숱한 어려운 조건 가운데 하나만 삐걱하고 빠지게 되면 죽은 이는 원귀가 된다. 그리고 그는 저승을 못 가고 이승에도 발붙일 데 없는 떠돌이 방랑의 혼이 되고 만다. 이럴 때, '악상惡喪'이란 말이 쓰인다.

떠돌이 넋, 저승을 못 가는 떠돌이 넋이란 관념을 실마리로 삼아 두 가지 중요한 명제를 이끌어낼 수 있다. 그

첫째는 한국인이 저승에 대해 품었던 생각에 관한 명제고, 그 둘째는 영혼의 구원이란 관념에 관한 명제다.

저승은 사후의 세계, 넋이 누리게 되는 사후의 세계다. 넋들을 위한 타계他界라고 부르기도 한다. 말하자면, 저승이란 넋들의 주거지다. 그리고 이상적으로는 그곳에서 넋들은 구원받아야 한다. 따라서 그곳에는 넋의 구원자가 있어야 한다.

만일 저승이 넋들을 위한 주거지이면서 더불어 그곳에 영혼의 구원자가 존재하는 것이라면, 한 사람이 숨지는 순간까지 미처 해결하지 못한 문제가 이승에 남겨져 있다고 해도, 넋은 저승으로 떠나갈 수 있을 것이다. 하지만 영혼의 구원자의 존재가 상정될 수 없을 때 넋은 남겨진 이승의 문제를 그냥 둔 채, 저승으로 가지를 못할 것이다. 이승에 남은 채, 빚을 갚듯이 문제를 풀어야 할 것이다.

이것은 어디까지나 추리다. 그러나 이 같은 추리는 불교나 기독교가 들어오기 이전에 이미 형성되었던 우리의 고유한 저승이 영혼의 구원자가 없는 사후세계였을 가능성을 헤아려보게 해준다. 다만 넋이 모여드는 집단 주거지일 뿐, 넋이 남겨두고 온 문제 때문에 겪을 고통을 해결할 힘 있는 존재가 없는 곳. 그런 곳을 원천적인 우리들의 저승으로 추정해보게 하는 것이다.

그럼에도 불구하고 구태여 넋의 구원자의 존재를 가정해본다고 한다면, 옛 한국인들은 영혼이 겪을 이승의

메멘토 모리, 죽음을 기억하라

문제와 저승의 문제를 전혀 별개의 것으로 잡았다고 생각하는 수밖에 없다. 그래야만, 영혼의 구원자가 존재하는 저승을 못 가고 이승을 헤매는 넋들이 합리적으로 설명될 것이기 때문이다.

저승에 영혼의 구원자가 존재하지 않고 있었다는 명제는 영혼의 구제라는 관념에 관해 중요한 추리를 하게 만들어준다. 저승에 넋의 구원자가 없다는 것은 곧 넋의 구제, 다음 세상의 영혼의 구원 같은 관념이 우리들의 원천적인 죽음의 사상에는 껴들지 못했다는 것을 시사하게 될 것이다. 이것은 중요한 시사라고 하지 않을 수 없다.

사후세계에서 넋이 어떻게 살아갈 것인가 하는 것은 그의 삶에 의해 이미 인과적으로 결정될 뿐, 그 인과의 사슬을 끊고 영혼에 별도의 구원이 주어지지 않을 것으로 생각했을 가능성이 큰 것이다. 그럴 경우, 영혼의 구원이란 관념이 외래 종교에 의해 주어진다고 해도 쉽게 수용되기 어려울 것이다. 이론적으로, 또 관념적으로는 수용될 수 있을지 모르나, 그것을 따라 믿음이 실천이 되는 경지에까지 수용되기는 힘들 것이다.

이 같은 영혼의 구원이 없는 저승관은 종교론적으로는 빠지지 말아야 할 것이 빠져 있다고 볼 수 있을 것이고, 또 불행한 것이라고 말할 수도 있을 것이다. 그러나 이승이란 현실에서 볼 때 꼭 그렇게만은 말할 수 없다. 한국인의 이른바 현실주의, 종교적 믿음에 있어서의 기복의 현실주의는 실상 이 저승관에서 유래되었을 가능성이 크다.

　가령 한국의 기독교인들도 다른 나라의 교우신도들처럼, "주여, 당신 뜻대로 하소서"라고 빌고 있는 것은 사실이다. 또 문자 그대로 그런 확신을 가지고 빌고 있는 신도가 있다는 것 또한 사실이다. 신의 뜻이라면, 죽음과 가난, 그리고 고통과 시련도 기꺼이 받아들이겠다는 마음 바탕을 이 땅의 신도들도 굳게 지녔음을 인정해야 한다.

　그러나 안쓰럽게도 "주여, 당신 뜻대로 하소서"라고 말로는 빌지만, 속으로는 "주여, 내 뜻대로 하소서"라고 빌고 있을 신도가 아주 없다고 장담할 처지는 아닐 것 같다. 아니, 입으로나 마음으로나 이 같이 "주여, 당신 뜻대로 하소서"라고 한다쳐도, 그 가운데는 "주여, 당신 뜻이 제 뜻과 같다면, 당신 뜻대로 하소서"라는 쪽에 훨씬 기울어져 있을 신도도 아주 없지는 않을 것 같다. 그만큼 종교인들에게 있어, 믿음의 종교나 종파를 가리지 않고 기복성이 강하고 현실주의가 짙은 게 사실이다. 내일을 위해서보다 오늘을 위해서 빌고, 내세보다는 현세를 위해, 영혼보다는 육신을 위해 비는 것이 기복적 현실주의다.

　물론 이 기구에 관한 이야기는 어디까지나 비유적인 얘기다. 하지만 이 비유적인 얘기가 간직하는 기복적 현실주의, 말하자면 일상적·세속적 이익이며, 복락을

신앙행위의 으뜸가는 목적으로 삼는 태도는 전면적으로 부인할 수 없을 것이라고 믿는다.

자신과 자신의 가족은 병들어서는 안 되고, 아이들이 입학시험에 실패해서는 안 되고, 집안이 재난에 빠져서는 안 되고, 심지어 자기 자신은 죽어서도 안 된다는 그런 과도한 다짐 같은 것이 "주여, 당신 뜻대로 하소서"에 담겨 있다면, 그 기복성 짙은 현실주의는 참다운 종교적 심성을 위해서 결코 이롭지 못할 것이다.

호모 렐리기오수스, 곧 종교인의 심성이 행여라도 이 지경에 이르게 되면 내세와 현세에 있어서의 영혼의 구원은 별반 큰 뜻이 없어지고 말게 뻔하다. 현실, 물질적인 것, 육체적인 것들에 관련된 이득에 치우쳐 마음이 사로잡히고 있기 때문이다.

되살아나는 죽음들

보통, 영생이라고 하면, 영원한 생, 중단이 없는 생의 영원무궁한 지속을 의미한다. 죽으면 그만인 삶이 아니라, 죽음을 영겁토록 모르는 생을 영생이라고들 한다. 그리고 그 영생은 원칙적으로 영혼의 생이다. 육신이 영생불사할 수 없음은 분명하기 때문이다.

그럼에도 불구하고, 육신의 영생을 인간들이 아주 꿈꾸지 않은 것은 아니다. 한 번 얻은 이승의 육신의 삶이 영원한 지속성을 누리게 되기를 꿈꾸면서 영생불사약이란 관념이 생기고, 신선이란 관념도 생겨났다. 그리고 드물지 않게 이상향의 상념 속에다 인간들은 육신의 영생을 담아보기도 했다. 단군이 삼천세를 누렸다는 신화적인 모티브나 최치원이 길이 입산해 세상에 나오지 않았다는 신선전설의 모티브는 육신 그 자체의 영생에 부친 꿈들이다.

육신의 중단 없는 영생이란 관념에 버금하는 것으로, 죽어서 다시 회복될 육신이란 관념이 있을 수 있다. 가령 이집트인들이 미라를 만들었을 때, 그들은 미래의 어느 순간, 영혼을 다시 받아들여 소생할 육신을 믿고 있어야 했던 것이다. 그러지 않고는 영원토록, 불변하게 시신을 원형대로 보관유지할 필요는 없었다고 보아야 하기 때문이다.

이같이 원형대로 소생할 육신이란 관념 이외에, 거듭거듭 다시 얻을 새로운 육신이란 관념의 자취를 드물지 않게 찾아볼 수 있다. 이같이 한 번의 육신의 죽음은 그걸로 끝이되, 영혼이 또다시 새로운 육신을 얻어서 태어나는 것을 화생化生이라고 한다면, 같은 육신이 넋을 받아 되살아나는 것을 회생回生이라고 부를 수 있을 것이다. 이 경우, 육신들이 이승에서 화생 또는 회생하게 된다는 믿음이 똑같이 깔려 있음은 말할 나위도 없다. 이에 비해서, 진시황이 꿈꾼 것은 한 번 얻은 육신 그 자체가 누릴 영생이었다고 해야 할 것이다. 따라서 육

메멘토 모리, 죽음을 기억하라

신의 경우 생명의 중단 없는 영생과 중단 있는 영생으로 가를 수 있으되, 후자는 다시 또 화생과 회생으로 양분할 수 있게 된다. 그러나 이에 비해 영혼의 영생이란 관념에는 중단이란 개념이 끼어들 틈이 없게 된다.

사람이, 육신의 중단 없는 영생은 불가능하되, 넋은 영생할 수 있다는 가정을 세웠을 때, 그 넋의 영생에 의지한 육신의 중단 있는 영생을 꿈꿀 수 있게 된다. 육신은 일시적(잠정적)이고 영혼은 영구적이라는 양분론적 대립을 파생시킬 이 전제는 사람으로 하여금 육신의 반복적인 지속을 꿈꿀 수 있도록 한 것이다. 이것이 화생의 꿈이다.

이 꿈은 가지가지 아름다운 시작詩作이라고 해도 좋을 만큼의 이미지를 낳게 된다. 가령 일부의 옹관이라든가, 특수한 아기무덤, 그리고 무령왕릉 같은 일부의 왕릉들이 화생의 꿈을 애절하게, 그러면서도 화사하게 펼쳐 보이고 있다. 어쩌면 이것들은 사람들이 죽음에 부치는 그들의 꿈과 소망을 가장 아름답게 형상화한 전형적인 보기들로 얘기되어도 좋을 것이다.

"바라건대, 죽음이 종말이 아니기를……. 그리하여 그것이, 넋이 저승에서 누릴 영생의 계기가 되기를……."

아니면, 사람들은 "소망컨대, 죽음이 끝장이 아니기를……. 그리하여 그것이, 육신이 새로이 되살아날 계기가 되기를……." 빌고 또 빈 것이지만, 이 같은 시적 환상은 그 같은 소망을 위해 하고많은 형상들을 낳기에 이른 것이다.

사람들이 화생을 꿈꾸기 시작한 단서의 하나는 자연에 의해서 촉발될 수 있었다. 자연 그 자체, 또는 자연 속의 갖가지 현상이며 사물들이 일깨울 수 있을 화생이란 관념이 반사적으로 인간의 소망을 부채질한 것이다. 그것들이 다름 아닌 푸나무요, 사슴뿔이요, 나방이의 번데기요, 곰과 개구리요, 그리고 달과 대지 및 계절의 순환 그 자체였던 것이다.

푸나무는 가을에 이울어서 봄에 재생한다. 그것도 재생을 두 번, 세 번, 끊임없이 되풀이한다. 따라서 푸나무가 화생의 상징일 수 있었던 사연은 쉽게 헤아리게 될 것이다. 사실 푸나무는 회생 상징의 고전적인 전범이 될 수 있다.

사슴뿔은 사슴 머리에 난 푸나무다. 모양이 그렇고, 가을에 이울었다가 봄에 거듭나는 것까지 푸나무를 닮았다. 쉽게 재생 상징이 될 수 있지만, 이같이 녹각이 지닌 푸나무와 같은 회생의 상징성 때문에 사슴은 쉽게 대지 그 자체와 동화되거나 대지의 원리를, 힘을 나누어 가진 '대지 동물'로 간주될 수 있다. 신라 왕관에 녹각이 얹혀 있는 이유를 여기서 찾게 된다. 또한 고령 지방의 가야 시대 무덤에서 시신 머리맡에 놓인 사슴뿔이 발견된 것도 이 때문이다.

아기주검과 번데기 무덤

　나방이는 번데기에 갇혀 있다가 나비로 탈바꿈한다. 번데기 속은 죽음의 자리이자 재생의 자리가 된다. 죽음과 삶의 원리를 동시에 지닌 모태를 뜻하게 된다. 나비로 탈바꿈하는 번데기 속 유충은 승화된 재생을 상징한다. 이럴 경우 번데기는 지하나 굴혈, 또는 상자 아니면 꽃송이 등을 비롯한 이루 헤아리기 힘든 만큼 가짓수가 많은 갖갖 재생 상징의 축소판이 된다. 일부의 무덤의 형상이 굴혈의 재생 상징성을 나누어 갖게 된다.

　곰과 개구리, 그리고 뱀은 이른바 겨울잠을 잔다. 그들은 땅 밑이나 굴속에 죽은 듯이 묻혔다가 봄에 되살아 움직이기 시작한다. 그들은 부활하는 것이다. 이들은 본질적으로 부나비의 번데기와 그 상징성이 다를 수 없다. 겨울 동안 흙에 묻히거나 굴에 갇혀 있는 곰, 개구리, 뱀이 번데기 속의 유충에 견주어질 수 있기 때문이다. 우리들은 단군신화에서 굴속에 햇빛을 보지 않고 갇혀 있다가 사람으로 거듭난 곰 얘기를 익히 알고 있을 것이다.

　대지와 사철의 순환이 화생의 상징일 수 있는 이유를 헤아리기는 이미 들어보인 다른 상징이 지닌 그 존재이유로 해서 비교적 쉬울 수 있을 것이다. 대지는 푸나무의 어머니일 뿐만 아니라, 춘하추동의 재생을 에운 움직임을 구체화하는 텃밭이기도 한 것이다. 여기서 우리들은 '대지 어머니'라는 관념이 인류 사이에서 꽤나 높은 정도의 보편성을 지니고 있다는 것을 연상해도 좋을 것이다.

달은 이울고 찬다. 초승달에서 반달, 그리고 드디어는 온달이 되었다가 다시 반달이 되고 끝내는 그믐달을 거쳐 스러지고 만다. 이것이 달의 태생과 성장, 성숙, 쇠퇴, 소멸을 의미할 수 있지만, 달의 이스러짐 곧 그 죽음은 사흘 지속되다가 그러고서야 달은 또다시 신생한다. 영원한 화생의 상징으로 달만큼 훌륭한 것은 드물다.

자연, 자연사물, 자연현상 가운데, 화생의 상징성이 가장 명료하고 구체적이면서도 비근하기로는 푸나무가 제일이다. 하지만 시적 정서의 반응과 신앙심을 더불어 촉발할 만한 초월적인 상징으로는 달을 덮을 게 없게 된다. 달신앙의 원천을 여기서 찾게도 되지만, 화생의 갖가지 상징 가운데서도 곰, 뱀, 개구리 따위 짐승들을 달동물이라고 부르는 까닭 또한 여기서 찾게 된다. 왜 우리 신화에 웅녀가 등장하여 사람이 되었고, 개구리왕(금와왕)이 등장하고, 그리고 신라왕관에 왜 녹각이 얹히게 되었는가 하는 물음에 대한 해답 또한 여기서 찾을 수 있을 것이다.

우리들의 저 아름다운 춤 강강술래는 달춤이다. 정월 대보름과 한가윗날 달밤에 추는 달춤이다. 덕석말기, 청어엮기, 고사리끊기 등 그 춤의 형상이 감고 풀고, 풀고 감으면서 나선형과 원을 그린다. 이같이 감고 푸는 나선형과 원형은 기울고 차는 달의 모방이다. 초승달에

메멘토 모리, 죽음을 기억하라

서 반달까지와 이와는 거꾸로 반달에서 그믐달까지가 각기 감고 푸는 나선형으로 모방된다면 둥근 온달은 원에 의해 모방된다. 강강술래는 차서 기울고, 기울어서 다시 차는 달을 지상에다 옮겨놓는 달춤이다. 그것은 화생의 춤이다. 거기다 진양조에서 휘모리에 이르는 장단의 변화가 차고 기울고, 기울어서는 다시 차는 달의 화생의 운행을 재촉하는 것이다. 그리하여 환상적으로 아름다운 춤, 강강술래는 필경 화생을 소망하는 축원 그 자체가 된다.

자연은 영원한 인간의 어머니고 스승이다. 동시에 자연은 인간을 위한 구원의 비유법이다. 그렇듯이, 푸나무에서 달을 거쳐 대자연의 운행 그 자체에 이르기까지 미시적인 것과 우주 규모의 거시적인 것에 걸쳐서 인간은 거기서 화생의 은유법을 찾았던 것이다. 푸나무같이 화생하듯, 달갈이 화생하고, 그리고 우주의 운행 그 자체이듯 화생하기를 축원한 것이다. 그리하여 이 화생의 축원의 경우, 자연은 인간을 위한 신앙심의 텃밭이기도 했던 것이다. 자연이 있으므로, 인간은 호모 렐리기오수스, 곧 종교인, 신앙인이 될 수 있었던 것이다.

가령 지나간 시대에 간행된 이른바 조선총독부의 한 조사자료집은 아주 특이한 아기의 시신 처리에 관한 보고를 하고 있다. 화전민 사이의 풍습이라고 지적된 그 아기 주검 처리는 외견상 상당히 섬뜩한 느낌을 줄 수가 있다.

아기의 주검을 거적때기 같은 것으로 둘둘 말아서는

그것을 생나무 등걸이나 가지에다 매달아둔 이 사례는 확실히 기이한 것이다. 적지 않게 '몬도가네'적이기도 한 것이다.

하긴 아기시신을 내다버린다고 했다. 제대로 갖추지 못한 죽음이라 제대로 격식 갖추어 묻을 게 없다고들 생각해왔다. 그러기에 심할 경우, 외딴 곳에 내다버리듯 묻어버리기도 하는 아기의 주검치고도 거적때기에 감겨서 나무등걸에 매단 것은 아무래도 예사롭지는 않다.

손쉽게 이것이 사령의 결박이라고 생각할 수 있다. 땅에 묻을 경우, 아기무덤을 비롯해서 처녀무덤이나 총각무덤은 사령의 감금을 전제로 하고 있었다. 꼼짝 못하게 눌러둠으로써 이승에 나다니지 못하게 한 것이다. 이것이 원령(원한 품은 사령)의 구속이고 감금이지만, 등걸에 동여매어놓은 것은 따로 결박이라고 불러도 좋을 것이다.

하나 이렇게 부정적으로 보지 않을 수도 있다. 기왕 금압하고 감금·구속하자고 들었다면, 땅 밑에 묻어서 바위 따위로 눌러두는 방법이 최상이었을 것이다. 거적때기에 감아서 지상의 나무 등걸에 매단 것은 이에 비해서 아무래도 좀 엉성한 것이라고 할 수밖에 없다.

그래서 좀 더 적극적으로 긍정적으로 이 아기시신 처리 방법을 평가한다면 어떻게 되는 것일까. 그것은 이 나무 등걸에 거적에 싸여서 매달린 아기주검을 번데기에 비교함으로써 가능해진다.

메멘토 모리, 죽음을 기억하라

앞에서 말한 바와 같이 번데기 속 유충은 부화해 나방이나 나비가 된다. 만일 거적때기가 번데기에 견주어지고, 아기시신이 유충에 견주어질 수 있다면 이제 이 괴이쩍은 시신 처리 방법의 목적은 분명해진다. 나방처럼 어느 날 훨훨 거듭날 아기의 모습을 그려볼 수 있게 된다. 그 결과 우리들은 아기시신이 거적에 싸여 나무 등걸에 동여매어진 것을 번데기무덤이라고 부를 수 있을 것이다.

이 같은 번데기무덤이 지닌 화생의 상징성은 옹관에 확대되어 얘기될 수 있다. 옹관은 옹기가 하나인 단옹관이 있는가 하면 옹기가 두셋씩 연결된 복옹관이 있는 이외에 옹기를 덮은 무덤과 옹기의 형태, 그리고 편년이 사뭇 복잡하게 얽혀 있어 어떤 단선적인 판단을 내리기는 힘들다.

그중에서 단옹관의 경우, 그것도 그 속에 든 시신이 무릎을 세워 웅크린 모양을 하는 단옹관이 있다고 가정해보자. 이럴 경우, 이 무릎 세운 단옹관은 비교적 쉽게 모태 속의 태아를 연상시켜줄 것이다. 그렇다면 이 단옹관은 모태 내지 임신한 어머니의 복부 모양에 견주어질 것이다. 이런 견줌은 자연스레 화생할 아기시신의 모습을 그려볼 수 있을 것이다.

아니면, 무릎 세운 단옹관을 새알에 견줄 수 있을 것이다. 그렇다면 신라, 고구려, 가야에 걸쳐 발견되는 난생신화의 또 다른 표현을 이 견줌에서 발견한다고 해도 큰 무리는 아닐 것이다.

아기들은 죽은 뒤, 혹은 번데기의 모양으로, 혹은 알의 모양으로 되돌려지고, 그래서 그들에게는 화생할 수 있는 계기가 주어졌던 것이다. 번데기가 모태 상징이듯이, 단옹관(물론 일부의) 또한 모태 상징일 수 있었던 것이다. 아기들은 죽어서 또 다른 보다 더 위대한 모태, 또는 어머니에게 되돌려진 것이다. 이런 모태를 우리들은 대신모태大神母胎라 부르고 그런 어머니를 대모신大母神이라고 부를 수 있을 것이다.

한편 고려왕조와 조선왕조의 연말 나례儺禮 행사 때 저 유명한 처용무가 춤추어졌지만, 이 처용무는 꼭 이른바 '학연화대鶴連花臺'라는 춤과 짝지어져 있었다. 나례란 신년의례(제의)의 예비의례로서 한 해 동안 궁중과 나라 안에 낀 재액이며 부정을 물리치고, 새해다운 청정함을 예비하는 것을 목적으로 삼는 궁중의식이다.

이 나례에서 처용무, 그것도 오방처용무가 춤추어진 주술적인 의미는 매우 크다. 나라 안의 동서남북과 중앙 등 다섯 방위에 걸쳐 부정과 액을 물리치면서, 동시에 새해에 오행에 따르는 천지의 운행, 나라의 운행이 순조롭기를 미리 기구하는 것이다. 수화목금토의 오행은 천지운행에도 관여하기 때문이다.

그런데 왜 이 같은 주술적인 뜻이 높은 처용무가 학연화대와 짝지어진 것일까. 이 물음은 학연화대의 춤사위를 알게 되면 비교적 쉽게 풀어질 수 있다. 학연화대는 간단히 말해서, 학과 연꽃의 춤이다. 그것은 심청전의 춤이라고 해볼 만도 한 것이다.

　춤이 시작되기 전에 미리 무대에는 연꽃이 진설된다. 그 속에는 동기童妓가 한 사람 웅크리고 들어앉아 있다. 이미 말한 무릎 세운 단용관을 연상해도 좋다. 그 둘레를 학이 나와 춤추다가는 연꽃 봉오리를 부리로 쪼면 그 속에서 동기가 나오는 것이다. 인당수에 빠져 죽은 심청이 연꽃에 실려서 지상세계로 재생하는 부분과 일치하는 장면이다. 이제 동기는 재생한 것이다. 학은 천년이나 산다고 믿어진 새다. 십장생의 하나란 것은 익히 알려져 있다. 그 장수의 새, 학에 의해 재생이 촉발된 소녀는 이미 장수를 보장받고 있는 것이다.

　나례는 앞에서 이미 지적한 바와 같이 신년의례의 예비의례다. 그것은 나례가 국가 공동체의 집단적 계절의례, 말하자면 통과의례라는 것을 의미한다. 통과의례는 저 유명한 상징적 죽음과 재생을 연출하는 부분을 그 필수적 절차의 하나로 갖추었기 마련이다. 묵은 개체 또는 공동체가 사라지고 새로운 개체 또는 공동체가 재생하기를 갈구하는 것이 통과의례이기 때문이다.

　나례가 통과의례인 이상 연꽃에 의한 인간 재생을 상징적으로 나타내는 것은 당연하다. 묵은 한 해의 소멸과 새 한 해의 탄생이 동기의 재생에 의해 연출된 것이다. 이 경우 연꽃 자체가 앞에서 든 번데기, 단용관과 마찬가지로 모태의 상징임은 말할 나위 없다. 연꽃은 더욱 동양적 아니마의 대표적 상징이라서 모태의 상징이 되기 알맞은 꽃이다.

이제 여기서 처용무에 학연화대가 짝지어진 까닭을 헤아리게 된다. 묵은 액이며 부정을 씻어내고 맑게 오행의 천지운행이 비롯할 공동체의 신생을 확실하게 다지기 위해 처용무와 학연화대가 짝지어진 것이다.

심청전과 학연화대를 이어서 그려낼 수 있는 연꽃의 화생 상징은 그대로 무령왕릉에까지 적용될 수 있다. 무령왕릉의 수직 단면도는 원통형 끝에 작은 반원이 하나 얹혀 있는 모양을 보여주고 있다.

이것이 연화보주, 곧 불교식 연꽃 무늬란 것은 불을 보듯 분명하다. 무령왕릉의 모양은 연꽃, 땅속의 연꽃이다. 지중 연화다. 뿐만 아니다. 무령왕릉의 내벽면은 전塼(타일)으로 싸여져 있는데, 그 전 두 장을 합치면 곧 연꽃 무늬가 된다. 이 내벽 전들의 연꽃 무늬와 무덤 외형의 연화보주 무늬를 아울러 생각하면 이 왕릉이 완벽한 연꽃 몽우리임을 알게 된다.

이같이 땅 밑에다 연꽃 망울이 맺히게 한 사람들의 사고며, 상상력을 따르게 된다면 무령왕과 비는 단순히 연꽃 속에 모셔져 있는 게 아니다. 언젠가 재생하도록 연꽃 속에 모셔져 있는 것이다. 물론 재생할 그 땅은 연화정토라야 할 것이다. 화엄도량이라야 할 것이다.

메멘토 모리, 죽음을 기억하라

3부

어제의 거울에 비친 오늘,
우리들의 죽음

오늘날 죽음과 대체될 것도 교환될 것은 아무 것도 없다. 상징성도 없다. 뒤도 속도 심지어 시신 이외의 어떤 객관적 지시물도 없는 허구인 기호로 죽음은 우리 앞에서 지워져가고 있다. 통과의례가 못 되고 다만 종지의 처리일 뿐인 그 상례에서 모든 것이 종결되고 아니 소실消失되고 나면 남는 것은 무, 없음. 그것 하나뿐이다.

오늘 우리들은 그런 죽음을 죽어가고 있다. 죽음마저 박탈당하고 만 것이다. 죽음이 없는 죽음, 그것이 우리에게 남겨진 죽음이다.

오늘 우리의 삶 도처에서 목격하는 죽음의 구박과 소외는 필경 산 자의 자기 구박이고 자기 압제 바로 그것이다. 죽음이 경건하지 못하면서 삶이 스스로 경건할 자리를 찾기는 쉬운 일이 아니다.

죽음은 그 자체의 자기 증명을 얻어내기 힘겨워졌고, 그럼으로써 삶과의 지속성은커녕, 연계도 확인할 길이 영영 끊기다시피 했다. 우리의 것인데도 생소한 타자로서 죽음은 내버려졌다. 아기를 버리듯이 우리들은 우리들 자신의 죽음을 버린 것이다.

릴케가 한탄한 바와 같이 죽음은 정말 몰가치하고 개성 없는 것이 되고 말았다. 흔해빠진 것이 되고 그래서 거의 모든 죽음은 별것 아닌 게 되고 말았다.

죽음에 대한 무관심과 그것의 억압은, 그리고 침묵은 부정과 공포의 반증일 수 있을 것이다. 죽음의 억압, 소외, 그리고 이화 등으로 죽음을 밀어내고 드디어는 그것에 대해서 무관심해지고자 드는 것이다. 무관심은 잔인의 또 다른 표정이다. 그것은 고요한 잔혹이다.

그대, 삶과 죽음 사이를
바람처럼 오가는 이여

내버려진 죽음

오늘날 어디에서나 언제나 그리고 어떤 주제에서나 지속성, 통일성은 만만치 않다. 그리하여 분단, 조각나기, 흐트러짐은 어느 경우에나 우리를 위협하고 있다. 레비나스나 벤야민의 소견처럼 '원천에서의 이질성 aboriginal heterogeneity'이 존재론의 최전방에 나서게 되어 있다. 바깥에서만 위협이 오는 것은 아니다. 유감스럽게도 우리들 내부에서도 예사로 위협은 우리를 삼키려든다. 그러기에 유기적 통합이나 전후 일관성, 이를테면 공간과 시간, 그리고 시공 양면에 걸쳐서의 동질성 등은 박살이 나 있다. 그것은 쉽사리 답을 이끌어낼 고분고분한 문제는 아니다.

사회적, 문화적 심지어 생체적 이질성은 자기 증명에 관한 물음에서도 누락될 수 없다. 나는 나 아닌 다른 것으로 나의 존재를 보도록 강요당하고 있다. 이것이 이것 아닌 무엇인가로 표변하는 전환, 저것이 저것과 어긋나는 것으로 돌변하는 변환이야말로 모든 것의 연관이고 논리일지도 모른다는 불안에 떨어야 한다. 무너져가는 동정動靜을 떠나서 무엇이 오늘날 자신의 이야기를 엮어갈 수 있을 것인가?

죽음 자체에 물음을 던질 때, 나아가서 삶과 죽음 사이의 관련성에 대해서 물음이 던져질 경우에는 더 난감해질 것 같다. 그것은 가령 에드가 모랭이 『인간과 죽음』에서 지적하는 바와 같이, 살아 있는 자들의 담론 속에서 죽음이 오랫동안 그리고 끈질기게 침묵으로 일관하다시피 한 것, 아니면 억압당하고 배척당하고 한 것 등을 고려할 때, 난감의 도를 더하게 되어 있을 것 같다. 모른 척함으로써 없는 것으로서 아예 회피해버릴 수 있을 것 같은 자기 기만성이 강한 책략이 암묵리에 죽음을 생각하는 산 사람들 심중을 채우고 있었던 것이다.

그 결과 죽음은 그 자체의 자기 증명을 얻어내기 힘겨워졌고, 그럼으로써 삶과의 지속성은커녕, 연계도 확인할 길이 영영 끊기다시피 했다. 우리의 것인데도 생소한 타자로서 죽음은 내버려졌다. 아기를 버리듯이 우리들은 우리들 자신의 죽음을 버린 것이다. 기아棄兒에 버금할 기사棄死, 그것이 우리 누구나의 짓거리가 아니라고 잘라 말할 형편은 아니다. 결과적으로 죽음은 날마다 날마다 이화異化해갔다. 오늘날 우리들이 죽는다는 것, 그것은 살아 있는 것에서의 이화작용이다. 남만

이 아니라 자기 자신의 삶의 현실에서의 이화작용일 뿐
이다.

자신의 죽음이 자신에게서 생소한 것일 때, 그 사람
의 삶이 그 사람 자신에게 친연성親緣性이 있다고 말할
근거가 있을 것인가? 이것이야말로 살아 있는 자의 삶
의 아포리아(난관)가 될 법하지만, 현상적인 삶에 갇혀
서는 거기까지는 시선이 미처 미치지 못하는 것 같다.
이것은 결국 오늘의 죽음이 우리들 자신에게서도 엄청
무엇인가가 알 수 없는 것으로 달라지고 말았다는 것을
의미한다. 정말이지 엄청 달라지고 말았다.

용어만 가지고 보아도 변화는 쉽사리 확인된다. 뇌사
腦死는 여전히 생소한 개념이다. 앞에서 잠시 언급되었
고 또 뒤에서 자세히 논급되는 것처럼, 세 번에 걸친 절
차로 엄중하게 설정된 죽음 판단의 기준, 그 오래된 전
통적 기준으로 쉽사리 받아들여질 것이 아님은 따로 문
제삼는다 해도 뇌사가 제도적으로 합법화되긴 했지만,
그 인정의 과정, 검증 또 재검 등의 방법이며 태도 등에
서 논란의 여지가 아주 사라졌다고 말할 형편은 아닐
것이다. 더욱 죽음의 존엄성이 문제되면 뇌사의 합법화
자체에 이의를 제기할 수도 있다. 가령 또 다른 새로운
개념인 '안락사'가 집착할 죽음의 존엄성과 뇌사가 함
축할 삶의 일방적인 절대성이 대비되면, 비슷한 시기,
유사한 시대 상황 속에서 그나마 현대 의학의 하나의
테두리 속에서 야기된, 두 죽음의 새로운 개념 사이에

알력이 없을 수 없을 것이다. 뇌사가 당사자로서는 피동적으로 불가피하게 선택된 죽음이라면 안락사는 상대적으로 한결 더 적극적으로 선택한 죽음이라고 말할 가능성은 열려 있을 것이다. 물론 이 두 가지 죽음 사이에는 합법과 불법이라는 첨예한 대립도 남겨져 있다. 전자에는 희생이라는 고귀한 개념이 따를 수 있음에 비해서 후자에는 아직도 '의료적인 살인'이란 딱지가 달라붙어 있다.

자연사 또한 만만찮은 죽음의 새 개념이자 새로운 죽음의 종류의 하나다. 사고사 및 질병사, 그리고 자살 등의 여러 개념과 대치하고 있을 이 개념은 외부에서의 충격이나 개입이 없이, 생명 자체의 물리적인, 그리고 생리적인 차원의 지속성이 자연스럽게 자가 소모된 끝의 죽음을 희구하는 나머지 생긴 것이다.

한데 이들 세 가지 죽음은 한결같이 의사에게 맡겨진 죽음이다. 선택도 판단도 모두 의학에 의탁되어 있다. 그만큼 전적으로 생리현상화된 죽음이 이제 사뭇 보편화되어 있는 것이다. 죽음은 인간의 물리와 생리에 속할 뿐이다.

달라진 징후는 이 정도에 그치지 않는다. 관혼상제는 흔히 4대 의례라고 일컬어져왔지만, 관이 없어지거나 다른 것으로 대체된 정도는 아니라 해도 나머지 셋도 격심하게 달라지고 말았다. 과거 정권의 무모한 이른바, '의례간소화' 정책이 변화를 부채질했다. 무엇보다

메멘토 모리, 죽음을 기억하라

새로운 상장례는 죽음에서 통과의례를 박탈했다. 갈 곳 없이 떠나보내는 것이나 다를 바 없이 죽음을 처리하는 것이 곧 오늘날의 상례요 장례의 절차다. 화장火葬의 필요성이 산 자들의 '복덕방 심성'과 짝지어져서 여론을 타고 있거니와, 만일 영혼이 부정된 것과 화장이 결탁하면 그것을 쓸모없는 것의 소각燒却과 구별하기 어려워진다.

다양한 기호군을 거느린 죽음

전통적으로 우리들은 하고많은 가짓수의 죽음을 갖고 있었다. 그것들을 일일이 범주화하기도 힘겨울 정도란 것은 하고많은 죽음의 기호로도 짐작할 수 있을 것이다. '죽는다'를, 한자어들인 망亡, 졸卒, 몰歿 등과 더불어서 중립적이거나 중성적이라고 한다면 그걸 에워서 엄청난 수효의 다른 범주의 낱말들이 사용되어왔다. 신분, 인간관계, 그리고 상황에 따라서 그것들은 달라지고 있다. '숨지다', '숨넘어가다', '숨끊어지다' 등은 생리적 현상에 바탕을 둔 묘사적인 용어의 무리들이다. 이 이외의 낱말들 가운데, 경멸의 뜻이 담긴 은어나 욕지거리를 제외하고 나면 나머지는 거의 대부분, '우원법'에 의지한 용어들이다. 이 가운데 일부는 우원법이 비유법을 겸하기도 하지만, 그로써 우원의 효과는 증폭될 것이다.

앞에서 살폈듯이, '가다', '돌아가다', 그리고 '세상 떠나다' 및 '뜨다' 등은 비록 사회 및 연령 계층의 차이를 반영하고 있긴 해도 우원법의 전형이라고 할 만할 것이다. 한자어로는 '영면', '영서', '서거', '하직', '영결' 등이 있지만, 종교를 따라서는 '열반하다', '왕생하다', '입적入寂', '천당 가다', '주님의 부름을 받다' 등이 또한 널리 사용되고 있다. 이들 다양한 비유법을 겸한 우원법의 용어들이 상당수는 '가기', '뜨기'로서 죽음을 의식하되, 더불어서 '이별', '결별'의 뜻도 함축하고 있다.

실제로 죽음을 두고 '영이별'이라는 말이 사용되는 것은 그 때문이다. 죽음이 가기 또는 뜨기이되, 그 갈 곳은 하늘, 부처의 나라, 신의 영토 등으로 관념되되, 전통적으로는 '저승'이 가장 우세했다고 보여진다. 이때 '저승'은 적어도 그 일부에 있어서 이승이 끝난 무한대로 멀고 먼 또 다른 세상으로 관념되어왔다는 것을 간과할 수 없다. 그러나 저승이 생명의 끝이 아니라, 생명의 근원에 자리잡은 땅이란 관념을 우리의 무속신앙 및 민속신앙은 간직해온 것이다. 그리하여 귀명歸命, 바꾸어 말해서 목숨의 원천으로 되돌아감이 곧 죽음이란 등식도 가능해진다.

물론 이에서 저승이 반생返生하는 땅, 곧 삶으로 되돌아가는 기지基地이기도 하다는 것을 고려한다면 저승의 이중성이 드러나게 된다. 이같이 저승은 가고 오고, 오고 가는 곳이기에 죽음은 그곳에서 그 자체의 존재를 누리는 일방, 이승과의 연계도 지켜내는 것으로 믿어져 왔던 것이다. 이승과 저승 사이의 내왕을 임의로 수시로 행하는 특권 혹은 권능을 따로 누리는 자가 다름 아닌, 시베리아 원주민의 샤먼이지만 우리의 경우에는 그것이 무조巫祖의 한 사람인 바리데기의 풀이(신화)에 투영되어 있다. 스스로는 자의로 내왕할 수 없는 보통 사람들을 인도해서 저승 나들이를 할 수 있는 권능을 바리데기는 누리는 것으로 믿어져 있다. 서구의 바리데기일 수도 있는 오르페우스를 두고 릴케가 "그대, 삶과 죽음 사이를 바람처럼 오가는 이여!"라고 경탄해 마지않는 것을 이에서 연상할 수 있다.

하지만 논리가 그렇게만 단일할 수는 없다. 죽음, 하나를 에워서 그 많은 수의 용어가 사용되었다는 것, 그리고 그것들이 비유법을 겸한 우원법에 넘쳐 있다는 것은 죽음에 대한 생각이며 관념이 항상 유예며 보류를 더불고 있었다는 것을 의미할 수 있기 때문이다. 견주어 말하고 둘러서 말하고 하는 것은 오직 하나의 혹은 제한된 수의 적중的中을 유보하고 있었음을 의미할 수 있기 때문이다. 그 자체로서는 직접 기호화될 수 없는 것이어서 죽음에 부치는 생각은 언제나 다기多岐에 흐르고 그것에 관한 판단은 매양 몸사림을 했던 것이다. 죽음은 어느 경우에나 그때그때 주어진 답이 무엇인가 또 다른 것을 함축하고서야 비로소 물음의 대상이 된 것이다. '주어진 답 더하기 미지의 알파', 그렇게밖에 죽음은 산 자에게 대답하지 못했다.

이제 죽음의 다기성도 하고많이 가지치기를 당했다. 유보도 보류도 없어지고 말았다. 화장에서 재가 되면 혹은 땅 밑에 묻어지면 그뿐, 그걸로 모든 것은 끝나버리곤 하는 것이다. 이제 물음이 어려운 게 아니다. 아예 물음 자체가 실종되고 만 것이다. 이 변화도 엄청난 것이다. 물음의 값마저 없는 것으로의 퇴화를 죽음은 겪고 있다.

하지만 전통적인 죽음의 관념 가운데서도 끈질기게 남아서 우리를 괴롭히는 것이 따로 지속되고 있음을 간과하지 말아야 한다. 그것은 다름 아니고 공포와 부정不淨이다. 이 때문에도 죽음을 애를 써서 이화하고 퇴화시키는 것이다.

매우 다양한 기호군을 거느린 죽음은 두 가지로 구분될 수 있었다. 하나는 갈 길을 간 죽음이고 다른 하나는 갈 길을 못 간 죽음이었다. 이를테면 전자는 '호상의 죽음'이고 후자는 '악상의 죽음'이다. 호상은 매우 호화로운 것이었다. 수를 누릴 만큼 누릴 것, 그러면서도 부귀며 영화를 누릴 것, 거기다 더해서 자식복에 후손복도 에누리 없이 누릴 것, 독한 병을 앓지 않고는 편히 잠드는 듯이 임종할 것, 임종은 제 집에서 하되, 자식들이 남김없이 지켜보는 가운데서 할 것 등을 충족시켜서는 여한이 없을 것……. 이 많은 충분하고도 필요한 조건을 갖추어야 했다.

메멘토 모리, 죽음을 기억하라

그래야만 갈 길 제대로 간다고들 믿어져왔다. 이에 비해서 이 조건에 비춘 결격이 있으면, 그 여한으로 죽은 이는 악상을 겪게 되고 갈 길을 못 가게 된다는 것이 죽음에 관한 민간 사고의 바탕에 뿌리박고 있었다. 이 래서 원령怨靈이 생기는 것이지만, 이 넋은 이승을 떠도는 무서운 살煞이 되기 마련이었다. 한국인의 죽음에 대한 공포감의 가장 결정적인, 그리고 심리적인 동기는 이에서 비롯한다. 무당이 가진 주된 사회적 기능은 위령과 살아 있는 자 사이의 갈등을 해소하고 궁극적으로는 양자 사이에 화해를 유발해서 그 결과로 원령이 방황을 끝내고 저승을 가게 동기지워주는 일에 관련되어 있었다.

우리들은 전통적으로 남의 죽음을 부정으로 몰아붙여왔다. 지금도 부고를 집안에 안 들여놓는 것은 그 때문이다. 상고대 한반도의 북부 주민의 일부가 사람이 죽으면 이내 집을 태워 없애버린 바로 그 당시부터 죽음은 부정이었다. 민속에서 지켜진 소위 '상문살喪門煞' 역시 죽음이 부정과 맞맺어져 있다. 아기 죽음과 처녀 총각 등 미성년자의 죽음이 철저하게 억압당한 것은 살아남은 자들의 공포심 때문이었고, 또한 그 죽음에 오염되지 않기 위해서였다. 이들 죽음은 삶이 미완이었던 만큼 '모자라는 죽음'으로 간주되었는 데다 그로 말미암은 여한 때문에 공포로운 죽음의 범주의 맨 앞에 내세워졌다. 따라서 그들은 제대로 된 무덤의 영역에서 쫓겨났다. 되도록 외딴 곳에 내버려지다시피 파묻어지는 것이 보통이었다. 상례를 치르는 것도 아니고 관에 넣는 것도 아니다. 가마니나 거죽에 말아 지게에다 얹고는 무덤자리로 날랐다. 심한 경우는 얼굴을 땅을 보게 하고는 엎어서 묻기까지 했다. 그러고도 모자라서, 봉분도 제대로 쌓지 않은 흙문이 위로는 큰 바위를 엎었다. 철저하게 세상을 보지도 말고 따라서 세상을 나다니지도 말라는 억압의 표현이다. 옹기 속에 팔다리 묶은 채로 묻으면 억압이며 구속의 기능은 더 한층 굳건해질 수 있었다.

국내 일부 지역의 경우 난산에 시달리는 임산부에게 쓰이는 몇 가지 주술 가운데는 열기(개방)와 씌우기(폐쇄)로 정형화될 두 가지가 있다. 전자가 집안의 문이란 문을 활짝 열어젖힘과 함께, 솥을 비롯한 갖가지 그릇의 뚜껑을 죄다 열어젖히는 데 비해서 후자는 되려 임산부를 감싸버리거나 휘감아버리는 것인데, 하필이면 상복으로 그러는 것이다.

이 둘은 같은 기능 또는 목적을 수행토록 기도된 주술이지만 형태는 전혀 상반되고 있다. 한쪽은 열고 한쪽은 닫기 때문이다. 전자가 유사 법칙의 주술이라면 후자는 보기 드물게 '역설의 주술'이다. 죽음을 거쳐서 되살아날 임산부와 더불어서 태도 신생을 하게 하려는 기도가 거기 잠복하고 있겠지만, 달리는 난산하고 있는 임산부가 죽음의 공포며 부정과 맞겨루어서 갖게

메멘토 모리, 죽음을 기억하라

될, 투쟁의 의미며 그것에 따른 혼신의 힘의 발휘에 기대가 걸려 있을 수도 있을 것이다. 이것은 또 다른 종류의 '이열치열'의 주술일 수 있을 것이다.

이 같은 공포와 부정은 정화되지 못한 채, 오늘에 이어졌다. 죽음에 대한 무관심과 그것의 억압은, 그리고 침묵은 부정과 공포의 반증일 수 있을 것이다. 죽음의 억압, 소외, 그리고 이화 등으로 죽음을 밀어내고 드디어는 그것에 대해서 무관심해지고자 드는 것이다.

무관심은 잔인의 또 다른 표정이다. 그것은 고요한 잔혹이다. 소란한 잔인의 또 다른 단짝이다. 조선조의 형벌 제도는 죽음을 물고 난동스러운 인간 잔혹의 극치를 연출해 보였다. 능지처참으로도 모자라서 육시戮屍를 감행했다. 전자나 후자나 마찬가지로 죽음에서 평화며 안식을 약탈하는 만행이었다. 죽음의 공포를 극대화하는 짓이었다. 두 번 죽인다는 것, 시신을 파손한다는 것은 죽음의 공포를 두 배로 증폭하자는 것이다. 인간 역사에서 제도화된 모든 사형은 죽음이 공포요 파괴라는 것을 전제하고 있다. 전통적으로 우리의 죽음에는 공포와 부정不淨이 들러붙어 있었다.

메멘토 모리, 죽음을 기억하라

죽음은 가고 죽음이라는 말만 남아

'대학과 박물관과 미술관의 그물網조직과 그리고 모든 것의 기저를 점거하고는 지배자답게 확고하게 버티고 선 고도 모더니즘의 형식에 대한 항거, 바로 그것이야말로 포스트모더니즘의 특징적인 징표라고 프레데릭 제임슨은 제시했다.

이 명제는 당연히 그가 뒤이어서 말한 바와 같이 '소수에 속한 것, 변두리에 딸린 것, 그리고 이차적인 것' 등을 문화가 생산해내는 것의 요소에 자리잡게 함으로써, 무엇인가 새로운 것으로 변형케 하는 것이 곧 포스트모더니즘의 새로운 과제라는 주장과 맞닿게 된다.

그것은 온갖 모더니즘적인 이원론들, 예컨대 남/녀, 백인/유색인, 정통성/이단 등의 이원론에서 각기 후자에 속한 것들의 복원으로 구체화된 것이지만, 그렇다면 생/사의 이원론에서 죽음도 그 같은 복권을 향유한 것일까?

  적어도 오늘의 문화-사회적 상황은 우리로 하여금 해답을 보류하게 만들고 있다. 이데올로기와 종교, 그리고 민족이야말로 전세기에서부터 오늘날까지 줄기차게 버텨온 최대의 살인마들이다. 전쟁은 다만 이들 살인마들의 맹목적인 주구에 불과하다. 이들 편견과 야합한 광기가 저지른 대량학살은 죽음을 그 송장더미와 더불어서 쓰레기더미에 처박고야 말았다. 그 음산한 그늘은 개인 각자의 죽음에까지 짙게 드리워져 있다. 병원의 보편화 혹은 의료의 대중화를 더불어서 대부분 병원침상에서 맞는 죽음은 오직 '불치의 결과'일 뿐이다. 이로써 죽음은 살아 있는 자들의, 특히 의술의 결함이거나 실수거나 아니면 한계로 계산되고 만다. 그저 주어진 죽음에 일반인들은 주어진 상황 그대로 함락하면 그만이다.

  『말테의 수기』에서 그의 분신 말테를 통해서 릴케가 한탄한 바와 같이 죽음은 정말 몰가치하고 개성 없는 것이 되고 말았다. 흔해빠진 것이 되고 그래서 거의 모든 죽음은 별것 아닌 게 되고 말았다. 현대의 군중사회에서 각자의 삶이 겪은 그 무명, 그 이름 없음은 죽음에서 결국 끝을 본다. 죽음은 다만 말뿐이다. 죽음은 가고 죽음이란 말만이 황당하게 남아 있다. 그리고 그것은 아무것도 의미하지 않는다. 이제 인간이 갖는 마지막의 '제로 기호', 침묵과도 같은 영拏의 기호가 죽음이다.

죽음은 기호로서, 지시 대상이 없는 허무한 기호로 나동그라져 있다. 죽음의 기호와 그 지시하는 객체 사이에는 의미가 껴들 틈조차 없어 보인다. 데리다식의 '디페랑스differance 차연(差延)'나마 논란거리가 될 수 있다면, 차라리 다행한 편이라고까지 말하고 싶어진다. 장례식, 이젠 한국적 현실에서 집안의 빈소 차림은 없어지고 다만 병원 영안실에서만 진행되는 그 장례식은 오직 죽음을 멸각滅却하고 소각燒却하고 드디어는 소실消失하는 데 기여한다. 규모가 클수록 겉이 화려할수록 거기에 비례해서 소실의 효과, 지워없애기의 효능은 커지는 것이다. 기억하기 위해서가 아니라, 망각하기 위해서 장례라는 절차가 진행된다. 기왕의 죽음을 한 번 더 완벽하게 죽이기 위한 짓이다. 이제 죽음이 죽었다.

욕망의 고리에 묶인 대량소비의 인생을 살면서 현대인은 그들 소비의 막장에 다다라서는 드디어 죽음을 소비하고 탕진하고 있다. 소비란 것은 얻음도 획득도 아니다. 소유는 더더욱 아니다. 이런 명분은 착각일 뿐이다. 소비는 필경 탕진이고 소실이다. 없어지는 것이다. 소비에서는 상품이나 객체만이 소비되는 게 아니다. 소비하는 주체도 덩달아서 소비된다. 소비는 그래서 무덤이 된다. 그리하여 다음과 같은 비관적인 판단을 쉽사리 내리게 하는 것이지만 이는 또한 쉽사리 죽음에 대해서 침묵하듯, 포기하게 유도하기도 하는 것이다.

우리들의 시대는 매우 쉽사리 죽음을 부인한다. 그리하여 이 죽음의 부인에 의해서 인간 존재에 관한 세계관의 뿌리를 부인한다. 우리들의 시대는 죽음, 고뇌, 아픔을 삶을 위한 가장 굳센 동기로서, 인간적인 것의 인연의 터전으로서 인간에게 인식시켜주는 것이 아니라, 개인으로 하여금, 죽음의 감정을 마치 무엇인가 흉칙한 것이거나 하듯 밀쳐내도록 부추기거나 혹은 그같이 하도록 강요하고 있다.(에리히 프롬,『자유에서의 도피』)

삶 속에 존재하지 않는 그 무엇이 되어

그렇다. 죽음은 여전히 삶의 가장자리, 아니면 삶의 밑바닥에 몰려 있다. 죽음은 무덤과 함께 우리들에게서 절연되거나 묻혀지거나 하는 것인데, 이 점에서는 사찰이나 교회라고 해서 크게 달라지지는 않는다. 종교마저도 죽음을 산 자에게서 격리할 자리, 그런 뜻으로 '성역'이 되게 하는 대목은 무엇보다 삶 그 자체를 위해서 불행한 일이다. 문화사상, 그나마 르네상스며 계몽주의를 통틀어서 꿰뚫고는 엄존하던 모든 것이 붕괴하고 뒤로 물러서고 또는 퇴출당하고 하는, 저 엄청난 문화적·사회적 지각변동도 결국 또는 아직은 죽음 곁을 스쳐지나가고 있다.

아니, 전혀 반대의 시각도 가능하다. 원시신앙 시대

이후 중세기에 이르기까지 어쩌면 죽음은 삶보다 더한 양지를 누려왔는지도 모른다. 송도와 기념비와, 그리고 종교라는 제도 자체가 죽음의 성전聖殿에서 그 카리스마를 누려온 것을 전적으로 부인하기는 어렵다. 더욱 인간 구원이 영혼의 몫이 되고 덩달아서 죽음의 몫이 되었을 때, 영/육의 이원법에서 절대적 지배권을 향유한 것은 죽음이지 삶이 아니다. 괴테의 『파우스트』와 단테의 『신곡』은 그것에 대한 증언의 극히 일부일 뿐이다. 릴케의 전체 문학에서 죽음이 가질 절대적 우월권도 이 경우 함께 생각하는 것이 좋을 것 같다. '타나토스', 그 말의 무게는 천금이자 또 만금이었다. 이들 서구의 철인이며 시인들의 죽음은 적어도 에드바르드 뭉크의 죽음과는 다르다. 사뭇 다르다.

그런가 하면, 죽음/삶의 이원론적 대립에서 죽음은 삶에다가 영원의 계기를 마련해주고도 있었다. 현실의 삶이 시간적으로나 공간적으로나 제한적임에 비추어서 죽음은 초월적인 것으로 관념되었을 뿐만 아니라 승화 sublime의 미학과도 연관되어 있었던 것이다. 프로이트는 리비도나 충동에서 구원받을 최고 최상의 계기를 승화에서 찾은 것인데, 죽음은 리비도며 충동에서 놓여지는 그 순간 승화를 향해 날갯짓할지도 모른다. 그러한 죽음은 삶보다 우월한 위상을 향유하고는 갖가지 나머지 이원론적 대립 속의 우월자들과 어깨를 겨룰 수 있었던 것이다. 이를테면 남/녀, 문화/자연, 백인/유색인 등에서 남, 문화, 백인 등에 의해서 점유된 그 자리에 죽음은 들어앉을 수 있었던 것이다. 그런 뜻에서 문제 되는 이원론은 '삶/죽음'으로 보다는 '죽음/삶'으로 자리바꿈해야 할 것이다. 인간은 영원에도 여러 가지 패러다임을 부여했고, 그건 그것대로 변환을 치루어왔다.

영원은 단순한 추상이 아니다. 그것은 무엇엔가에 준거를 두고 성립되었다. 예컨대 신, 군주, 조국, 영혼, 이념, 사랑, 예술 등이 그러했듯이 죽음 또한 인간에게 연원이 마련될 기틀 구실을 멀쩡하게 다해왔다. 죽음 단독으로 그러기도 했지만 다른 준거들과의 결탁을 통해서도 그러했던 것이다. 가령 신과 영혼이 죽음과 짝을 이루었는가 하면, 죽음이 사랑과 다시 없을 짝을 짓고 있기도 했다. 그리하여 전자의 짝의 경우, 위엄과 경건의 후광을 쓰고 있는 영원을 인간에게 선사했지만 그 결과로 영원은 절대가 되었다.

이 점은 사랑과 죽음, 곧 에로스와 타나토스의 짝에서도 다를 바 없었다. 낭만주의 오페라들의 꿈, 곧 죽음으로 완성될 사랑에 부친 꿈을 이 경우 연상할 수 있을 것이다. 〈로미오와 줄리엣〉도 잊을 수 없다. 그런가 하면 세속적 차원으로는 조국이며 군주들과도 죽음은 짝지워져서 연원에의 관문으로 관념될 수 있었다. 그 어느 경우에나 초월의 의지와 승화의 미학이 동시에 충족된 것이기에 죽음은 모든 짝지움에서 영원의 단서가 되고 동기가 된 것이다.

이 같은 일련의 고찰은 영원의 계기로서 죽음이 매우 큰 몫을 감당해왔음을 지적할 수 있게 만들어준다. 신이 혹은 영혼이, 그리고 사랑도 죽음과 연계해서 인간에게 혹은 연원을 계시하고 혹은 열어 보이고 한 것이다. 이때 예술이 그 자체의 영원성을 독자적으로 절대화한 경우를 제외하고 나면 역시 예술도 죽음과의 연계에 의지해서 인간의 영원이 가능케 한 것이다.

한데 이제 죽음이 망각되어가는 것은 바로 이 같은 죽음/삶 사이의 이원론적 대립에서 죽음에 불리한 역전극이 일어났다는 해석을 낳을 수 있을 것이다. 삶이 죽음을 그늘로 몰고 묵살하는 기척이 매우 강하기 때문이다. 생명의 종말이 인간의 종말로 관념되고 드디어는 인간적인 것의 종말로 관념되고 나면, 죽음은 인간에게서 혹은 생명에게서 '영의 등급'에 속할 그 무엇이 되고 만다. 죽음은 적어도 삶에게는 존재하지 않는 그 무엇이 되고 말았다.

죽음은 삶의 텍스트며 담론에서 어느 경우에나 종지부가 찍히고 나면, 오직 그뿐, 그다음 무의 공간. 무의 텍스추어리티가 있을 뿐이다. 아무것도 없다. 더 이상, 죽음은 인간의 소유가 아니다. 메멘토 모리^{memento mori}. 곧 '죽음을 기억하라'라지만 살아 있는 동안에 그의 뇌리에서 죽음을 몰아내던 자는 죽어서 남들의 뇌리 안에 자리잡을 틈이 없다.

극히 개괄적으로 말해서 근대 이후, 그러니까 종교의

퇴락과 발맞춘 사회며 문화 전반의 세속화를, 그리고 물질주의를 전제한다면, 그래서 죽음의 의미가 희박해져간 것을 전제한다면 당연히 삶/죽음의 이원론에서 죽음은 여전히 열세의 구렁에 묻혀 있다는 견해가 성립될 수 있다. 물리적이고 생리적인 것이 인간 존재론의 전부일 때, 죽음은 아예 인간 존재론에 껴들 틈이 없고 만다. 그리하여 결과적으로 포스트모더니즘 시대의 거의 모든 이원론적 대립에서 일어난 역전극은 삶/죽음의 이원론적 대립을 피해간 것이라고 말할 수 있게 된다.

그러나 이와는 달리, 삶이 우월한 자리를 차지하는 '삶/죽음'의 이원론이 아니고 되려 죽음이 우월한 자리를 선점하는 '죽음/삶'의 이원론을 전제하게 된다면, 죽음은 이제 바야흐로 그 우월권을 상실하고 있노라고 말할 수 있게 된다. 필경 죽음이 과거의 패러다임에서 이원론적 대립의 열세한 처지에 구축되어 있었다고 한다면, 오늘도 그 패러다임은 여전히 지속되는 셈이 된다. 그러나 이에 비해서 과거의 패러다임에서 죽음이 삶과의 이원론적 대립에서 우세한 자리를 차지하고 있었다면 이제 바야흐로 그걸 잃어가는 셈이 된다.

몰라보게 되는 죽음들

어제와 달라진 오늘의 죽음

하지만 죽음은 엄연히 역사를 갖고 있다. 패러다임의 변화가 있었다면 거시적인 시야에 들 역사가 거기 있을 것이지만, 하나의 패러다임이 지속된 경우라 할지라도 그 안에서 미시적 차원의 역사를 죽음은 확보했던 것이다.

하지만 지금껏 인간 역사는 삶에, 그리고 인간이 살아서 영위하는 생활이며 문화에 국한되어왔다. 역사가 변화, 발전, 진화 등의 종속 개념을 향유하는 한, 그것은 당연하고도 자연스러운 일같이 암묵리에 합의를 일구어내고 있었다. 죽은 자의 이름은 가령, 장례식이 이제 막, 파한 뒤의 산 사람들의 상황을 다룬 시에서 스펜더가 노래하듯이, 역사에서 그가 생전에 이룩한 성취며 그가 남긴 자국의 맨 뒤에 꼬리처럼 부속되어 있었던 것뿐이다. 죽음은 역사가 베푸는 추모나 회오의 장에 조금 껴든 것, 그게 고작이었다. 그것 자체로 죽음이 기술될 어떤 여백도 역사에서는 용납되지 못했다. 혹 역사적인 시대를 가름할 경우, 어느 시대의 종막에 잠시 잠깐 누군가의 이름을 더불어서 그의 죽음이 오르는 것이 고작이었다. 그리하여 죽음에는 인종의 차가 있고 종교의 차가 있을 뿐, 역사는 없는 것처럼 암묵리에 치부되어온 것이다. 그러나 공간적 변이가 시간적 변이를 거부할 수 있었던 것은 아니다.

무엇보다 오늘의 한국인은 그 삶의 겉모양만큼이나 그 죽음이 달라진 모습을 보이고 있다. 어제의 한국인과 오늘의 한국인은 전혀 다른 죽음을 죽는다.

당대에서 한국 안의 죽음의 민속은 첫째, 문화적·민족적인 동질성을 발견하기조차 힘들고, 둘째, 아무리 길게 잡아야 두세 세대 이전의 죽음과도 일관된 연관성을 발견하기조차도 쉽지 않으며, 셋째, 뇌사, 자연사, 안락사 등 새로운 개념의 죽음의 도입 등 세 가지 속성으로 우리를 당황케 하기 족하다.

위에 든 첫째 대목은 오늘날, 종교인이면 종교의 차이, 그리고 종파의 차이에 따라서 죽음이 달라지고 있음을 의미한다. 기독교도 또는 불교도가 아닌 비종교인이라고 해도 정통적인 죽음을 일률적으로 계승하는 것이 아니다. 과거의 제3공화국 시대의 이른바, 가정의례 간소화라는 악법에 밀려서 혼례와 더불어서 상례 또한 혹심한 변화를 겪은 것은 그 가장 큰 요인의 하나다.

오늘날 거의 누구 할 것 없이 삼일장이 보편화된 것

은 상례가 극단적으로 간소화된 대표적인 보기에 속하는 것이지만, 이 이외에도 임종, 고복皐復, 성복, 소렴과 대렴, 우제虞祭, 곡, 출상, 소상, 대상, 그리고 상복에 이르기까지 제반 상례의 절차는 상당한 부분이 이미 소실되고 일부는 흔들리고 있다.

적어도 종교적인 것을 포함한 모든 의례는, 거기 참여하는 자들의 편의에 따라 영향받을 성질의 것은 아니다. 따라서 장례도 살아 있는 자들을 위한 편의나 간략함에 떠밀릴 수 없는 것이다. 이 같은 의례의 대원칙이 상례의 경우, 오늘날 막심하게 흔들리고 있다. 죽은 이를 위한 상례는 없다. 살아 있는 자를 위한 상례가 있을 뿐이다.

상복은 검은 양복과 팔에 건 상장으로 국한되고 있다. 따라서 친족 간의 복의 구별도 없어지고 말았다. 고복의 소리도 곡哭의 울림도 역시 들리지 않게 된 지 오래다. 친상에서는 벽용僻踊, 곧 가슴을 두드리고 발을 굴리는 몸사위로 크게 곡을 하게 되어 있었던 것이 이젠 옛말이다. 여막廬幕이니 빈소殯所까지는 아예 언급할 게 못 된다. 치장治葬의 절차 중 상당한 부분이 직업적인 사람들에 의해서 대행되는 것이 현실이다. 무덤 모양새도 옛날과는 다르다. 봉분이 장방형으로 서구식이 되고 봉분을 감싸고 있는 둘레도 이젠 없다. 모든 것은 사흘간, 72시간 이내에 끝나고 만다.

따라서 성복成服과 상장 짚기를 비롯한 모든 절차의

상징적 의미만이 아니라, 아예 상례 그 자체의 상징적인 의미 또한 박탈되고 말았다. 성복이며 상장은 이제 시간적으로 또 공간적으로, '별다른 시공', 일상적이 아닌 특별난 시공이 비롯하는 계기가 된다. 축제가 비일상적인 시공이듯이 상례 또한 특별한, 지금까지의 모든 세속적이고 일상적인 시간과 공간에서의 엄정한 단절임을 나타낸다. 상복은 그래서 배우의 의상에 견주어져도 무방할 것이다. 복은 무엇인가를 연출하기도 하기 때문이다.

그것은 문득 엄연하고 막중한 '기호'가 된다. 그리고는 줄줄이 다른 기호들을 불러내면서 각 별난 텍스트를 엮으면서 일정한 규격의 사회적이고 문화적인 담론으로서 발언하고 또 행동한다. 그만큼 의미론의 차원 및 극적인 차원이 심층화하고 상징의 기능이 극대화된다. 덩달아서 이를 물고서 한 편의 서사체, 곧 내러티브가 펼쳐지게도 된다. 기나긴, 그리고도 엄중한 사건의 이야기가 펼쳐지는 것이다.

죽음과 장례, 공동체의 위기와 관리의 계기

한 공동체나 조직의 구성원 전원도 그렇지만, 특히 중요한 구성원의 죽음이 공동체에 대한 심각한 도전이고 따라서 위기의 촉발이란 것에 인류학자 말리노프스

키는 유념하면서 원주민들의 죽음 및 그 장례 절차를 관찰하고 있다. 따라서 해당된 집단은 구성원의 죽음에 임해서 피해 의식과 나란히 방어 본능도 도발당하게 된다는 것이 이 당대 제일급의 인류학자의 견해다. 그리하여 갖가지 행위는 사회화되면서 공동체의 생존과 기왕의 전통의 지속에 이바지하게 된다고 그는 보고 있다.

이에서 시사된 것은 죽음 및 장례는 한 공동체의 위기와 그 관리를 위한 계기라는 점이다. 그것은 당연히 그 공동체의 전환의 동기, 곧 새로워지기의 동기이기도 하다는 것을 의미하게 되기에 그러한 계기며 동기는 일상적이거나 세속적인 것에 매몰될 수 없게 된다. 각별난 시공이 따로 있기를 요구하게 된다. 성복과 죽장 짚기의 의상 차림은 그러기에 극적인 의미를 갖는 퍼포먼스의 일부 요소를 이루게 된다. 이로써 비로소 의례라고 범주화될 시공이 따로 잡히게도 되는 것이다. 그 시공에 어울리는 적절한 옷 갈아입기, 메이크업, 소도구, 연기, 발성법 등으로 거의 대부분 의례가 시작된다는 것을 여기서 연상할 수 있다. 그것은 그만큼 전통의 무게와 규범의 짐으로 무장되어 있을 것이다.

상복과 상장은 죽은 자와 산 자 사이의 관계를 시현하고도 남는다. 그것은 그것 자체로 의미를 지니면서도 다른 기호와의 중추적 고리를 이루고 있다. 그것에 의해서 친족 중에서도 몇 등 친척인가가 드러나고 죽은 이의 성차性差조차 표출하게 된다는 점에서 치밀하게 고안된 극적인 '관계의 의상'이다. 이 경우 퍼포먼스의 기본적 구성이 다름 아닌 연극성이란 데 유념하고 싶다.

그것은 상주의 애통함에 죄책감을 겹친다. 친족의 죽음이 남겨진 상주의 잘못 탓이라고 말한다. 지팡이의 밑둥이 둥글면 돌아가신 이가 하늘로 표상된 아버지라는 것, 밑둥이 네모나면 대지로 표상된 어머니라는 것을 상징한다.(국립민속박물관, 『한국 상례』, 미진사, 1990, 178쪽 참조)

이걸로 보아서 상복과 상장은 능히 중첩된 복합적인 의미 체계를 갖추었다고 판단하게 된다. 이 같은 상징성 짙은 의미론은 고복皐復에서도 찾아진다. 흔히 '복'이라고만 줄여서 말해지기도 하고 호남 지방 같으면 '성복지침'이라고 하는 고복은 희생의 주술이면서 아울러서 죽음의 확인 절차의 일부를 이루게 된다. '복'은 돌아올 복이고 '고'는 부를 고이다. 돌아오라고 부르되, 이제 갓 육신을 떠나서 저승길에 오른 영혼에게 건네는 부름이라서 '초혼'이라고도 호칭되고 있다.[문화공보부, 문화재관리국, 『한국민속종합조사보고서(전라남도편)』 1969, 136쪽 참조]

이에는 돌아가신 이의 내의와 연행자의 몸짓 및 소리가 상승한다. 돌아가신 이와 비교적 가까운 사람이 그의 내의를 들고는 다소 높은 곳에 올라선다. 그리고는 그 내의를 보란듯이 흔들면서 "복, 복, 복!"이라고 세 번 소리친다. 내의는 그걸 입었던 사람의 육신에 밀착된 옷이다. 육신의 일부이다시피 하는 것은 말할 것도 없다. 내의가 육신이란 전체의 일부라는 것 및 육신과 내의 사이의 피부적 접촉이 밀접했다는 것을 더불어서 활용한 대유법적이면서도 제유법적인 주술임은 비교적 쉽게 드러나 보인다. 여기에는 바로 한국적인 죽음의 수사학이 엄존하거니와 이것은 곧 상례가 텍스트로서, 그나마 내러티브로서 존립한다는 것에 관해서도 말하게 된다. 이 장면, 특히 내의라는 주구呪具를 흔들면서 객체를 소리쳐 불러들이는 장면은 아이들의 잠자리 잡기의 '놀이 주술'을 빼닮다시피 하고 있다.

이제 대유법의 주술을 '복'이라는 주사呪辭가 거들게 된다. 영혼을 보고 그 육신의 일부인 그의 보금자리로 돌아오라는 것이다. 돌아가신 이의 영혼을 부르는 귀거래사다. 귀가의 권유이자 귀체歸體의 권유다.

한데 이 고복의 절차는 육신을 떠나서 저승길에 이제 막 오른 그래서 육신에서 멀리 떨어져 있지 않을 것으로 기대되는 영혼, 이를테면 자유혼 또는 탈신혼에 대한 교섭이다. 아마도 이 영혼에는 차마 그의 가족, 그의 집, 그리고 그의 육신을 쉽게는 뿌리치고 홀홀히 떠날 수야 없으리라는 죽은 이의 것에 겹친 살아 있는 이의 미련이 걸려 있는 것이라 생각된다. 그러기에 죽은 이가 부름에 쉽사리 응하리라고 살아 있는 이들은 생각하는 것이다.

그러나 드디어 이 기대가 어그러지면 그제서야 비로소 그때까지 입고 있던 흰 도포나 홑두루마기의 왼쪽

어깨 부분을 벗어젖힌다. 이게 이른바, 좌단左袒이다. 좌
는 성스러운, 귀한 방위라서 그러는 것인데, 고복의 내
의 돌리기도 역시 좌선회인 것처럼, 상례에서는 거의
모든 절차에서 무엇인가의 횟수나 개수가 삼(3)으로 대
표되는 기수인 것과 더불어서, 무엇인가의 방위는 원칙
적으로 좌다. 이것은 말할 것도 없이, 상례를 통해서 죽
음을 거룩한 것, 신성한 것으로 관리하고자 하는 의도
의 표현이다.

　좌단하는 것 말고는 발도 맨발이던 것을 이제서야 막
음한다. 이 좌단과 맨발의 마음은 상례 절차 전체 과정
에서 산 자들을 위한 시공, 세속-일상적인 시공에서 본
격적으로 죽은 자를 위한 시공, 성스러운 시공으로 이
동하는 경계이자 과도기의 시공, 이를테면 변경 또는
접경의 시공을 구획짓고 있다.

　하지만 좌단과 함께 상주들은 비로소 울음을 울고 슬
픔을 드러내게 되는 것인데, 이것은 영혼의 육체 복귀
가 불가능하게 되었다는 판단이 내려졌음을 말하게 된
다는 점에서 또 다른 의미를 함축한다. 이로써 확인되
는 '영혼의 죽음'은 죽음의 확인을 위한 몇 겹의 장치
가운데서도 두 번째 과정에 해당된다. '숨결 죽음'이 첫
째라면 '세포의 죽음'이 곧 셋째다.

중령제와 다혼제, 복수의 영혼관

임종에 다다른 사람의 코에는 엷은 비단이나 솜이 올려놓아진다. 숨결을 따라서 부풀고 수축하고 하면서 미동하던 박사薄紗가 멈추면 그걸로 '숨짐' 혹은 '숨 끊어짐'이 확인된다. 물론 진맥과 체온 보기 등이 수반되지만 그것은 보조 수단이라고 보아야 할 것이 '숨짐'에 대응될 '맥 죽음' 및 '온기 죽음' 등의 관념은 실제로 구체적으로 개념화되어 있지 못하기 때문이다. 이 점은 숨이 다름 아닌 목숨이란 데서도 확인될 것이지만 바로 이 때문에 덩달아서 호남 지역에서 임종을 앞두고 새로이 갈아입히는 옷을 '숨지는 옷'이라고 부르게 된 것이다.

다음에 바로 '영혼의 죽음'의 확인이 따른다. 숨을 코로 쉬면 그 숨 따라서 자유혼 또는 탈신혼도 몸 안팎 출입을 하게 된다고 믿어져 있었을 가능성은 여러 가지 민간 전승으로 방증될 수 있는 것인데, 가령 평상시라면 사람이 밤에 잠든 새에 그런 혼의 외방 출입이 일어난다고도 믿어져 있었다. 따라서 사람의 첫 죽음, 곧 숨결 죽음과 때를 같이해서 탈신혼이 숨통을 통하고 코를 통해서 바깥으로 빠져나가게 되는 상황을 설정하기는 어렵지 않다. 그같이 탈신한 영혼이 이제 바야흐로 머나먼 저승을 향해서 첫걸음을 떼어놓은 상태에서 그 복귀를 촉구하다가 드디어 실패로 끝나면 그것이 곧 '영혼 죽음'에 관한 알림이 된다.

메멘토 모리, 죽음을 기억하라

참고 삼아서 부언하자면, 인간 영혼은 꼭 언제나 어디서나 하나로 관념되어 있는 것은 아니다. 중국에 이미 영과 혼, 그리고 백이라는 낱말이 따로 있어서 인간 영혼에 관한 이를테면, '중령제重靈制' 또는 '다혼제'의 영혼관을 엿보게 해주고 있다. 복수의 영혼 가운데서 시종 생명 누리는 자의 육신 속에 국한되어 있다고 믿어진 것을 육체혼이라고 부른다. 이와는 달리 생시에는 가령, 사람이 잠든 한때를 틈타서 외계 나들이를 하고 그 사람의 죽음에 임해서는 영영 육신을 벗어난다고 믿어진 혼이 곧 자유혼이거니와 이것은 달리 또 탈신혼 혹은 숨결혼이라고도 호칭되고 있다.

　이 다음에 바로 '세포사' 또는 '살결 죽음'의 확인이 뒤따르게 되거니와, 이같이 삼중으로 겹겹이 죽음의 확인 절차가 상례를 구속하는 것이다. 세포사는 다름 아니고 염을 하고 난 다음, 며칠씩 계속되는 오랜 날짜의 상례 기간 전체에 걸쳐서 두고두고 확인되는 것이라고 보는 것이 옳을 것 같다. 영이 언제든 돌아들기만 하면 비록 시신일지라도 회생하게 되리라는 믿음은 그만큼 끈질긴 것이다.

　하지만 이 같은 세 겹에 걸친 죽음의 확인 절차는 그 자체로 구조화되어 있는 것으로 관찰된다. 숨결 죽음에서 제1차적이면서 예비적인 확인이 시행되고 나면 영혼 죽음으로 본격적이고도 거의 결정적인 확인이 수행되는 데, 마지막 세포사의 경우는 보완적인 확인에 해당되는 것이라고 보여지기 때문이다. 이같이 엄정하고 도 조심에 신중을 겸한 죽음의 확인 절차를 밟아온 사람들에게 이른바, '뇌사'의 수용이 어려우리라는 것은 예상되고도 남는다. 버젓이 숨을 쉬고 체온이 돌아서 살결이 멀쩡한 사람을 두고서 그에게 의식이 없다는 이유로 죽음을 단정짓기는 여간 어려운 일이 아닐 것이다.

재생의 시도이자 죽음의 확인이기도 하는, 모순 등가적인 고복의 절차가 끝나면 고복에 사용된 내의로 시신을 덮는다. 이제부터 습襲과 염殮을 하고 제대로 성복한 상주들은 곡도 하게 된다.

습은 시신 씻기이고 그 뒤에 습의襲衣 또는 수의壽衣를 시신에 입힌다. 향나무 삶은 물로 시신을 씻김하고 나면 미리 '몫 지어놓기'라는 명분으로 마련되어 있는 죽음의 옷을 입히거니와, 이로써 죽은 이는 임종 전후해서 두 번 옷을 갈아입는 것인데, 이에다 염까지 가세함으로써 입관을 앞둔 죽음의 치장이 끝난다. 관에 들면 일차적으로는 온전히 죽음의 영역에 들어서는 것이므로 그 입관까지의 죽음의 치장이 세 가지 절차를 밟는 셈이 된다. 숨진 옷 입히기가 예비 과정이라면 습의는 본격 과정이고 염은 보완 과정이라고 관찰될 만한 것이면, 이같이 상례 전체의 거시적 구조 내부에 포괄된, 보다 더 작은 단위의 절차들이 거의 예외 없이 삼등분된 '삼부 구조'를 지니고 있음에 절로 유념하게 된다. 거시적 통과 의례 속에는 또다시 그때그때 미시적 통과의례가 작용하면서 '격리/편압'의 기능을 발휘하는 것이다. 이것은 말할 것도 없이 죽음의 텍스트 혹은 서사체(내러티브)에서 코드 및 텍스트성이 갖는 엄격성에 대한 증언이 된다. 그것은 다시 또 죽음 그 자체가 기호로서, 그리고 담론으로서 갖는 막중한 의미의 중량에 대해서 방증하게도 될 것이다. 미시적으로 그 자체로서 엄정하게 조직된 단위들이 서로 보다 큰 연관성을 지키면서 전체적으로 상례를 조직화하는 것이다.

임종의 확인을 거쳐서 습과 염의 절차를 밟으면 이제 바야흐로 일상적인 삶의 질서는 일체 중단된다. 가족을 잃고 여의는 아픔, 죄책감과 함께 효성, 비탄, 그리고 어른에 대한 공경심, 그리고 또 공포감, 상실감에 겹친 허무감 등, 거의 규정짓기 어려울 만큼의 그리고 서로 가름하기 어려울 만큼의 다양하고도 복합적인 감정이며 정서의 뭉치가 의상, 몸짓이며 몸가짐, 소리, 향 등에 걸쳐서 매우 다단多端하게 표출되거니와 적어도 이 대목의 외양은 어둠과 혼돈, 좌절 등이 지배적이라서 한 가족 차원의 '세기말' 같은 인상을 풍기게 된다.

감정도 물론 매우 복합적이 된다. 억눌림에 겹친 진중함이 있는가 하면 비탄에 뒤엉킨 엄숙함도 있을 것이다. 슬픔만 해도 끝도 없이 가라앉는 무게인가 하면 힘도 없이 솟구치는 격한 불길일 수도 있을 것이다. 이를테면 격정의 비탄이 고개들 것이다. 이 모든 감정적 · 정서적 표현을 '상례의 복합징후군'이라고 부를 수 있겠는데, 그것에 따르는 위기감이며 당혹감 등이 포함된 동요가 또한 극화되는 것은 당연하다고 보여진다.

이 때문에 상례는 전체적으로 위기며 동요의 수용과 고조, 그리고 그것들의 극복을 그 절차 속에 내포하는 것으로 관찰될 수 있을 것이다. 그러나 다른 생의 페이소스나 아포리아의 경우와는 달리 상례에 임해서는 위기 역시, 그리고 혼돈도 역시, 질서정연하게 관리된다는 것이 강조되어야 한다. 그것은 '극적인 혼돈', '극적인 위기'라고 표현되어도 좋을 것 같다. '상례'가 그렇듯이 예가 의미하는 바는 이에 수렴될 것이다.

이런 뜻에서 보드리야르가 조르주 바타이유의 죽음의 이론에 좌단左袒하는 곡절을 이해하게 된다. 그는 "죽음이 아주 조금 꺼드는 것만으로도 엄청나게 풍족한 과잉과 모순 등가성이 그 당장 창조되고 만다"는 자신의 견해를 전제로 해서는 바타이유의 견해에 귀를 기울이고 있다. 바타이유는 긴장의 조정, 균형의 회복 혹은 욕망의 경제 등과 관련지어진 제도로서 혹은 관념으로서 죽음을 보아가는 게 아니고, 그 역으로 온갖 교환의 정상에 위치하고서는 넉넉한 잉여를 빚어가는 것으로서 죽음을 정의하려 들고 있다. 그는 자신의 『상징적 교환과 죽음』(1982)에서 기호의 체계, 혹은 코드의 조직 등을 포함하는 커뮤니케이션이며 교환의 맥락 속에서 죽음을 관찰해내고 있다. 이를테면 소위, '68혁명을 포괄하는 I960년대의 소용돌이'에 임해서 그가 견지했던

메멘토 모리, 죽음을 기억하라

처지들을 청산하고 '코드 이론의 비관론적 함축을 이끌어내고자 한' 이 책에서 죽음의 의미를 다시금 캐묻고 있다.

코드의 디지털성에 휩쓸린 나머지, 오늘날 사회에서, 그리고 커뮤니케이션에서 이들의 체계가 갖는 엄청난 포괄성과 몰수성(또는 흡인력)으로 말미암아서 무엇인가 결정적인 것이 하나도 없는가 하면, 어느 한 가지가 전혀 다른 종류로 돌변하고 또한 모든 것이 그것과는 다른 모든 것과 등가인가 하면, 또 역으로 무관하기도 하는 등의 상황과는 달리 이들 코드의 혹은 체계의 전제에서 또는 압도적인 영향에서 자유로울 수 있을 것으로 보드리야르는 원시사회의 죽음에 눈을 돌린다. 이에서는 교환가치로서 죽음이 엄존하는 것이다. 그리하여 죽음이 시뮬라크르며 모델이며 코드며 하는 표피적인, 실체가 없는 기호와는 다른 상징성을 갖게 된다는 것을 그는 말하고 있다.

죽음의 풍족한 과잉, 그리고 그 교환가치 중에서도 곡이야말로 '상례의 복합징후군'의 대변자요 주역이다.

과잉 상태의 죽음

곡소리, 감정의 제도

과잉스러운 만큼의 상례에는 물론 곡이 있다. 곡읍哭
泣이라고도 하는데, 우는 것이 곧 예다. 곡읍이라고 했지
만, 곡은 그냥 울음과는 다르다. 다같이 슬픔 곧 애哀의
극이 다름 아닌 읍이고 곡이지만, 읍과는 달리 곡은 제도
요 또 문화다. 읍과 마찬가지로 슬픔이라는 자연적인 인
간 감정의 표출이긴 하지만, 곡은 그것이 일어나는 맥락
이 정해져 있는 제도라는 점에서, 그것도 '감정의 제도'
라는 점에서 수시로 순발적으로 우는 읍과는 다르다.

호남 일부 지역에서 소위, '호미씻이'를 즈음해서 여
인네들만의 울음 우는 그것도 공개적으로 내놓고 울음
우는 특전이 주어져 있음을 이 경우, 참조할 수 있다.
심지어 일부러 사립짝에까지 나와서 울음을 마음 놓고
울어도 좋은 이 행사는 일종의 소규모의 놀이요 카니발
이다. '울음놀이'가 특정 시기에 특전으로서 용납되는

것은 평소 울음을 억압한 데 대한 반작용이다. 그것은 엉뚱하게도 자유며 해방을 내포할 수도 있는 '판'이거니와, 이 울음 역시 제도화된 울음이고 문화인 울음이다.

곡은 심지어 마땅히 하도록 규정되어 있다. 감정의 자연 발산을 제도로 묶었거나 아니면 증폭한 것이다. 이런 경우에 죽음은 그 의의며 기능이 결코 단순하지 않음을 곡이라는 울음을 통해서 과시하는 것이다. 일반적으로 전통 한국사회에서 남자들의 울음은 억압되어 있다. 그것은 죽음이 평소 억압되어 있는 것과 마찬가지일 것이지만, 두 겹의 억압이 공공연하게 상례에 다다라서 풀리고 있다. 의례의 규격에 혹은 그 정형성에 가린 '마음대로 하기'가 이래서 고개를 들게 된다. 한껏 마음껏 울어도 된다는 것, 그것은 상례의 '풀이' 기능에 속한다.

래드클리프-브라운이 안다만섬의 주민들 사이에서 관찰되는 의례적인 울음에 대해서 논급한 바에 의하면, 가령 친구끼리 모처럼의 해후, 다툼이나 싸움 뒤의 화해, 혼례에서 신랑 및 신부를 위한 행위 등 도합 일곱 가지 경우에 섬의 원주민들은 크게 울게 제도화되어 있는데, 거기 죽음과 관련된 것이 세 가지씩이나 포함되어 있다. 누군가 죽은 뒤에 친족이나 친구들이 시신을 안고 우는 울음, 상례가 파함에 임해서 상주들과 그 벗들이 우는 울음, 그리고 무덤에서 뼈가 회수됨에 즈음해서 우는 울음 등이 이에 든다.

　이들 울음은 모두 퍼질러 앉아서 울부짖고 눈물을 펑펑 쏟고 하는데, 이들이 하나같이 감정의 자발적 표출이 아니고 통제된 것임에 대해서 래드클리프-브라운은 지적하고 있다. 그는 심지어 이 여러 가지 의례적 울음이 모두 그렇듯이 해당 공동체 구성원 상호 간의 감정적 유대를 강화하는 것으로서 기능하고 있음을 말하는데, 이 가장 전형적인, 그리고 강도 강한 보기가 다름 아닌 상례의 울음임을 유추할 수 있도록 하고 있다.

　우리 한국의 경우는 조석곡朝夕哭, 빙시곡벽憑尸哭擗, 벽용擗踊 등 몇 가지로 곡은 구분되어 있을 정도다. 조석곡은 상례 기간에 문자 그대로 상주가 아침 저녁 제를 올리면서 곡하는 것이고, 빙시곡벽은 시신을 붙들고 몸부림치면서 곡하는 것인데, 이것은 심지어 남녀, 세대차 등에 따라서 양식이 달라진다. 벽용은 가슴을 치고 발을 굴리면서 하는 곡 중의 곡이다.

　심지어 조정에는 곡반哭班이 있듯이 개인 가정에는 곡비哭婢가 있었는데, 이는 상례 기간 내내 곡소리를 이어가기 위해서다. 곡비는 말할 것도 없이 곡을 전문으로 하는 여성인데, 그녀들에게 곡은 생업이고 경제활동에 해당된다. 가령 강화는 경기 일대에서 곡비로 이름난 고을이기도 했던 것이다. 이때 참 흥미로운 것은 고대 그리스에 매우 극적인 몸놀림으로 남의 상례에서 울음 울면서 비통한 노래를 부르는 것을 업으로 삼는 여성이 있었음이 알렉슈의 「그리스 전통의 의례적인 울음」에 보고되어 있는 사실이다.

제도에 묶여서 자연 발산의 감정이기보다는 문화로 표출된 곡은 일종의 그 자체의 음악적인 체계 또한 갖추고 있었던 것이다. 남자 상주 같으면 '어이…… 어이…… 어이 어이……' 또는 '에고…… 에고…… 에고……'라는 율격이 파도를 타게 된다. 그것에는 고저와 장단이 있되, 고와 단이, 그리고 저와 장이 한 동아리를 이루는 것이 보통이다. 따라서 그것은 가락이고 단조로운 노래란 뜻의 소리다. 그나마 보통 울음과는 달리, 아리랑처럼 세마치 장단의 토리를 갖추고 있다.

이로써 감정이 조절되기도 하고 증폭되기도 하는 것이어서 이 점이 강조되면 곡의 '소리의 퍼포먼스'라는 면을 부각시킬 수 있다. 곡은 이렇게 해서 죽은 이에게 건네지는 전언傳言이고 문상객에 대한 대담이고 상주 자신의 감정 표백이라는 삼중의 기능을 발휘한다. 근자에 와서 어쩌다가 곡을 하는 상주를 만나게 되어도 그것이 건성으로 들릴 수도 있는 현실은 곡의 퇴조를 말하고 있을 것이다. 이제 곡은 꺼지고 잠시의 울음만이 상례에는 남아 있다.

곡이 곧 제도화된 울음이란 것은 그것이 상례에서 갖는 기능이 매우 소중하다는 것을 의미할 것이다. 죽은 이와 별리를 확인하는 것으로서, 물론 비애, 회한 등이 노출될 것이지만 이에 덧붙여서 결코 놓치지 말아야 할 것은 숨겨진 구실을 곡이 갖추고 있다는 사실이다. 전자가 되려 소극적인 기능일 수 있음에 비해서 이 또 다른 곡의 기능이야말로 적극적인 것이라는 평가를 내릴 수 있을 정도다.

상례의 시작은 곧 공동체의 쇠락

아무리 가족 간이라고는 해도 살다 보면 어느새엔가 알게 모르게 서로 마음의 고가 접히고 그래서 척이 지기도 할 것이다. 그뿐만 아니다. 그동안 삶이 서로 간에 지속되던 사이에 서로도 모르게 혈연적인 유대가 묽어지기도 하고 느슨해져 있기도 했을 것이다. 곡은 이제 마지막으로 그 고를 풀면서 유대를 새삼 재건하고 거듭 강화하는 구실을 능동적으로 수행하는 것이다. 이에 더해서 회한과 고회가 거기 눈물에 섞여서 흐를 것이고 보면 묵은 감정의 정화로 해서 살아 있는 자들의 시공이 정화되기도 할 것이다. 이래서 눈물은 씻음이 된다. 곡은 개인적 차원, 그리고 가족적 차원의 '고풀이'고 '씻김굿'이다.

그렇기 때문에, "그가 울부짖고 있긴 해도 그것이 개인적인 회한의 표현으로 끝날 수는 없다. 주변의 사회가 그에게 상기시키는 의무를 다하고 있는 것이다. 슬픔은 기쁨과 마찬가지로 마음과 마음 사이를 옮아다닐 때, 드높여지고 덧붙여지고 하면서 그 결과 힘차고도 거친 운동의 모양새로 표출된다. 그것은 아우성이고 아픔의 부르짖음이다. 각 개인이 다른 이들의 울음에 말려들게 된다. 그래서 참다운 공황 상태에 빠지고 만다. 고통이 더 없이 강렬해지면 그때, 일종의 노여움이나 화증火症과도 뒤섞인다. 무엇인가를 부수고 상처내어야 한다고 느끼게 된다."

장례식은 결코 죽은 이와 이별하는 절차로 끝나버리는 것은 아니다. 상상이나 예상을 초월할 만큼 복잡하다. 그것은 결별의 의식이면서도 재결합의 의식이다. 뿐만 아니라 떠나보내는 의식이면서도 새로이 모셔 받드는 의례다. 그 슬픔에는 공포가 뒤엉기고, 그 장중함에는 부정不淨이나 오예汚穢에 대한 혐오감이 뒤섞여 있다.

죽은 이와 결별하는 한편으로 죽은 이와 살아 있는 이들 사이의 관계가 재조정된다. 결별은 어쩌면 재조정의 계기에 지나지 않을지도 모른다. 조상신으로 죽은 이는 모셔 받들어지면서 그와 살아 있는 가족 사이의 해묵은 갈등이나 위화감이 정리되어 감정의 골이 메워져야 한다. 죽은 이와 결별함으로써 그와의 사이가 재조정되는 동안, 살아 있는 가족들, 친지들, 이웃들 사이의 관계도 거듭 손질된다. 혈통의 단일성, 가문의 일관성이 새삼스레 다져지는 것에 수반되어서 친족 간의 위계며 관계가 필요한 대로의 질서를 회복하게 된다.

장례식이 결코 죽은 이만을 위한 통과의례가 아니란 것은 이런 복합적인 양상으로 새삼 확인할 수 있다. 살아 있는 가족, 친지들을 위해서도 통과의례 구실을 알뜰하게 수행하게 된다. 이 같은 다양한 층위에 걸친 장례식의 위상이며 기능은 한국의 전통 상례에서 각별하게 확인할 수 있다.

이같이 프랑스의 사회학자인 뒤르켐에 의해서 지적된 상례의 울음의 민족지적인 의미에 우리 한국인으로서는 쉽게 동조하게 되는 것이다.

위에서 개별적으로 살펴본 몇 가지 국면에 걸쳐서 상례의 절차는 사라져가고 있다. 상례 자체가 기진하고 죽어가고 있다. 이 같은 상례의 퇴조, 그리고 그것에 수반된 죽음 자체의 퇴조는 개인 차원의 죽음에만 관련되어 있는 것은 결코 아니다. 그럴 수도 없다.

죽음의 퇴조와 상례의 쇠락은 예상 외의 또 다른 것의 쇠퇴와 관련되어 있다. 전통사회에서 죽음과 상례가 결코 개인적 차원의 사건도 행사도 아니었기에 그것은 앞에서 언급한 대로, 집단과 관련된 제반 의미며 기능을 행사한 것이다. 그 점은 보드리야르가 지적한 바와 같이 유럽에서도 다를 바 없었다.

"중세기에는 '죽음의 춤Dance of Death'이 있었고 죽음에 대한 송도頌禱가 있었다. 또한 하늘의 왕국이며 최후의 심판 등에 관한 기대로 말미암아서, 죽음은 이상향을 가져다줄 수도 있을 것으로 기대되었다. 이에 더해서 죽음은 일상적인 삶 속에 편입되었고, 죽음은 집단적인 사회활동의 중추적인 요소였다."

메멘토 모리, 죽음을 기억하라

보드리야르는 이어서 16세기에 시작되어서는 근세에 이르도록 죽음이 개인화되고 억압됨으로써 사회생활에서 배제된 것임을 내세우고도 있다. 이 점에서 보드리야르의 죽음은 '원시 공산주의'적 현상의 하나가 된다.

상례가 계를 통한 마을 공동체의 조직의 긴밀성을 그때마다 공공히 하고 또한 친족조직을 역시 굳건하게 재건한 점까지 고려한다면, 이제 오늘날의 죽음은 마을 공동체에 속한 것도 아니고 친족 전체에 딸린 것도 아님을 알게 된다. 공동체의 죽음은 이제 우리에겐 생소하다. 상례의 퇴조는 혈연과 지연을 더불어서 희석하고 있다. 전통사회의 붕괴 및 전통 자체의 붕락에 오늘날의 죽음은 이같이 깊이 관여하고 있다. 산 자들이 고향이며 마을을 떠나서만이 아니다. 죽음이 우리와 멀어지면서도 그 같은 농촌 공동체의 소외, 퇴락, 그리고 붕괴가 촉진되고 있는 것이다. 죽음이 심지어 공동체의 공고한 구조에조차 이바지하고 있었음은 이젠 묵은 이야기가 되고 말았다. 이 점은 이른바, 한국의 장례 민속에서 죽음의 집단성과 깊게 관련되어 있는 향도香徒를 통해서도 거듭 확인될 수 있다.

"사람들은 병으로 해서 누군가가 죽으면 혹은 산간에 초장草葬하거나 혹은 나뭇가지 사이에 걸어두기도 합니다. 그러나 이제 마을마다 사람마다 모두 향도를 조직해서는 매장을 하고 있습니다. 한데 자손이 있고 부유한 이웃의 장례에는 떼로 몰려서 매장을 하지만, 자손이 없고 가난한 이웃의 장례는 거들떠보지도 않습니다. 그래서 혹은 산불에 타서 없어지고 혹은 여우나 너구리 따위에게 먹히고 말기도 합니다. 이로써 (이웃의) 화기和氣가 손상을 입게 되니, 바라건대, 지금부터는 궁핍한 사람의 장례일지라도 향도가 이에 전적으로 종사해서 애써서 매장케 하였으면 합니다"(『세종실록』, 권 22, 세종 5년, 12월 정묘 조)라는 기록이 보여주듯이 마을 단위의 상두꾼 조직으로 해서 마을 안 누구나의 죽음은 마을 안 모두의 죽음일 수 있었던 것이다. 상두꾼이 마을 안에서 차출된 주체적이고 자발적인 조직이고 인원의 잡담임을 이 경우 고려에 넣어야 할 것이다. 마을 안의 곗꾼은 말할 것도 없고 그렇지 않은 주민도 이에 참여할 수 있었던 것이다. 뿐만이 아니다. 부인네들의 '품앗이' 또한 죽음의 공중성에 이바지할 수 있었다.

계(짐계 또는 호상계好喪契라고 호칭되고 있는 전남 지역의 마을계: 저자)에는 계장과 부계장이 각각 한 명씩 있어 계원에게 통지하는 일과 자본금 운영을 맡아본다. 유친계에서는 자본금 500만 원을 방출하여 2부 이자를 받고 월 1회 계원이 10원씩을 가지고 유사댁에 모인다. 유사有司는 연령순으로 돌아가면서 하며 유사댁에서는 점심과 술을 계원에게 대접하여 친목회 같은 성격의 계인 것이다. 그러나 계원 중 한 사람이 '당고當故 났다' 하면 계장이 수금을 하여 보재補材로 백미, 조기, 광목, 소주 한 상자를 장만하여 당고 난 계원에게 전해준다. 한편 계원들은 형제와 같이 몸으로 이바지할 의무도 있으니 상여를 만든다든가, 밤샘을 하여 주는 등, 궂은일, 잔일에 상의 보조가 되어준다. 계원 집에서 상가에 갈 사람이 없을 경우, 일당 300원 주어 사람을 사서 자기 몫을 일하게까지 한다.(문화공보부, 위의 책, 135쪽)

보통 출상 전일 망자의 친구가 되는 노인들이 모이고 상두꾼들이 출상 연습을 하고 노인들이 서러움을 모르도록 늦도록 농담을 하며 노는데, 초도에서는 '생여 놀이', 중동 지방에서는 '대어린다', 진도에서는 '상여 흐른다'라고 한다. …… 진도에서는 봉패줄(관을 묶는 줄)을 꼬는데, 모든 짐 계원들을 소집하여 짚으로 꼬며 한 가닥은 추녀 끝에 매어달고 다른 두 가닥을 더하여 세 가닥으로 엮어나가는 것이다. 이때 북을 치면서 노래와 춤을 추고 "어기야 봉패, 이 봉패가 천 년을 갈까 만 년을 갈까" 하면 "에어야 봉패 에기야 봉패" 하고 받는다.(위의 책, 138쪽)

상여는 보통 14명이 메거나(거문도, 초도), 8~12명(중동)이 메는데 이들 '유대꾼'이라 한다. 거문도

에서는 '달머꾼'이라고 한다. 유대꾼은 마을 청년
이 하거나 상포 계원들이 한다.(위의 책, 139쪽)

이 같은 세 가지 소상한 현지 보고(문화공보부)가 보여
주듯이, 계와 품앗이를 통해서 상례가 공동共同화되는
것과 함께 죽음 자체가 공동화된 것이다. 금전의 교류,
물품의 교환, 인력의 교환 등 광범위하고도 효율적인
교환 체계가 죽음을 계기로 해서 지켜진 것이다. 평소
에 혹은 일상 시에 느슨하게 풀려져 있던 공동체 조직
성이 죽음을 계기로 해서 흔들어 깨워지는 것이라고 표
현해도 무방할 것이라 생각된다. 그런 뜻에서라면 죽음
의 기능과 혼례의 기능 사이에 구획을 지을 수 없다. 그
러나 오늘날 죽음은 극히 개인적인 것이 되고 덩달아서
공동共同화되어 있던 죽음이 공동空洞화하고 마을 또 한
텅 비게 공동화되어가는 것이다.

상례에서 놀이와 익살의 기능

계 또는 향도, 그리고 품앗이 등과 관련되어서 죽음
의 공동共同화를 보여주는 이들 기록 가운데서 오늘날
우리들의 눈길을 끌 만한 것 중 하나는 위에서도 보여
지는 바와 같은 상례에 수반된 몇 가지의 놀이며 농, 바
로 그것이다. 이것은 죽음과 상례가 함축하는 엄숙함이

며 성스러움에 견주어질 경우, 어떤 일종의 이질감 또는 어긋짐을 느끼기에 족한 대목이다. 심지어 '상례의 이단'이라고도 부르고 싶은 토막들이 상례 그 자체의 필수적인 요구에 응하듯이 한몫을 거들기 때문이다. 그것이 상례라는 코드의 엄격성을 위협할 가능성이 큰 만큼, 자체 모순이기도 할 이단들의 의미는 강조되어야 한다.

이 외관상의 이질소異質素는 쉽사리 간과되어서는 안 된다. 상당한 정도로 의례에 따르기 마련인, 널뛰기의 엎치락거림에 견주어질 동질과 이질의 교체가 눈에 띈다는 것을 이 경우, 염두에 두어야 한다. 의례는 그 자체의 풍요를 위해서 이질이 동질과 공존하기를 요구하는 것이다. 가령 미국의 인류학자 폴 라딘이 지적하듯이, 탄생과 성숙, 그리고 죽음 사이의 상호 연관성이 문제될 때라든지, 아니면 프로이트에 의해서 죽음과 에로스가 연계되고 충동의 대상으로 죽음이 부각된다든지할 때, 죽음과 상례의 텍스트가 이단과 동질의 연계로 지탱되리라는 것을 예상할 수 있게 된다. 미하일 바흐친 유의 시각이라면, '헤테로글로시아', 곧 이질의 소리 내지 기호들이 '다이아로직', 곧 대화로서 죽음 및 상례를 보아갈 기틀도 여기서 잡히게 될 것이다.

곡성이 낭자하고 눈물로 자리가 적셔지는데, 한쪽에선 농이고 노래다. 그러고도 모자라서 또 춤이다. 호남이라면 판소리가 거들먹하게 곡성과 뒤엉길 것이고, 그것이 일종의 '교성악交聲樂'을 이룰 경지도 상상하기 어렵지 않다. 우스개판과 농판이 벌어지고 익살과 판소리가 뒤섞이며 춤판이 또한 가세한다. '초상의 난장판'이라 불러도 좋을 이 모든 것이 상가 및 상주들을 위한 아픔 달램이라는 해석이 전혀 합리성이 없는 것은 아니다. 하지만 그것이 전부는 아니다.

좀 오래된 보고이기는 하지만, 영국의 인류학자 월슨은 『느야큐사족의 장례의 관습』에서 이 종족들이 상례에 종사하는 동안, 곡을 하다 말고는 느닷없이 남녀가 서로 어울려서 격렬한 춤을 추는 광경을 소개하고 있다. 소리 지르고 뛰고 몸을 흔들고 하면서 춤추게 되는데 이는 흔히 집단화하면서 드디어는 싸움판도 벌어지고, 그래서 적어도 외관상으로는 '비탄의 징후'는 사라지고 마는 것처럼 보인다는 것이다. 한데도 현지인들은 여전히 그 광경이 죽은 이를 애도하는 것이라고 말했다는 것이다.

한국에서는 전남의 다시래기를 전형으로 하는 여러 가지의 상례 놀이로서 울음과 웃음, 비탄과 농탕질이 공존하는 소용돌이를 지적할 수 있다. 울음으로 감정이 촉발되면, 그래서 그것이 걷잡을 수 없이 고조되면 절로 다른 색조의 감정의 표출방식을 촉발하는 것이다. 그것들은 상보하면서 감정의 치다꺼리에 그 설거지에 극적으로 이바지하게 된다. 그것은 엎치락뒤치락의 효과다. 카니발만이 혹은 축제만이 '뒤집어엎기'의 주지를 연행演行하는 것은 결코 아니다. 역전, 전도의 주지는 당연히 객체, 예컨대 사회제도, 관습이며 규범 등의 뒤집어엎기를 초래하지만, 연행하는 당사자들의 감정이며 정서의 뒤죽박죽 또한 촉발하는 것이다. 그것에 의한 격렬한 흔들림이 살아 있는 자들끼리의, 그리고 산 자와 죽은 자 사이의 감정을 체질하면서 정화하는 것이다.

익살은, 혹은 우스갯짓은 결코 슬픔이나 아픔과 상호 배제하는 편협한 관계만을 지탱하는 것이 아님이 죽음에 다다라서 깨닫게 된다면 그것 역시 죽음의 공덕으로 칠 수 있을 것이다.

"익살은 추하고 이지러지고, 그리고 무작한 것에 의해서 촉발되는데, 그것은 그 같은 속성을 가진 것들에 의해서 흔히 생겨날 수 있는 고통과 슬픔이 어떤 방식으로든 조절된다는 것을 전제로 하고 있다."

브리스톨이 『축제와 연극』에서 언급한 바와 같이 익살과 고통 및 슬픔과의 사이에는 쉽사리 다리가 놓여진다. 이 명제에서는 어디까지나 익살은 슬픔과 고통의 완화제로서 인식되어 있을 뿐이다. 슬픔이며 고통이 주고 익살은 보조에 지나지 않고 있다. 그러나 익살을 이같이 보조의 곁다리로 국한시키고 말 일은 아니다. 브리스톨은 위에 인용된 대목에 뒤이어서, "환희나 우울과는 달리 익살은 익살의 대상이 되어 있는 객체에 대해서 신남과 비통의 두 감정을 표출하는 혼효된 혹은 단일하지 않은 감정이다"라고 하면서 상반되는 두 가지 감정 사이의 이동으로서 익살을 정의하는, 다음과 같은 주벨의 의견을 원용한다.

이것이야말로 익살이 신남과 우울 사이의 중간에 터를 잡고는 그 두 감정의 대치 또는 겨룸으로 이룩된다는 것을 보여주는 것이다. 그러므로 익살은 거짓 불패를 더불은 거짓 신남이라고 말할 수 있게 된다.

여기서 이를테면 죽음의 판에 난데없는 듯이 껴드는 웃음판, 농짓거리판, 혹은 익살의 놀이판의 의미며 구실을 다잡아서 다시 캐어볼 수 있게 되고, 그로써 죽음 그 자체의 의미며 구실이 삶의 한복판에서 감당해낼 몫을 흔들어서 깨울 수 있게도 된다. 죽은 이는 죽어서도 공동체와 인간과 문화에 이바지한 것이다. 그는 장례라는 드라마의 숨은 연출과 구실을 다한 것이다.

이같이 극적인 주제까지 포함해서 향도도 계도 품앗이도 모두 옛날이야기가 되고 말았다. 그것은 물론 제도나 장치 혹은 절차의 부분적인 소실을 의미하는 데 그칠 수는 없다. 그것들에 수반된 죽음의 의미며 상징성이 함께 죽어갔음을 의미하고 있다. 죽음은 그래서 가벼워지고 헐벗고 그 표면의 표정 이상, 혹은 육체적 내지 생리적 징표 이상의 모든 것을 박탈당하고 말았다. 오늘날 죽음은 의미론의 대상도 아니고 문화도 아니다. 다만 생리의 끝일 뿐이다. 죽음 자체가 부고장을 내고 말았다.

메멘토 모리, 죽음을 기억하라

상품이 된 죽음

오늘날 도시나 농촌 일부나 서로 다를 바 없이 향도의 자리에 상업적인 죽음의 전문업자인 장의사가 들어섰다. 이제 죽음도 상품화한 것이다. 일정한 액수로 넘겨주고받는 공사의 수주와 크게 다를 게 없이 장례가 그들 손에 맡겨진다. 상례나 장례나 모두 수주가 개입한 공사가 된 지 이미 오래다. 이제 죽음은 그 갖가지 상징성을 상실하고 상거래의 교환가치 속에 묻히고 말았다.

있던 것이 없어지기만 한 것이 아니다. 없던 것이 새로이 추가된 것도 있다. 병원 병상에서의 운명, 그에 뒤이은 병원의 영안실 차림, 장의차들의 길다란 행렬, 아파트 어디에서나 볼 수 있는 바와 같이 크레인에 매달아서 행하는 관 내리기 내지 출상, 포크레인에 의한 산역山役 등은 오늘의 새로운 장의풍속이다. 장례는 가고 없고 다만 편리성만이 나비대고 있다.

그전 같으면 환자의 임종이 가까우면 그를 일부러 정침正寢에 모셨다. 몸채의 가장 반듯한 방에 모신 것이지만 더러 남자는 사랑채에 여성은 안채 안방에 모시기도 했다. 한두 세대 전만 해도 환자로 하여금 병원에서 숨지게 두지 않았다. 의사가 환자의 임종이 가까워졌음을 알리면 가족들은 구태여 그를 본집으로 옮겼다. 바깥에서 숨지면 그게 이른바, 객사라서 죽은 이는 사후에 그 넋이 객귀가 되어서 이승을 떠돌게 된다고 믿어져 있었기 때문이다. 그런 민속 관념에 따르자면 '객귀'가 될 객사客死를 구태여 마다하지 않는 것이 오늘의 장례풍속이다. 객사면 영락없는 악상이다. 사후에라도 거의 반드시 무당에 의한 넋들임이 시행되어서 구제받아야 하는 것이다. 그래야만 그 넋은 비로소 왕생하게 되는 것으로 믿어져 있었다. 객사는 이른바, 호상을 기리던 한국인으로서는 금기 중 금기다. 그러나 이제 그 모든 것은 병원 영안실에 쓸려 들어가고야 말았다.

그전 같으면 부모며 집안어른의 시신을 크레인에 매달아서 이삿짐처럼 옮기고 심지어 출상까지 하는 따위는 상상도 못하던 일이다. 아파트 구조로 해서 피치 못할 선택이 아니냐고 할 수도 있을 것이다. 하지만 사람 사는 집은 사람 죽는 집이다. 그렇다면 산 사람이 출입을 하듯이 죽은 자도 출가할 수 있어야 한다. 아파트 내부의 계단이나 그 바깥의 비상계단을 슬기롭게 활용하며 상주들이 관을 모시고 나가는 방도는 얼마든 가능할 것이다. 아파트 짓는 사람이나 거기 사는 주민이나 다를 바 없이 그들 공간에서 죽음을 내몰고 만 것이다. 이것은 명백한 죽음의 금압이고 배척이다. 편의성의 원리가 성스러움과 경건함의 원리를 짓누르고 만 결과다. 이 지경에서 죽음도 주검도 그저 산 자 측에서 보았을 때, 어차피 치워야 하는 짐과 다를 바 없게 된다. 상례가 짐 치우기와 같아지고 만다. 이 같은 죽음의 구박과 소외는

메멘토 모리, 죽음을 기억하라

필경 산 자의 자기 구박이고 자기 압제 바로 그것이다. 적어도 죽음이 경건하지 못하면 삶이 더 이상 스스로 경건할 자리를 혹은 계기를 찾기는 쉬운 일이 아니고 만다.

한편 도시 주민들의 새로운 장의풍속의 하나로는 검정빛 회장과 노란 국화로 치장된 흑색 장의전용차와 그 뒤를 따르는 상주 및 문상객들의 승용차들로 이루어지는 장의행렬을 들 수 있다. 이것은 그야말로 불가피하게 시세를 따른 선택일 것이다. 그것은 어떤 의미에서나 서구화된 장의행렬이라고 할 수 있을 것 같다. 장의차가 한낮에도 전조등을 켜는 것도 역시 같은 시각으로 양해할 수 있을 것이다. 그리하여 이 행렬을 서구화된 장의행렬이라고 부르게 될 것이지만, 그 행렬에도 역시 무엇인가 문제가 끼쳐져 있다. 이들 장의행렬은 서행하는 법이 없다. 다른 차들의 흐름에 지지 않을 듯이 내달리기 십상이다. 여기엔 경건도 엄숙도 없다. 한데 행여라도 그 행렬이 가령 묘지 가까운 비교적 한가한 시골길에 들어서서 서행한다고 가정해보자. 그때 우연히 옆을 지나치는 행인이나 근린 주민 가운데 어느 누구도 비켜서서 기독교식의 성호를 긋는 이를 볼 수 없다. 아시아에서는 기독교 신도가 가장 많다는 한국인의 광경임을 전제한다면, 이 전적인 무관심은 설명하기 어려워진다. 남의 죽음에 대한 냉대, 그리고 근접의 기피라는 전통적 사고방식이 이 경우, 고개를 들고 있는 것이어서 외양의 서구화가 눈에 안 보이는 전통과 길항을 겪는 셈이 된다.

이처럼 한국인의 죽음은 달라지고 말았다. 그로써 죽음은 그 자신에게 산 자들의 몫만한 역사가 있음을 말하고 있다. 자연사라는 새로운 개념이 자주 통용되고 있기는 하지만, 인간 죽음에 자연만이 개재해 있는 것은 아니다. 문화와 시대가 차곡차곡 제 몫의 고유한 죽음을 만들어내고 있었던 것이다.

이 같은 변화는 유감스럽게도 오늘날 한국인 우리들의 죽음이 전체적으로 경박해지고 세속화되고 심지어 물질화의 도가 지나친 나머지, 비속화되어버렸노라고 결론을 맺지 않을 수 없게 유도하고 있다. 죽음과 유대한 영혼의 개념이 희박해지고 있고, 또한 성스러운 신령이라는 개념도 쇠락하고 있다. 영원이라든가 내세, 그리고 미래를 죽음과 더불어서는 말할 처지가 아닌 것 같다. 죽음도 여기 이곳, 지금 이 시간에 국한되어 있다. 그 주어진 짧은 토막 시공이 지나면 더 이상 죽음이 기댈 언덕은 아무 데도 없다. 누구에게도 없다. 몇 사람의 짤막한 추억이 유일한 언덕이다. 우리들은 이제 죽음에서 시간을 뺏고 공간을 약취하고 말았다.

세부를 들여다볼 때, 무엇보다 상품화되고 짐이 되었다. 장례는 수주로 치러지는 공사 같은 것이다. 죽음을 에워싸고 있던 갖가지 속신 가운데서는 선택적으로 남을 것은 남고 없어질 것은 없어지고 말았다. 죽은 이를 생각하는 것이 아니고 산 자 위주로 생각해서 짐스러운 속신은 여지없이 사라졌다. 객사해서는 안 된다는 속신은 그러한 보기의 하나다. 그런가 하면 죽은 이가 산 자에게 무엇인가 이바지할 것 같은 속신은 그냥 지속되고 있으니, 남의 죽음을 부정으로 간주하는 나머지 되도록 근접하기를 꺼려하는 태도는 이 때문에 아직도 남겨져 있다.

삶과 죽음의 고리와 유대의 단절

이 같은 결정적인 상황 변화의 징후들을 통틀어서 고찰할 때, 그것들의 공통분모로서, 한두 가지 큰 추세가 눈에 띈다. 그것은 주로 문화인류학적이거나 민속학적인 시야 속에 들어오는 것인데, 오늘의 죽음에는 내일도 미래도 없다는 점이다. 그리고는 그에 수반되어서 오늘의 죽음에는 통과의례가 없거나 불완전하다는 점을 들 수 있게 된다.

아울러서 통과의례가 온전치 못하거나 아예 결여되어 있거나 하는 죽음에는 삶과의 고리가 단절되고 없다는 점을 들 수 있다. 한 인간의 죽음 그 자체가 닫히고 폐쇄되고 그리고는 미래가 없으니까 당연히 살아 있는 인간 집단과 죽음 사이에는 거래가 끊어지고 만다. 살아 있는 것과 죽어 있는 것 사이에서 유대가 잘려나가고 만다. 그리하여 양자 사이에 통로가 폐절되고 만다.

거기에는 우리의 바리데기 신화도 그리스의 오르페우스 이야기도 보다 더 거슬러올라가서 수메르의 길가메시 신화도 있을 수 없다.

"나는 왜 어떻게 해서, 우리들 죽음과의 연관의 주된 자취가 철학자들의 관심을 벗어날 수 있었을까 하고 이상히 여기기까지 하고 있다. 분석이 착수되어야 할 대목은 우리들이 정확하게 전혀 아는 바 없는 죽음의 무無에 관련된 것은 아니다. 그렇지 않고 거기서 무엇인가 절대적으로 불가지不可知한 것이 출현하는 그 성향과 관련되어 있는 것이다. 절대적인 불가지란 모든 조명과 무관하다는 것을 의미한다. 그것은 가능성의 온갖 가정을 불가능하게 만들어버린다. 그러나 바로 거기 우리들 자신이 포박되어 있는 것이다."

매우 난해한 대목이지만, 레비나스의 속뜻은 죽음이 무라는 것으로 해서 피해가지 말아야 함과 그것이 절대적인 불가지이며 마찬가지로 우리와 대면하는 그 현실에서 물러서지 말아야 함을 힘주어 말하는 듯이 보인다. 그러나 당장 오늘날 우리들은 죽음이 무이자, 불가지라는 것을 도전으로 받아들이지 못하고 다만 피해가는 구실로만 삼고 있는 것이다. 그리하여 소극적으로는 죽음을 망각하고는 없는 것으로 치부하거나, 아니면 적극적으로는 배척하고 배제하는 것이다.

있지도 않은 죽음에 통과의례가 제대로 적용될 수는 없다. 통과의례는 무엇인가의 끝에서 베풀어져서는, 무

메멘토 모리, 죽음을 기억하라

엇인가의 새 시작을 예비하는 의식이요 절차다. 그래서 끝에서 발단이 되어서는 시작으로 마무리되는 통과의례는 그 자체가 과도기가 된다. 거기에는 당연히 미래가 있고 새로운 것이 있기 마련이다. 통과의례는 가능성이고 미래다. 자기 자신을 넘어서 열린 시공이다.

상고대에서 중세기까지 죽음은 탄생, 혼례와 더불어서 인생의 가장 중요한 통과의례의 계기가 되어왔다. 죽음에다 미래를, 내일을 부여해온 것이다. 이같이 '열린 죽음'의 종언은 말할 것도 없이 '닫힌 죽음'으로 나타났다. 죽음은 된바람에 시달리는 촛불의 불꽃의 삭아짐과 다를 바 없는 찰나적인 것이 되고 말았다.

그러니까 한국인의 죽음의 역사의 가장 큰 구획은, 이를테면 가장 두드러진 획기劃期는 이같이 통과의례성의 유무 내지 그 완결과 결손에 의존하게 된다. 그것은 달리 말해서 '열린 죽음/닫힌 죽음' 사이의 변화다.

우리들은 무엇보다 한국의 상고대의 신화에서 혹은 신앙에서 통과의례를 겪은 죽음과 만나게 된다. 그러나 그것만은 아니다. 역사에서 무덤에서 혹은 암각화 등의 유적에서도 역시 만나게 된다. 그것이 때로는 완벽한 통과의례의 전체 절차인 경우가 있는가 하면 이와는 달리 부분적인 것이거나 암시적인 것일 수도 있다.

이 경우, 고조선 신화에서 이야기의 실마리를 잡을 수 있게 되거니와, 그것은 다름 아니고 웅녀의 혼례 절차에서 찾아진다. 이것은 역설적이면서도 매우 함축적이다. 혼례라는 살아 있는 자를 위한, 그러면서도 살아 있는 증표가 가장 크게 부각될 통과의례에서 삶의 반대쪽일 수도 있을 죽음의 열림을 논란할 수 있기 때문이다.

웅녀는 무엇보다 혼례를 앞두고 일단 죽음을 겪는다. 그녀는 장차 신부 후보자로서 성년식을 치르는 과정에서 입굴하고서는 그 안에 틀어박힌 상태에서 삼칠일 또는 백일간에 걸친 햇빛 안 보기를 강요당한다. 이것이 통과의례의 격리와 칩거에 해당되리라는 추리는 결코 어렵지 않다.

그녀는 또한 쑥과 마늘을 일정한 양, 먹기를 강요당하고 있다. 이것은 여성의 첫 성숙의 상징이기도 한 최초의 경도經度를 정화하기 위해서 요구된 것으로 추정된다. 중세기가 아니라 극히 근세에까지도 경도는 성숙의 징후이기도 하지만, 부정으로 간주되기도 한 만큼, 여성의 성숙의 의례가 첫 경도를 계기로 치러지되, 당연히 그것을 정화하는 절차가 의례에 포함된 것이다. 그리고 정화는 재생을 가능케 할 것이라고 받아들여졌을 가능성을 여기서 촌탁해두고자 한다.

어두운 바위굴 속의 햇빛을 기피한 칩거는 죽음을 상징한다. 정화를 거치고는 다시금 굴에서 나올 때, 그것은 말할 것도 없이 재생이 된다. 미성숙한 한 소녀가 죽고 이제 한 성년이 새로이 탄생하는 과정을 웅녀는 밟아나갔다. 이로 해서 암굴은 무덤이자 모태라는 이중의 서로 모순되는 상징성을 갖게 된다. 하기 때문에 이 웅녀의 의례적 죽음은 열린 죽음이다. 미래가 새로이 열리는 죽음이다. 이 같은 경우, 죽음은 일시 주어진다. 그러나 그것은 전기요 동기로서 주어진다. 일시적인 죽음 곧 삶의 중단은 또 다른 새로운 삶의 기틀이다. 여기서 우리들은 이 상황이 반복되는 것을 전제하고서는 '중단 있는 영생'이란 개념을 이끌어내게 되는데, 그 둘도 없을 상징이자 전형은 다름 아닌 달이다.

열린 죽음

달의 운행, 재생을 갈망하는 은유

'결/영'과 '영/결'의 반복, 곧 이울음 또는 기울음에서 차오름으로 그런가 하면 그와는 역으로 차오름에서 기울음으로 변신해가기를 반복하는 달의 운행은 태어나서는 자라다가 드디어 죽어가는 생명의 운영을 위한 은유가 되는 것이지만, 역으로 죽어서는 다시금 재생하기를 반복하도록 바라는 인간 소망을 위한 은유가 되기도 한다.

이같이 달의 영생력을 모방함으로써 웅녀가 성숙해가는 의례의 일부로서 치뤄진 죽음의 절차는 재생을 예기하고, 또 그것을 향해서 열려 있었다. 죽음은 격리이면서도 더불어서 재생의 계기이기도 했던 것이다. 그로써 그녀는 성인 여성으로 재생하고 성인사회로 복귀할 수 있었다. 그녀가 신부 자격을 얻어낸 것도 바로 이 때문이다.

메멘토 모리, 죽음을 기억하라

이 통과의례에서는 죽음이 삶과 맞바꾸어진다. 물론 그 역의 교환도 가능하다. 죽음이 그 이전의 삶과 그 이후의 삶 사이에 마치 어미 품에 안긴 알처럼 안존하게 안겨 있다. 삶과 죽음 사이에는 그 둘이 전환과 전환, 변용과 변용이 서로 가능하게 하는 연속된 유대가 존재했다. 삶과 죽음 사이에 칸막이가 없는 것은 아니지만, 그것은 다음에 무엇인가 새로운 것이 계기繼起할 서막에 지나지 않는다. 죽음은 삶이 그렇듯이 현실이지 상상도 피안도 아니다. 웅녀가 틀어박힌 바위굴이 죽음의 자리이자, 모태이기도 한 것은 바로 이 때문이다. 죽음의 굴에 드는 것이 재생의 모태에 드는 것과 다르지 않다. 이 연속, 이 교환에 부치는 꿈이 없이는 통과의례는 그것이 치러지고 시행될 의미가 없다. 그러기에 우리들은 보드리야르가, "상징의 세계는 개념도 패러다임도 범주도 아니다. 구조도 아니다. 그것은 교환의 행위여서 현실세계를 종말짓고 해소하고는 동시에 현실과 상상의 대립을 해소하는 하나의 사회관계다"라고 말할 수 있었던 것, 그나마 원시인들의 죽음을 두고 말할 수 있었던 것을 이해하게 된다.

그가 입사식에는 현실원리와는 다른 원리가 작용하고 있음을 말할 때, 그것이 혼/육체, 인간/자연, 현실/비현실, 탄생/죽음 등에 걸친 허다한 분리의 코드를 무효화하는 원리임을 지적하는 것이 이 경우 우리의 이해를 도울 것이다.

삶과 죽음 사이에서 양걸침을 하는 웅녀의 통과의례의 죽음은 그다음에 아직도 무엇인가 열린 것, 새로운 가능성을 기약하고 있다. 한 항의 종말이 곧 다른 항의 시작이라는 전제 없이는 통과의례는 존립할 수 없는 것이라면, 거기에서 종언/시작의 양분론은 그 대립성을 지양하는 것이다.

이 같은 보기에 들 죽음을 찾기는 그다지 힘들지 않다. 바다의 연꽃이라는 승화된 아름다움의 모태에서 재생한 심청은 그 가장 화려한 전범典範의 하나다. 이 경우 연꽃은 고려왕조와 조선왕조의 세말歲末의 나례 행사, 곧 신년맞이 또는 신구의 해갈이를 위한 묵은 것의 정화와 새것을 위한 터전 마련을 노려서 시행된 행사에서 기능하는, 재생의 모태인 바로 그 연꽃과 같은 것이지만, 그 상징성이 바다에 의해서 더 한층 강화되어 있는 것이 강조되어야 한다. 조선조 나례에서는 이 연꽃이 '학연화대鶴蓮花臺'란 이름으로 가름되었다.

그런가 하면 서민들의 민속현장에서 아기를 위해서 만든 무덤 또한 묵은 삶과 새 삶의 교차점 또는 중계점에 자리하기로는 다를 바 없었다. 필자가 이 아기무덤을 '번데기무덤'혹은 '고치무덤'이라고 부르고자 하는 것은 그것이 나뭇가지 혹은 등걸에 매달린 모양이 굳이 고치를 연상하기 때문이다. 물론 안에는 아기시신이 들어 있는데, 그것을 짚으로 말아서 싼 외관이 어렵사리 고치로 보이는 것이다. 아기를 일찍 잃은 부모는 그 시신을 번데기 삼아서 짚으로 엮은 고치 속에 깃들이게 했다고 상상된다. 그로써 언젠가 제 철을 만나면 한 마리 나비로 새로이 부화할 번데기를 닮아서 아기가 재생하기를 애간장이 다 끊긴 부모가 빈 것이라고 추정하고 싶다. 이것과 웅녀의 바위굴은 같은 상징의 서로 다른 표현일 뿐이다.

또 공주에서 발굴되어서 그 숨겨진 신비가 드러난 무령왕의 능을 보기로 들 수도 있을 것이다. 능 전체의 외곽 구조가 이미 소위, '연화보주蓮花寶珠'거니와 능 안의 벽면은 또 벽면대로 온통, 연화무늬가 새겨진 벽돌로 치장되어 있다. 능이 통째로 지하의 거대한 연꽃송이다. 백제인들이 저들 왕의 능침을 만들 때 미리, 조선조의 학연화대와 심청의 연꽃을 내다보았던 것이다.

이들 보기가 보여주듯이 죽음의 통과의례는 죽음을 여지껏 한 인간이 누리지 못한 새 경지를 누리게 되는 계기로 삼는다. 이에서 죽음은 전기고 기회다. 지금껏 지켜온 것을 청산하고 그것에 결별을 고하고는 새로운 것으로 편입되고 귀속되고 하는 계기가 다름 아닌 죽음이 되도록 통과의례는 죽음을 관리해왔다. 이에서 죽음은 전환이고 통과의례는 전환의 장치다. 묵은 것과 새것의 교환이 거기서 일어난다. 통과의례가 크게 결별/편입의 이중 구조로 지탱되는 것은 바로 이 때문이다.

죽음을 계기로 해서 한 인간은 새삼스럽게 한 신참자로서 새로운 세계에 편입된다. 이 편입이 무엇에로의 편입인가를 한국 신화는 몇 가지로 서술해 보이고 있다. 그것은 편입되는 양상에 대해서도 물론 진술하고 있다.

열린 죽음을 증언했던 신화와 전설

고주몽, 단군, 박혁거세 등 상고대 왕국의 시조왕들 이외에도 탈해왕은 그 나름대로 이들과는 전혀 다른 양상의 죽음과 편입에 대해서 말하고 있다. 이들은 한결같이, 상고대 한국사회의 샤머니즘을 바탕에 깔고는 전개되는 신화 또는 신화 전설의 복합체를 통해서 그들의 죽음이 열린 죽음임에 대해서 증언한다.

가령 고구려의 창건주인 동명왕(주몽)에게서 죽음은 원천에의 귀향이다. 귀천歸天이라고도 표현될 수 있는 영원한 귀향이 그의 죽음이다. 평소에도 일정한 시기에 귀천해서 천정天政에 참여하다가는 다시금 지상으로 되돌아오곤 했다는 전설을 그는 남기고 있다. 그러니까 수시로 그가 원하거나 필요한 경우에 천지 사이의 내왕, 이를테면 '우주 여행'을 하는 권능을 향유했던 인물, 그가 곧 주몽이다. 그런 점에서 그는 부왕인 해모수의 권능을 계승한 인물이다. 이들 부자는 이를테면 무왕巫王, Shaman-king이다.

그에게서 죽음은 그가 평상시에 되풀이하곤 하던 천지 사이의 순환을 최종적으로 완결 짓는 행위였던 것이다. 하늘이 신들의 원향原鄕이라고 믿는 사람들에게서 하늘과 땅 사이에서 그려지는 거대한 우주적인 원은 그들이 누릴 수 있는 도형 가운데서도 가장 뜻있는 것이 됨은 뻔하다. 한반도며 그 북방에서 그러했듯이, 상고대인들이나 원시인들이 가장 흔하게, 또 많이 그린 도형 중의 도형인 원의 상징성의 하나가 여기서 유추될 수 있을 것이다. 그것은 가장 완벽한 것, 신들의 영역과 인간의 영역, 차안과 피안, 찰나적인 시간과 영원한 시간 사이를 서로 교류시키는 동력 그 자체로서 매우 높은 상징성을 가진 것으로서 이해될 수 있다.

그것은 상고대 왕국의 온갖 정치사회적 체제에서부터 이념이며 행위 규범에까지 이르도록 결정적인 전범 노릇을 다했을 것이다. 신령/인간, 권능/무력, 지배/순종, 남/녀, 무한/제약, 신성/세속 사이에서 그 순환의 도형은 힘을 끼쳤던 것이다. 그 도형은 우주를 공간적으로나 또는 지리적으로만이 아니고 시간적으로도 또한 이념적으로도 총괄한 셈이다. 도덕이며 윤리, 그리고 풍요와 질서, 의미와 가치 등도 물론 그 도형 안에서 유추될 성질의 것이었다.

우주나무며 기둥 또는 세계나무며 기둥, 그리고 우주산 또는 세계산이라는 등가물들을 옆에 두고 이 순환의 원형은 더 한층 힘을 늘릴 수도 있었다. 환웅의 하늘내림과 관련된 태백산과 신단수가 무엇보다 이에 대해서 증언한다. 신단수 아래에 터전을 잡고 열린 '신시神市'는 순환의 도형이 전제되고서야 비로소 그 구실이며 의미가 구현된다. 그곳은 순환하는 원의 지상의 시발점이다.

동북아시아 샤머니즘에서 '우주 여행'은 샤면의 특별난, 샤면 특유의 종교적 권능이다. 오로지 샤면만이 공동체 주민, 전체를 젖혀놓고는 우주 여행을 감행한다. 샤면 후보자는 그의 입사식에서 이 여행을 실행함으로써 비로소 샤면의 자격을 얻게 된다. 샤면은 무엇보다 천지 사이의 영매靈媒이기를 기대했기 때문이다. 그에 의해서 우주는 비로소 일관된 연계를 가진 공간이 되었다. 시간도 마찬가지였다. 과거와 미래를 현재와 한 줄로 이어주는 것도 샤면의 권능이었다. 삶과 죽음이 또한 연속선상에 위치하게 되는 것은 말할 나위도 없지만, 그는 우주적으로는 기둥이거나 궤적이었고 시간적으로는 매듭이었다. 이 모든 것이 그를 영매라고 부르게 한 것이다. 그는 모든 것의 매개요 매체다. 정보 교환과 정보 전달에서 그에게는 정보가치며 정보량이 집중되다시피 했다. 그는 지상과 우주 두 영역에 걸쳐서 삶의 세계와 죽음의 세계, 물리적 공간과 영적 공간에 걸쳐서, 어느 차원에서나 정보원情報員이자 정보원情報源이었다. 영매라는 호칭에는 이 모든 것이 포섭된다. 그의 굿, 곧 '샤머나이징'은 정보의 수집이고 정보의 확산이기도 했다. 그럴 경우, 그는 그의 오관과 직관, 그리고 무엇보다 이크스타지를 활용했다. 그는 '안테나'요 '네트워크'요 '칩'이었다.

메멘토 모리, 죽음을 기억하라

상고대 왕국에서 적어도 그 초기 왕자들은 그 왕권과 '샤먼십'을 겸전하고 있었다. 혁거세왕과 수로왕, 그리고 동명왕과 유리왕이 그러했다. 이들은 모두 소위, '샤먼 킹', 곧 '무왕巫王'이다. 그들은 현실을 정치적으로 또 종교적으로 지배하는 통치자였다. 신라의 왕관은 무엇보다 이 점에 대해서 증언한다. 그 관은 그것을 머리에 인 왕의 왕권이 하늘과 지상, 그리고 지하에 두루 미치는 권능이었음을 도형으로 구현한 것이다.

　그 같은 권능에 의지해서 상고대 왕들은 샤먼의 구실을 겸해서 누릴 수 있었던 만큼, 우주 여행의 특전을 누리는 것은 당연하다. 또한 이들 하늘을 나는 왕들에게서 그들 죽음이 귀천이요 생명의 근원에의 귀향이요 더 나아가서 신령의 영역에의 환고향인 것은 또 한 번 당연하다. 한국과 중국에서 귀신은 신과 등가의 개념이지만 이 경우, '귀鬼'는 '귀歸'라고 했다. 죽어서 마땅히 돌아갈 곳으로 되돌아간 것이 귀요 귀신이다. 죽은 이의 영은 귀신이 된다는 속신은 한국인의 제사에서 지금도 지켜지고 있다. 한국인에게 돌아가신 조상은 누구나 귀신이다. 죽음을 별리 또는 단절이나 격리로써 겪고 난 다음, 한 인간은, 정확하게는 한 인간의 영은 귀신으로 편입되는 것이다. 이상적으로는 귀천과 편입은 같은 뜻이다. 그 결과, 한 인간의 죽음은 하늘로 향해서 열리게 되었다. 그것은 아울러서 삶 또한 하늘을 향해 열려 있음을 의미한다.

우리들은 동명왕의 우주 여행의 의미에 겹쳐서 그의 죽음의 의미를 확인하게 된다. 별리며 단절에 겹쳐진 편입이 있는 죽음의 통과의례뿐만 아니라, 이와 병행된 구조를 지닌 어떤 서사체를 확인도 하게 된다. 우리나라의 경우, 어느 곳에서나 마찬가지로 한 특정 지방의 문화사회적인 그래서 인문적 지리지이기도 한 『평양지』에서는 동명왕의 우주 여행의 또 다른 구체적인 상모에 접하게 된다. 즉 그는 말을 타고는 대동강변의 절승지의 하나인 부벽루 아래 굴로 들어가서는 강중의 모래톱에 다시금 그의 모습을 드러내되, 그곳을 기지로 삼아서 말에 탄 채 승천하곤 했다고 그 문헌은 전해주고 있다.

이것은 고구려의 '나라굿'이기도 한 동맹굿에서는 굴 속에 모셔진, '굴서낭'이라고 호칭할 만한 신령이 모셔져 있었음을 연상케 한다. 부벽루 아래의 굴 안에 들어갔다가 일정 시간이 경유된 다음, 다시금 모습을 굴 바깥으로 드러내었을 때, 고주몽은 '나라서낭' 그 자체로서 현신했던 것이라고 추리된다. 이 신성 현시, 곧 '히에로파니'가 신령의 재생으로 통할 것은 말할 나위 없는 일이거니와 그때 굴서낭은 하늘 내왕을 한 것이라고 한다면, 고주몽의 우주 여행의 전체 역정이며 궤적이 총체적으로 그려지게 될 것이다. 이 경우, 입굴과 출굴은 각각 죽음에 겹친 격리, 그리고 재생에 겹친, 재편입을 상징할 것임을 간과하지 말아야 할 것이다. 그것은

메멘토 모리, 죽음을 기억하라

여기서도 웅녀의 경우와 다를 바 없이, 삶과 삶 사이에 죽음이 다소곳하게 자리하고 있음을 확인케 해주고 있다. 좀 얘기가 엇나가는 것 같지만, 스필버그 감독의 영화, 〈인디아나 존스〉의 '레이더스' 편에서 주인공들이 땅 밑의 굴 속에서 모험을 겪고는 드디어 바깥세계로 살아나오는, 그 극적 장면을 연상함으로써, 까마득한 태초의 신화가 오늘에 재현된 실상을 말할 수 있게 될 것이다.

죽음이라는 전역轉役

온전한 죽음은 온전한 삶

죽음이란 것은 이 경지에서는 또 다른 새것과 묵은 것의 교환이고 교체다. 죽음 자체가 교환이다. 그것은 일종의 전역이다. 삶과 죽음을 격절 없이 통틀어 하나로 엮음하고 있는 섭리, 그것이야말로 이들의 경우의 한 차원 높은 생이요 생명이다. 죽음과 갈라져 있지 않은 삶의 '전체성', 그것은 우리 시대의 초절의 시인, 릴케의 꿈이다. 명실공히 당대의 시성詩聖은 그의 최후의 양대 장편의 시 작품에서 그것을 형상화하려고 들었다. 그리고 그것은 「딸을 여읜 한 어머니에게 주는 편지」에 이들 두 작품과는 달리 쉽고도 타이르는 듯한 문체에 담겨져 있다. 이 탁월한 시인에게서 그의 '포에토피아' 이기도 할 '순수공간'은 종국적으로 이 '온전한 죽음'과 같은 뜻인, '온전한 삶'에서 찾아진 것이다.

"릴케다운 의미로 해석이란 '서정적 총체'가 존립하

는 그곳에까지 다다라야 한다. 그곳은 수많은 경험과 삶의 현실과 신비로운 예감과 아니면 온갖 시적 창조의 선례 등, 이 모든 것이 하나의 시, 하나의 형상, 그리고 이들의 결과로 주어질 하나의 비교 속에 한 덩치로 수렴되는 곳이다.”

하인리히 크로이츠에 의해서 풀이되어 있는 바로 그 '서정적 총체die Lyrische Summen'는 어느 의미에서는 죽음의 총체성으로 귀결될 성질의 것일 수도 있을 것 같다.

> 노래는 그대 일러주었듯이, 욕망은 아닌 것,
> 끝내 손에 넣고야 말 무엇인가를 뒤쫓는 일도 아
> 닌 것,
> 노래는 존재다. 그건 신으로서는 쉬운 것.
> 한데 우리들은 언제 존재한단 말인가? 그리곤
> 그는 언제가 되면
> 우리들 존재에 바탕을 두고서 지구며 별들을 변
> 용시킨단 말인가?
> (「오르페우스에게 부치는 소네트」, 제3 노래에서)

이같이 시적인 존재의 끝에서 '지구며 별들을 모두 변용시킨' 끝에 자리한 것이 다름 아닌 오르페우스, 바로 그 노래꾼이다.

오르페우스는 미지未知와 지, 보이는 것과 안 보이는 것, 존재와 부존不存의 노래꾼이다. 오르페우스는 릴케의 상상 속에서 그 모든 대립을 하나로 용해시킬 수 있는 존재고, 그 궁극에 가서는 필경 인간들의 최종적 관심거리여야 할, 삶과 죽음의 문제를 묻는 존재다.

비록 표현이나 형태는 달라진다 해도 열린 죽음은 한국 상고대사회에서는 차라리 보편성 있는 주제다. 이미 지적된 바와 같이 고주몽은 그의 부왕 해모수에게서 우주 여행의 권능을 계승했거니와 그는 다시금 그의 아들에게로 그것을 승계시킨다. 부여-고구려 왕계는 앞뒤, 3대에 걸쳐서 하늘날기를 그들 삶의 중요한 전기로 삼고 있다. 해모수는 용거龍車를 타고는 비행을 하고 있고, 주몽은 인마麟馬를 타고서 역시 비행을 하고 있다. 이같이 제1대와 제2대는 '우주동물의 비행'을 행하는데, 제3대는 좀 다른 방식으로 그것을 행하고 있다.

고구려 제2대 왕, 유리는 그의 태자 책봉을 전제로 한 통과의례에서 특별난 우주 여행의 주지를 실천해 보이고 있다. 즉 그는 신이로움을 보이라는 부왕의 요구를 받아들여서, 그 즉시 나무창틀을 타고는 태양에 맞닿기까지 날아올랐다가 다시금 지상으로 되돌아오는 이적을 보이게 되는데, 이것이 태자로 책봉되는 최후이자 결정적 시련이 된다. 이것은 시베리아 원주민 샤머니즘에서, 특히 그 성무식成巫式에서 잘 알려진 이른바, '높이뛰기'의 주지에 정확하게 대응된다. 이것은 유리왕의 죽음 역시 귀천으로 귀결될 가능성에 대해서 추정케 해줄 것이다.

이들 부여-고구려 왕계에 비해서 신라의 혁거세는 그의 죽음에 즈음해서 상당히 어려운 수수께끼를 남기고 있다. 상고대 왕들의 죽음 가운데 가장 큰 미스터리를 남겼다고 해도 지나침은 없다. 그는 죽고 난 다음 시신이 하늘로 일단 떠오르는 대목까지에서는 북방의 왕들과 마찬가지로 귀천의 죽음을 겪고 있는 듯이 보이게 된다. 그러나 그의 시신은 이내 지상으로 낙하하되, 시신이 다섯 토막으로 나뉜 채 낙하한다. 이 대목만 해도 충분히 기괴한데 다음에서 일은 더한층 미묘해진다. 즉 사람들이 산락한 시신을 거두어서 한 곳에 묻자고 하는 것을 큰 뱀이 나타나서 훼방을 놓은 탓에 이들은 피치 못하게 시신 다섯 토막을 따로따로 수습하고는 능 이름을 '오능' 또는 '사능蛇陵'이라고 했다는 것이다.

당혹스럽고도 난해한 대목이다. 적어도 한 왕국에서 왕의 죽음, 그것도 시조왕의 죽음을 왜 이토록 변란스러운 일이었다고 말하는 것일까? 통탄스럽고 고통스러운 것이었다고 말하고도 있는 것일까? 아니면 신라 초기에 이를테면 '분신장分身葬' 혹은 '단신장斷身葬'이라고 이름 붙일 수밖에 없는 매장방식이라도 있었던 것일까? 그러나 『삼국유사』는 이 대목에서 분명히 사람들이 시신을 하나로 모두어서 묻으려 들었음을 보여준다.

일찍이 서울대학교 의과대학 정신신경과의 이부영 교수는 이 대목이 다름 아니고 시베리아 샤먼이 그들 성무식에서 그들의 영혼이 탈신하는 사이에 겪어야 했던 육신의 분단과 그 재수습 과정에 대비시킨 바 있거니와, 필자도 이에 전적으로 동조하고자 한다. 샤먼의 영혼이 우주 여행을 하는 사이에 그의 육신이 뼈 마디마디까지 산산조각조각으로 토막이 났다가 그의 영혼의 귀환과 입신入身에 즈음해서 새로이 재통합되는 절차야말로 성무식의 가장 중요한 궤적이다. 이것은 성무, 곧 무당됨이 육신을 쇄신함을 의미하는 것이지만 이는 말할 것도 없이 성무식의 재생 주지에 대해서도 말하고 있다.

  그렇다면, 혁거세의 분단된 시신의 재수습의 실패는 어떻게, 무엇으로 해석되어야 하는 것일까? 그야 말할 것도 없이 탈신혼의 입신하기의 실패에 따른 죽음이다. 하늘로 올라갔던 탈신혼이 되돌아와서는 육신 안으로 다시금 돌아가야 한다. 그로써 성무식 절차인 우주 여행은 마무리된다. 돌아온 영혼에게 몸은 깃들일 집이고 육신에게는 영혼이 생명의 불이다. 그 영혼과 육신의 재통합이 성취되지 않음으로 해서 육신은 회생불능에 빠지고 영혼은 그의 원천인 하늘로 귀속해야 한다. 상고대 시베리아의 샤먼이나 한국의 무당들에게 그리고 무왕들에게 있어서 죽음은 육신으로서는 재수습의 불능이고, 영혼으로서는 복귀할 둥지의 상실로서 관념되었던 것이라 추정된다. 만약 여기에서 영혼의 귀천에 수반된 육신의 폐기가 곧 혁거세의 죽음이었다고 하는 가정이 용납된다면, 영혼의 독자성과 그 영원성, 그리고 절대성 등이 더불어서 추정될 수 있을 것이다. 죽음

메멘토 모리, 죽음을 기억하라

은 그만큼 더 크고 넓게 열리게 된다.

주몽이나 혁거세와는 다른 또 다른 열린 죽음의 사례를 보여주었다는 점에서 탈해왕의 죽음은 따로 관심을 끌기에 족하다. 그에게서는 '중장제重葬制'라고 호칭될 장의 절차가 보여지기 때문이다. 탈해는 일단 그의 죽음에 임해서 시신이 소천의 언덕에 묻힌다. 그러나 뒤에 그는 스스로 신소神昭, 곧 신의 지시를 내려서는 '나의 뼈를 삼가 매장하라'고 한다. 이에 따라서 소천의 언덕을 파자, 뼈가 드러나되, 그 촉루, 곧 머리뼈의 둘레가 석 자 두 치고 신골身骨의 길이가 아홉 자 일곱 치이고 치아는 엉겨서 한 덩치 같았고 뼈마디는 모두 연쇄連鎖되었다고 기록되어 있다.

중장제, 육신의 영혼의 임시 거처

이 『삼국유사』의 기록은 시신 전체를 대상으로 하는 일차적 매장과 그 뒤 일정 기간이 지난 뒤에 수습한 뼈를 대상으로 하는 이차적 매장이 있었음을 보여준다. 가령 그것을 각각 '신장身葬'과 '골장骨葬'이라고 한다면, 전자는 일종의 가매장이고, 후자는 본격장이라고 불러서 구별할 수 있을 것이다. 이를 물론 가장假葬 및 본장本葬이라고 부를 수도 있을 것이다. 이 중장에는 육신/뼈의 이원론적 대립이 내재해 있다. 이 대립은 임시/지속, 변화/불변, 부패/보존 등에 걸친 이분법 이외에 영혼을 위한 '가거假據'와 '본거本據'라는 몇 층에 걸친 이원론을 내포한다.

육신은 어디까지나 영혼을 위한 임시 집이다. 이에 비해서 뼈는 장존長存할 집이다. 일부의 종교적 관념을 원용하자면 육신이 영혼의 영어囹圄가 되기도 하는 것도 육신이 가우假寓라는 생각과 무관할 수는 없을 것이다. 혹은 가우이기 때문에 영어라는 관념이 더 한층 강화될 수 있기도 할 것이다. 여기 더해서 육신은 언젠가는 버려야 할 것이라는 관념 또한 촉발될 것인데, 그것이 육신의 사후의 변색이며 부란腐爛, 그리고 그 악취로 말미암아서 더 한층 격화될 것이다. 사실 인간이 죽음에 대해서 갖게 되는 공포심이며 부정不淨감의 물리적 동기가 바로 이 부란과 악취에 있음은 지금껏 여러 경우에 여러 논자들에 의해서 이미 지적되어왔다.

바로 이에서 중장제가 생겨날 수 있다. 시신에서 되도록 빨리 살이 떨어지게 하고는 뼈만을 따로 수습해서 매장할 필요가 생기기 때문이다. 이리하여 육신을 위한 가장과 뼈를 위한 본장이 따로 마련되는 것이다. 영혼에게 그 본거인 뼈만을 부여하고자 든 것이다. 한국인이 전통적으로 관습처럼 '뼈를 묻는다'고 말해온 것은 이에서 비롯한 것이라는 추정은 무리 없이 세워볼 수 있을 것이다. 뼈만이 묻힌 무덤은 영혼의 집이다.

『삼국지 동이전』의 「동옥조전」과 「수서隋書」, 「고구려전」

에 각기 이 같은 중장제가 기록되어 있는 이외에 북방식 지석묘의 형태가 중장제에 알맞게 되어 있다는 지적도 이미 나와 있을 정도다. 뿐만 아니다. 적어도 외분, 고름장, 세골장 등의 이름으로 호칭되기도 하는 초분의 전부는 아니라 해도 적어도 그 일부는 중장제의 가장에 해당된다고 판단되어 있는 것까지 고려한다면, 중장제는 근대에 오기까지 비교적 보편도가 큰 것이었다고 생각된다. 이들 여러 가지 형태의 중장제는 모두 영혼에게 본거를 제공함으로써 죽음으로 하여금 열린 것이 되게 한 것이다.

탈해왕의 경우, 그의 중장은 뼈를 빻아서 다시 사람 모양을 갖춘 소상塑像으로 모셔지는 결과를 빚었다. 이것이 가령, 시베리아 원주민 사이에 보편화되어 있는 저 이름난, '온곤'이란 신상神像과 쉽게 대비될 것은 말할 나위도 없지만, 그 가운데서도 특히 골드족의 보기에서처럼, 사후에 종족의 수호신으로 모셔진 '아이아미 aiami'라는 샤먼의 온곤이 탈해왕의 신라적인 '온곤'인 소상과 보다 더 가깝게 비교될 수 있을 것이다. 중장을 거치고 소상이 되어서 남은 탈해왕은 처음에는 그 자신의 공수(신탁)대로 궁궐 안에 안치되었다가 뒤에는 역시 그의 공수를 좇아서 동악, 곧 토함산에 모셔진다. 드디어 그는 산신이 되어서 신라를 지킨 것이다.

한데 탈해왕은 외지에서 온 이방인으로서 왕위에 오르는 그 어려운 과정에서 궤계詭計가 주가 된 남들과의 경합이라는 시련을 겪는데, 물론 이것은 취임식이라는 통과의례의 우회적인 이야기거나 아니면 통과의례 절차에 간접적으로 대비될 이야기일 것이다. 그는 이에 앞서서 마치 통과의례의 일부 절차이기나 하듯이 토함산에 올라가 일주일 동안, 그가 만든 석총, 곧 돌무지 속에 머물렀다고 기록되어 있다.

이것은 그가 그의 고국인 '용성국'을 떠난 뒤, 신라에 비로소 당도한 바로 그 시점에서 행해진 것이라서 이방인의 신라 땅에의 귀속, 혹은 신라인으로서의 재생을 기한 것이라는 해석이 가능하다. 웅녀의 입굴의 의미와 같은 것이지만, 이로써 탈해는 열린 죽음을 두 번씩이나 겪은 것으로 추리될 수 있을 것이다. 이 경우, 제주인들이 신라에 처음 복속했을 때, 그들이 신라왕의 벌린 두 다리 사이를 포복匍匐함으로써 신라인으로 재생하고 또 신라에 편입되는 절차를 밟고 있음을 참조할 수 있을 것이다.

이들 상고대 왕들의 기록, 그리고 그들이 등장하는 신화에서 만나게 되는 어느 보기에서나, 이를테면, 우주 여행에서나 입굴에서나 혹은 중장제에서나 하나같이 우리들은 열린 죽음을 목격하게 된다. 변화이거나 전환의 계기인 죽음, 그래서 새로운 미래가 비로소 열리게 되는 죽음을 비교적 많이 목도할 수 있었다. 거기서는 혹은 새로운 삶이 열리고 혹은 새로운 신분 또는 처지가 열려져 있었다. 능히 뱀의 허물 벗기나 선탈蟬脫에 견주어도 좋을 구각舊殼 벗기인 죽음이 거기 있었다.

고주몽의 경우라면 그 죽음은 그의 부왕이 천강天降하기 이전에 견지하던 천신天神으로서의 신격을 회복하는 일이었고, 탈해의 경우도 역시 그의 죽음은 신상神像으로 구체화될 계기였던 것이다. 특히 고주몽의 우주여행은 한 인간의 죽음으로 천지개벽 뒤의 천지의 분리를 초극하고 그 사이에 연계가 개벽신화가 생기기 이전의, 이를테면 역사가 있기 이전의 태초의 태초처럼 회복되는 것을 의미한다.

죽음이 편입될 내일의 시공이 사라지다

이렇게 죽음이 신격화하는 계기로 받아들여진 것은 상고대와 별로 큰 차이 없이 조선조의 상장례에 인계된 것이다. 돌아간 조상에게는 누구할 것 없이 집안 차원의 혹은 가족 차원의 '신위神位'가 주어진 것은 누구나 익히 알고 있다. 조선조에서부터 근대에까지 이어진 상장례는 그 절차 전체를 가시적으로 보았을 때, 필경 죽은 이를 인간 존재에서 격리해서 신위에 편입시키는 엄중한 그리고 숙연한 통과의례였던 것이다.

돌아간 이들은 신위에 오르면서 산 자들과의 연계는 계속 지키는 것으로 믿어졌다. '감응感應' 또는 '음덕蔭德'이란 바로 그 연계를 달리 이르는 말이다. 죽음은 삶의 연장선상에서 상정될 수 있었던 것이다. 존재의 양상 혹은 차원은 다르되, 연계가 지켜진 삶과 죽음의 사이에는 사다리 같은 것이 개재해 있는 것으로 비유적인 묘사를 할 수도 있을 것이다. 죽음은 삶보다 한 단계, 위에 자리하는 것으로 상정되어왔기 때문이다.

이제 당장 오늘의 우리들은 죽음을 다만 산 자들에게서의 절단, 격리로서만 처치하는 간단한 절차를 상례라고 부르고 있다. 죽음은 새로이 편입될 내일의 시공을 박탈당하고 말았다. 죽음은 오직 끝일 뿐이다. 덩달아서 죽음이 삶과 연계되는 것이 거부되었다. 가령 영혼이 안 믿어지는 상황에서 화장은 다만 소각일 뿐이다. 지우는 일이고 없애는 일이다. 죽음은 산 자들에 의해서 그 미래를 약탈당했다. 현실과의 연계의 고리며 끈도 절단당했다.

그리하여 오늘날 죽음은 봉쇄당하거나 거세당하고 또한 고립화되고 말았다. 순수하게 물리적, 물질적인 것으로 화한 지도 이미 오래다. 그것은 천대의 역을 넘어서 학대요 '어뷰즈'이기도 하다. 아동 학대나 성적인 대상의 학대, 그리고 이민족의 학대 및 이종교의 학대와 나란히 놓일 현대인의 학대 중 하나가 바로 죽은 이를 대하는 산 자들의 태도다.

그로써, 산 자들은 스스로는 적어도 죽음에서 영원히 면죄되어 있거나 면책되어 있는 듯한 착각을 즐기는 것이다. 배제와 억압과 학대가 유일하게 죽음과 자신들 사이에 무한 거리를 두게 될 전략인 것으로 지레짐작하는 것이기도 하다. 그 모든 죽음의 처치 혹은 처리는 죽음에서 독자성을 뺏고 몰가치한 것이 되게 강요했고, 드디어는 역사성을 박탈한 것이다. 오늘날 인간의 죽음은 이 막다른 골목 끝에 추방되어 있다.

죽음은 적어도 한때, 인간에게 주어진, 그리고 인간이 스스로 실천할 수 있는 가장 전형적인 승화 바로 그것이었다. 승화 자체거나 아니면 하다 못해 승화의 계기 노릇은 해낸 것이 다름 아닌 죽음이었다. 그래서 상례는 '승화의 의례'를 겸한 것이다. 상장례가 통과의례였을 때, 그 '통과'는 승화와 동의어였던 것이다. 에로스가 승화되면서 사회를 활성화하고 문화를 창조할 수 있었다고 본 것은 다름 아닌 프로이트다. 충동이, 격정이, 누르기 겨운 욕망이 창조의 기연機緣이 되는 것이 승화라면 미학도 문화론도 그 안방에 승화를 모셔두어야 했던 것이다. 그래서 죽음이 승화가 된다면, 죽음은 미학적이고 종교적인 속성을 함께 갖추게 된다.

그렇듯이 죽음은 또 죽음대로 승화의 미학과 종교론과 문화론을 예비할 수 있었던 것이다. 그것이 인간이 죽지 않을 수 없는 가장 큰 이유로 간주되기도 하였다. 피치 못해 끌려들어가서 포로의 죽음을 죽는 것이 아니라 스스로 죽을 수 있는, 그리고 스스로 죽어야 하는, 선택과 자유의 죽음을 인간은 죽을 수 있어야 했던 것이다. 그것은 삶의 당연한 열매로서의 죽음, 삶이 스스로 빚어내고 조형해내는 죽음, 달리는 아니고 오직 삶의 함수로서 만들어지는 죽음이라는 관념을 일구어낼 수 있었던 것이다.

예술과 문화를 두고서 논란되면서, 마침내 이상화와 등가의 것이 될 수 있는 프로이트의 승화는 그럼으로써 '성공한 승화'가 되기도 하는 것이지만, 이 성공한 승화를 굳이 에로스에만 묶어둘 일은 아니다. 인간들은 과거 아주 긴 기간에 걸쳐서 인간 죽음이 욕망, 충동, 그리고 파괴, 상실 등에 구속되어 있는 육체를 지양하고는 그것이 사회적으로나 문화적으로나 긍정적이고 가치 있는 정신적 상태와 대체되기를 기도해온 것이다. 이것을 부인해서는 안 된다.

위에서 신화에서부터 상고대를 거쳐서 중세기 및 근대까지 살펴진 죽음의 통과의례는 필경, 열림과 연계를, 그리고 나아가서는 승화를 기도하고 있었던 것이라고 관찰될 수도 있다.

그러나 오늘날 죽음과 대체되거나 교환될 것은 아무것도 없다. 상징성도 없다. 뒤도 속도 심지어 시신 이외의 어떤 객관적 지시물도 없는 허구인 기호로 죽음은 우리 앞에서 지워져가고 있다. 통과의례가 못 되고 다만 종지의 처리일 뿐인 그 상례에서 모든 것이 종결되고 아니 소실消失되고 나면 남는 것은 무, 없음. 그것 하나뿐이다.

오늘 우리들은 그런 죽음을 죽어가고 있다. 죽음마저 박탈당하고 만 것이다. 죽음이 없는 죽음, 그것이 우리에게 남겨진 죽음이다.

4부

죽음의 문화적 · 신화적 형상

우리는 우리의 온 삶을 통틀어 부딪쳐보기 전에는 운명을 알 수 없다. 우리는 운명이란 놈의 복면을 벗기기 위해서라도 그 녀석을 향해 돌진해야 한다. 내던져져 있는 존재이면서도 나 스스로를 내던져보는 존재이기도 한 인간 존재의 비결은 죽음을 두고 한결 더 치열해진다.

모르는 체 눈감음으로써 아예 죽음이 없는 듯이 사는 길이다. 이것은 죽음 앞에서 눈 가리고 아웅하는 것이다. 머리만 틀어박고 죽음에게서 숨으려 하는 것이다. 아니면 제 눈만 감고 죽음은 없노라고 하는 것이다.

죽음을 못 본 체하기 위해 현실적인 일에 정열적으로 몰두할 때가 있다. 그 몰두로 이루어지는 삶이 있다. 그러나 이 정열은 공포 위에서 있고 불안을 딛고 서 있기에 오열에 지나지 않는다. 그런 것을 정열이라 부를 수는 없다. 이 오열로 살아가는 삶이 적지 않을 것이다. 이 오열의 일로 삶을 살아갈 때 불행히도 인생은 도피의 자리일 뿐이다.

죽음이 떠나감이나 나그네길이 아니라 돌아감이라는 것을 '바리데기'는 말해주고 있다. 생명의 꽃이 피고 목숨의 물이 샘솟는 곳이 저승이다. 그곳은 모든 생명 있는 것의 원천이고 본향이다. 거기로 가는 것이 되돌아감이고 복귀, 혹은 원천源川 회귀回歸가 아니라면 말이 안 된다. 그것은 그러나 불행히도 외래 종교가 들어오면서 오늘 우리들이 놓쳐버린 죽음이다. 우리의 '돌아가는 죽음', '복귀하는 죽음'은 외세의 '떠나가는 죽음'에 떠밀려서 죽고 말았다.

인간은 한계 앞에서 비로소 인간다워진다. 인간은 좌절의 덫에 걸려서 흘리는 동통疼痛의 피를 머금고 자라는 꽃이다. 인간은 자신이 고양이에게 쫓겨 막다른 골목에 다다른 쥐라는 의식을 더불어 스스로에 눈뜬다. 한계와 좌절, 그리고 극한은 인간 존재를 비쳐내는 거울이다. 자유혼은 그 거울에 의해서야 비로소 모습이 드러난 인간의 존재성이다.

지는 잎이 뿌리로 돌아가듯이

죽음을 앞지르는 삶

살아가는 과정이 죽어가는 과정이기도 하다는 것은 의심할 여지가 없다. "사람들은 살기 위해서 파리로 와서는 죽어가고 있다"고 릴케가 말테의 입을 빌려 이같이 얘기한 것은 바로 이 때문이다. 그러나 인간은 단순한 '죽음에의 존재'가 아니다. '죽음에의 존재'임을 자각하는 존재다.

자신의 삶의 징후 구석구석에서 인간은 죽음을 보는 눈을 가지고 있다. 수태한 여인의 몸매에 깃들인 죽음을 보는 눈은 말테만의 것이 아니다. 맥박소리에서 스스로의 무덤을 파는 삽소리를 들은 것은 딜런 토머스가 지나치게 예민했기 때문만은 아니다. 맥박이 뛰는 소리에 어울려서 들려오는 죽음의 발자국소리. 그 소리를 들을 수 있는 것이 바로 인간의 귀다.

인간은 자신의 종말인 죽음을 지레 넘겨다본다. 종말에 서 있는 자신을 미리 넘겨다본다. 죽음이 내게 주어져 있는 것은 틀림없는 사실이다. 그러기에 죽음은 내게 내던져져 있다. 그러나 우리 인간은 그것을 내던져진 상태, 주어진 상태대로 내버려두지는 않는다. 그것이 내게 오기 전에 미리 내다본다. 나는 그것을 앞지른다. 삶은 죽음을 앞질러서 비로소 삶이다.

미래를 꿈꾼다는 것은 장차의 어느 순간에 나를 미리 세워놓고 본다는 뜻이다. 미래의 나를 앞질러 본다는 뜻이다. 이래서 인간은 늘 앞지르는 존재다. 추월하는 존재가 다름 아닌 인간 존재다. 앞지르는 것은 내가 나를 미래에 미리 내던지는 것을 의미한다. 이 세상에 주어져 있는 존재, 내던져져 있는 존재인 나는 그러면서도 나를 끊임없이 내던지며 살고 있다. 꿈꾼다는 것은 나를 미래를 향해 내던짐이다. 이 내던짐으로 인간은 자신을 계획하고 자신을 경영하는 주체성 있는 존재로 화하게 된다. 이래서 인간은 어느 때고 오직 미래다.

누군가에 의해 내던져진 주사위 때문에만 내가 존재하는 것이 아니다. 내가 내던지는 주사위 때문에도 나는 존재하는 것이다. 그는 비록 아무리 잘 짜여진 것이라 해도 미리 엮어놓은 드라마의 주인공으로 그칠 수는 없다. 그는 이제부터 그의 드라마를 연출하기도 한다. 그는 배우이기만 한 게 아니다. 그는 스스로 연출하는 창조가다.

운명의 힘이 일반적으로 우세할 것으로 알려진 희랍 비극에서도 주인공은 이 내던져지고 또 내던지는 인간

메멘토 모리, 죽음을 기억하라

존재의 이중 구조를 잘 보여주고 있다. 미리 짜여진 자신의 삶의 플롯을 그는 최종적 파국에서 스스로 엮어냄으로써 마무리짓는다. 오이디푸스의 파국이 무엇보다 그것에 대해 증언하고 있다. 오이디푸스가 주어진 운명의 사슬에서 벗어나고자 발버둥치지 않았으면 운명의 사슬은 전혀 무력할 뻔했던 것이다. 운명은 숙명과 결단으로 엮어진다.

가령 오이디푸스가 신탁神託을 받아들이고 그것과 싸우지 않았다면, 신탁은 허탁虛託이 되고 말았을 것이다. 그가 운명과 대결하고자 아니했더라면 운명은 '바보 이반'의 나라에 쳐들어간 침략군 같은 몰골을 하고 말았을 것이다. 그에게 내던져진 운명의 종말을 지레 넘겨다보고 스스로 계획한 자신의 저항이 결정적인 운명의 신이었던 것이다.

아주 엄숙하게, 지엄하도록 단호하게 내게 주어진 듯한 운명도 내가 그것과 주고받지 않는 한, 나를 향해 어떻게도 할 수 없는 것이다. 내가 그것에 작용을 가하지 않고 마련되는 그 따위 운명은 존재하지 않는다는 사실을 오이디푸스의 비극은 보여주고 있다. 운명이 일방적으로 나를 짓누르는 그런 싸움은 없다.

내가 능동적으로 작용을 가하지 않으면 운명은 아주 무력한 강아지에 지나지 않는다. 운명이 늘 강한 체하는 것은 내가 싸움을 걸어주기 때문이다. 내가 싸움을 걸지 않으면 운명은 비겁한 개처럼 꼬리를 말고는 비실

거릴 것이다. 내게 내던져지는 것만으로 운명이 내 것이 되지는 않는다.

　내던져져 있는 것을 향해 내가 나를 내던지는 그 행위 속에서 비로소 운명은 제 구실을 한다. 주어져 있는 내 운명에 내가 나를 맞부딪칠 때라야 운명은 비로소 쟁그랑거리며 제 몫의 소리를 낸다.

　우리는 우리의 온 삶을 통틀어 부딪쳐보기 전에는 운명을 알 수 없다. 우리는 운명이란 놈의 복면을 벗기기 위해서라도 그 녀석을 향해 돌진해야 한다. 내던져져 있는 존재이면서도 나 스스로를 내던져보는 존재이기도 한 인간 존재의 비결은 죽음을 두고 한결 더 치열해진다.

　이렇고 그렇게 존재하게 내던져져 있는 내가 미래를 향해 나를 내던져볼 때, 미래의 어느 순간에 있을 나를 지레 넘겨다볼 때, 나는 앞날에 있어 보다 더 큰 빛에 싸인 나를 그려보는 것이다. 그것은 자유로운 계획이다. 그것은 탄력과 긴장에 넘친 비약적인 투사다. 투사를 'projection'이라 할 때 'pro'란 '미리' 또는 '지레'란 뜻을 지니고 있다. 미리 어떤 형상을 그려보는 것이 투사다. 지금 당장 있지도 않은 것의 모습을 그려보는 것이다.

　그런데 이 비약하는 투사의 빛 속에 떠오르는 마지막 실재가 바로 죽음이다. 여기 투영의 자기 모순이 있다. 비약하고 발전하던 자유로운 투영은 단절하고 좌절하는 한계를 내비치면서 마무리된다. 그것은 투영의 낙조다. 우울한 투영의 저녁노을이다. 보다 더 커가는 빛에 싸인 나를 보아가던 투영이 이제 나를 어둠에 묻는 것이다. 미래를 향한 자유로운 나의 계획은 뜻밖에 무덤을 파는 삽질이었던 것이다. 이 투영으로 삶은 그 '아이러니'를 드러낸다. 투영 속에서 삶의 불안은 이제 결정적인 것이 되고 만다. 삶은 드디어 거짓을 벗고 그 정체를 노출한다. 빛에 빛을 갱신하며 앞으로 치닫던 삶이 결국 어둠의 가조형假造形에 지나지 않았음을 알게 된다.

빛이 몇 번인가 허물을 벗는 사이, 빛이 점점 더하여가는 것도 사실이리라. 하지만 그 빛의 선탈蟬脫이 드디어는 어둠을 낳게 됨을 알게 되리라. 빛의 갱신은 어둠을 잉태한다.

죽음을 예성豫省할 때 죽음조차 살게 된다

이 어둠의 정체, 불안이라는 정체 앞에서 이제 삶의 의미는 되물어져야 한다. 그리고 그 의미를 따라 삶은 재편再編되어야 한다. 적어도 정체가 드러나기 이전과 마찬가지로는 살 수 없기 때문이다. 죽음이 종말이 아니라는 것은 이 재편에서 유래하는 것이다. 죽음이 삶의 새로운 시작을 촉구하기 때문이다.

종말로서 죽음을 삶의 재편으로 전환하는 것, 그것을 불교식으로 부르게 되면 불퇴전不退轉의 용기라고나 할 것이다. 죽음의 관념을 미래로 돌리면서 전환의 의미가 찾아져서는 안 된다. 절벽 끝에서 뒤돌아서는 게 아니라, 한 발 더 앞으로 나아가는 그 엄청난 일을, 우리는 죽음을 향해서, 죽음을 더불어서 할 수 있어야 한다. 죽음을 생각하는 것은 이 삶을 누리는 사람이란 것을 염두에 둘 필요가 있다.

전환이란 다리를 건너가는 정도의 행위가 아니다. 그것은 전변轉變하고 환골탈태換骨奪胎하는 전환이다. 환구작신換舊作新하고 전향하는 것이어야 한다. 대척적對蹠的일 만큼의 새 국면이 확연하게 열려야 한다. 난데없이 열리는 반대의 경지가 있고서야 전환이다. 전환은 의표를 찌르는 변화라야 한다.

이때 삶이란 얼마나 묘한 것인가를, 그것이 지닌 곡예만 같은 신묘神妙함을 알게 된다. 아직도 먼 앞날을 지레넘겨다본 그 눈길로 지금의 삶이 다시 조정되는 것이다.

인간의 앎이 언제나 재인식이란 뜻으로 철학자 마르셀은 말한 적이 있다. 생각을 다시 한 번 더 생각하는 반성이란 말로 옮겨놓아도 좋을 것이다. 하지만 인간의 앎은 선인식先認識이기도 하다. 앞질러 보는 눈으로 세계의 본성을 접하는 것이다. 예성豫省의 지혜라고 불러도 좋을 것이다.

죽음을 예성하며 삶이 재구성될 때부터 사람들은 죽음조차 살게 된다. 에누리없이, 문자 그대로 죽음을 사는 것이다. '죽음을 산다'는 것은 결코 우의적으로 하는 말이 아니다. 릴케 말대로 하면 삶과 죽음을 합친 새로운 전체로서 삶을 살게 되는 것이다.

우리는 이에서 죽음을 희망으로서 얘기할 수 있게 된다. 가망이 있고 무엇인가 새로운 것이 미리 예기되고서 거기 소망을 거는 것은 결코 참다운 희망이 아니다. 이 점은 마르셀이 『호모 비아토르Homo Viator』에서 단호하게 천명한 바 있다. 희망은 어둠과 좌절, 나락과 사태沙汰 앞에서 얘기되어야 한다. 희망을 건다는 것은 불퇴전의 용기를 발휘한다는 뜻이다.

죽음을 앞질러 보며 전환이 단행되었을 때, 이제 죽음은 삶을 향해 옮겨온다. 그리고는 그의 분신인 삶에게로 다가와 어깨동무를 하리라. 서로 간의 단절이 오해에 지나지 않았음에 대하여 얘기할 것이다. 그 단절은 서로를 갈라놓은 사람들의 생각이 저지른 잘못 때문인 것을 흉금을 터놓고 얘기할 것이다. 드디어 두 분신은 오해를 풀고 허심하게 웃음이라도 웃을 것이 틀림없다.

그러나 그것은 쉬운 일이 아니다. 삶과 더불 수 있게 죽음을 전환시키는 일은 예삿일이 아니다. 누구나 거기 생각이 미치기도 힘들겠으나 설사 미친다 해도 실천하기란 아주 난감한 일이다. 죽음을 산다는 것은 이미 '모순 어법'이다. 아이러니와 역설에 더해 모순 어법까지를 시적 대조법이라 할 때, 그것은 대조의 종합이라야 하지만 쉽지는 않을 것이다. 독일 낭만주의가 아이러니 때문에 고심한 것은 이 때문이다.

가령 풍선에 비유해보자. 풍선은 그 속의 바람 때문

에 팽팽할 수 있다. 팽팽하지 않으면 이미 풍선이 아니다. 한데 그 바람은 풍선 껍질을 만나야 바람 구실을 한다. 풍선 껍질 바깥으로 천만날을 어떻게 불어도 바람은 아니다. 바람을 만나 부푸는 풍선처럼 죽음을 만나 활력을 찾는 삶이 있다고 가정해보자. 독일 낭만주의는 이 풍선의 원리를 생과 사에서 찾으려 한 것이다.

하지만 그게 어디 그리 쉬울까. 연인 조피 폰 퀸을 잃은 독일의 시인 노발리스의 고심이 그것의 어려움에 대해 증언한다. 그것은 정작 찾기 힘든 '푸른 꽃'인지도 모른다.

해서 사람들은 나머지 방편을 찾게 되었다. 하나가 죽음과의 친화요, 하나는 모르는 체 눈감음으로써 아예 죽음이 없는 듯이 사는 길이다. 이것은 죽음 앞에서 눈 가리고 아웅하는 것이다. 머리만 틀어박고 죽음에게서 숨으려 하는 것이다. 아니면 제 눈만 감고 죽음은 없노라고 하는 것이다. 이 후자는 어리석은 사기라 얘깃거리가 못 된다.

죽음을 못 본 체하기 위해 현실적인 일에 정열적으로 몰두할 때가 있다. 그 몰두로 이루어지는 삶이 있다. 그러나 이 정열은 공포 위에서 있고 불안을 딛고 서 있기에 오열嗚咽에 지나지 않는다. 그런 것을 정열이라 부를 수는 없다. 이 오열로 살아가는 삶이 적지 않을 것이다. 이 오열의 일로 삶을 살아갈 때 불행히도 인생은 도피의 자리일 뿐이다. '현실에의 도피'가 얘기될 때의 그

　　　　　　　　메멘토 모리, 죽음을 기억하라

현실이 삶이란 것은 아무래도 참혹하다. 괴로움을 잊고자 어느 일에 몰두할 때, 그 일 자체를 현실에의 도피라고 하는 것이다. 모처럼 내게 주어진 삶을 도피 현장으로 전락시키는 심정 아래에 깃들인 죽음은 변변한 얘깃거리가 못될 것이다.

나머지 방편 가운데 얘기가 될 것은 저 죽음과의 친화다. 죽음의 변전變轉으로 죽음까지를 사는 삶이 쉽지 않을 때, 거짓 없는 의식으로 죽음을 생각하며 사는 길로는 죽음과의 친화만이 남아 있게 되는 셈이다. 친화가 해이解弛의 감정이, 안이에의 탐닉이 아님을 일러준 것은 마르셀이다. 긴장의 해이가 이미 붕괴인 것을 그는 강조하고 있다. 친화에는 오히려 음악의 해조 같은 팽팽한 긴장이 있다. 두 존재가 제 소리를 내되 어울려 이루는 안정이 친화다. 그것은 균형의 긴장이다. 긴장에서의 해이가 아니고 긴장의 긍정적 발전이다. 이래서 친화는 창조적 행위다.

우리는 인간적 죽음의 원상을 두고 적잖은 생각을 해보았다. 이제 다시 한 번 더 천천히 한국의 문학 작품이 지녔던 죽음의 상념에 생각을 돌릴 때가 왔다. 「공후인」이 간직했던 저 죽음의 사상 이후 이 땅에서 시를 쓰고 작품을 쓴 사람들의 죽음의 사상에 대해 생각할 차례다. 그것은 주어진 죽음, 내던져져 있는 죽음을 그냥 두지 않고 거기 스스로를 내던짐으로써 인간다운 죽음의 사연을 지녔던 사람들에 관한 얘기가 될 것이다.

생사로는 여기 있으니

이제 그러한 얘기를 향가에서부터 시작해보자. 그것
도 「제망매가」에서⋯⋯. 다 알다시피 그것은 월명 스님
이 누이의 죽음을 애도하면서 그녀의 혼을 극락에까지
천도하기 위해 읊은 작품이다.

　생사로生死路 여기 있어
　차마 두려워
　가노라는 한마디 그 말마저도
　못다하고 홀홀히 가고 말다니

　의연히 여기, 이승에 있는 생사의 길. 그것은 엄연히
우리 곁에 존재하는 길이다. 저어하지 않을 수 없다. 두
려워하지 않을 수 없다. 생사란 단순히 삶과 죽음만을
의미하지 않는다. 생로병사를 통틀어 생사라고 한다.
열반안涅槃岸이 아닌 생사해生死海다. 생사 유전하는 고
해를 굳이 생사로라고 한 것이다.
　과거의 인연은 잠시의 형체를 얻었다가는 병들고 늙
은 끝에 드디어 형체를 잃었으면 잃은 대로 그것으로
끝날 법하건만 새삼 또 형체를 얻어 거듭 부서져야 하
는, 그 무서운 육도六道의 윤회가 생사로다. 열반의 기슭
에 닿기까지의 과정이기에 굳이 해海를 붙였고, 열반의
땅에 이르기까지의 길목이기에 노路를 붙인 것이다. 노

가 붙은 이상 해가 붙은 것과 마찬가지로 생과 더불어 죽음 또한 미혹의 가상에 지나지 않는다. 색상의 공空함이 어찌 생에만 있을까. 죽음 또한 그와 다를 바 없는 것이다.

그러나 생사일체를 보노라고 봄으로써 그것을 가상이라 생각하는 것은 불제자의 일이다. 선상적禪想的 달관이 있고서야 그것을 가상이라 관조할 수 있는 것이다. 중생 누구나가 그 구름 같고 물 같은 경지를 얻을 수 있는 것이 아니다. 중생에게 어찌 생사가 가상일 수 있을까. 그것은 절대의 사실이다. 중생의 진여眞如라 굳이 불러도 좋을 것이다.

이 사실을 떠나면 이미 중생이 없어지고 만다. 중생이 중생인 근거가 바로 여기에 있다. 중생이 중생이 아니라 하는 것보다 더 어두운 미망迷妄이 어디 있을까. 중생에게 생사란 위구危懼 바로 그것이다. 그래서 그들은 그 두려움, 그 무서움에서 벗어나고자 어지간히도 애쓴 흔적이 있다.

앞에서 이미 인용된 바 있듯이, "이 사람, 자네 저승이 좋은 덴 줄 알겠는가?"로 시작되는 문답 형식의 얘기가 그 흔적의 하나다. 결국은 자문에 자답할 수밖에, "아따, 이 사람, 그것도 몰라. 저승 갔다 되돌아오는 사람 보았던가."

오죽 좋기에 가면 그뿐. 함흥차사격으로 아무도 되돌아오질 않는다는 것이 이 얘기의 요점이다. "어이, 어이,

인제 가면 언제 오나. 돌아올 수 없는 길……"이라는 구성진 상두꾼의 노래가 뒤집혀진 데에 이 얘기의 묘미가 있다. 비탄의 원천일 수밖에 없는 것을 바람직한 것의 원인으로 돌이켜세운 익살은 죽음의 두려움에서 벗어나고자 해서 마련된 것이다. 삶의 허를 웃을 줄 아는 기지가 거기 번득이고 있다. 이에 비하면 장자가 죽음을 남면왕의 악樂에 견주었음이 오히려 무안해진다. 하지만 웃음으로 가실 죽음의 공포가 아니다. 그 같은 얘기를 듣고 웃는다 해도 잠시일 뿐. 생사로는 본래의 그 무서운 모습으로 되돌아가고 만다. 생사를 열반에서 종착할 길목에 불과하다고 달관할 수 없는 것이 중생이다.

월명 스님의 누이는 그 중생의 하나다. 그녀는 '제가 갑니다'라는 말, '먼저 갑니다'라는 그 말조차 할 수 없을 만큼 죽음이 두려웠던 것이다. 인간은 누구나 죽음이란 말을 입에 올리기 싫어한다. 그래서 죽음을 위한 우회법의 표현이 많음을 우리들은 얘기해왔다. '숨지다, 돌아가다, 임종하다, 저승 가다, 타계하다, 서거하다, 승천하다' 등. 하고 많은 그 수는 인간이 죽음에 대해 갖는 공포의 크기에 비례한다. 말을 돌려 하는 만큼 죽음에서 멀어질 법하다고 생각한 것일까. 죽음이 차마 두려워 월명 스님의 누이는 죽음이란 말조차 내지 못한 채 홀연히 떠나가버린 것이다.

「제망매가」의 첫 연은 그같이 가버린 누이에 대한 애상을 담고 있다. '가고 말다니'라는 반문법은 말 없이 가버린 누이에 대한 원망마저 머금고 있다. 그러나 그 첫 연에는 말 없이 가버린 그 '말 없음'에 대한 원망 이외에 또 하나 미묘한 뉘앙스의 원망이 깔려 있다. 이 단정은 '생사로'란 말에서 생겨난다. 노路란 삶과 죽음의 길, 곧 삶과 죽음의 사실이란 뜻 말고도 이미 언급했듯이 열반에의 길이란 뜻을 가지고 있다.

그것은 두려움만의 길은 아닌 것이다. 의당 밟고 거쳐가야 할 길로 긍정되어야 하는 것이다. 누이는 또 하나 이 길의 의미를 놓치고 있었던 것이다. 삶과 죽음이 실상 하나의 길일 수 있음을 알지 못했던 것이다. 누이는 그 길에는 어두웠던 것이다. 월명은 그 누이의 어둠에 대해서도 원망하는 것이다. 그러니까 첫 연은 이렇게 읽혀질 것이다.

"가엾은 누이야. 이승의 생사로는 기실 열반에의 길이기도 한데 너는 그것을 두려움으로만 대했었구나. 그래서 너는 이 오라비에게마저 말 없이 떠나간 것이로구나."

이렇게 읽으면 첫 연에 이미 만만치 않은 긴장미가 있음을 알게 될 것이다. 굳이 미국의 시인 테이트의 긴장tension의 이론을 끌어댈 필요는 없다. 누구나 두려움으로 대할 것으로 예상되는 생사로가 겉으로 드러난 의미로 쓰였다면, 열반에의 과정으로서 달관해야 할 생사로는 안으로 잠겨진 의미로 쓰이고 있다.

안팎 두 개의 의미는 극과 극으로 맞서 대척적이다. 그 대척이 한 문맥에서 균형을 이루는 것, 그것이 바로 긴장이다. 시어나 시적 기교는 대립의 조화일 때 가장 본연적이라는 명제를 여기서 되새길 만하다. 테이트가 긴장을 강조하기 전에 긴장미는 이미지의 범주였던 것이다.

한쪽만 보고 말 없이 가버린 누이라서 오라비는 누이가 원망스러우면서도 그지없이 가엾은 것이다. 원망에 가엾음이 짝지워져 오라비는 오라비대로 무명無名에 쌓여서 맞은 누이의 죽음이 비탄스러운 것이다. 누이가 진상眞相을 보고 갔더라면 불제자인 오라비는 누이를 슬퍼하지 않을 수도 있었을 것이다. 월명의 슬픔에는 오라비로서의 슬픔과 불승으로서의 슬픔이 겹쳐 있다. 그 이중의 슬픔도 첫 연이 지닌 또 하나의 긴장미다. 그러나 이 나중의 긴장은 앞에서 언급된 긴장에서 유래하는 부차적인 것임을 놓치지 말아야겠다.

이래서 첫 연은 오라비답고도 불승다운 비탄으로 채워진 율조를 지니고 있다. 이 비탄의 율조가 시인의 마음에 파문이 된다. 그 물살은 독자에게도 번져온다. 이 파문의 동요가 어떻게 안정을 되찾고 협화協和에 이르느냐 하는 것에 이 시 작품의 구조가 걸려 있다.

> 어느 가을, 이른 바람이 불면
> 나뭇잎은 여기저기 떨어시는 것.
> 우린들 다만 나뭇잎.
> 한 가지에 나어 가는 곳, 모르는 것.

메멘토 모리, 죽음을 기억하라

이 둘째 연은 고조되는 비탄 속에서 협화를 지향한다. 무상에서 열반에 다다르는 디딤돌이다. 디딤돌은 너무나 멋진 비유로 이루어져 있다. 그것은 저 유명한 베를렌느의 「가을의 노래」를 연상해주는 이미지를 보여준다.

한 부모에서 비롯되는 같은 핏줄이 나뭇가지에 견주어지고 거기 움튼 잎사귀들이 형제에 견주어져 있다. 일지탁생一枝托生. 한 가지에서 서로 어울려 신록과 녹음의 무성을 자랑하던 것도 한 수유須臾, 갈바람이 불면 뿔뿔이 흩어져야 한다. 더욱이 누이는 젊어서 죽었다. 요절이기에 때를 얻지 못한 악상이다. 그것은 분명히 철 이른 바람에 진 나뭇잎이다. 손아랫사람을 앞세운 죽음의 아픔이 그 이미지에 엉켜 있다.

부모가 나뭇가지에 불과하다는 통찰은 우리들 가슴을 메이게 한다. 더욱 형제가 나뭇잎끼리라는 생각은 우리들 가슴을 짓찢어놓는다. 이승의 가장 실하디 실한 두 개의 인연, 기둥이요 대들보여야 할 두 인연이 이토록 허망하게 성찰될 수가 있을까? 인간에게, 인간세계에 더 이상 기댈 곳은 없어지고 만다. 그나마 가지는 잎을 떨구어야 하고 잎들끼리도 흩어져야 한다.

소름끼치고 정나미가 떨어지는 성찰이고 통찰이다. 인간의 비탄은 극에 달할 것이다.

그러나 둘째 연의 아픔과 설움 속에는 이제 한 인식이 고개를 들고 있음에 조심해야 한다. 자연의 이법, 저 로고스에 대한 인식이다. 지는 나뭇잎에 비겨져서 일깨워지던 슬픔은 그 나뭇잎에 대한 통찰로 말미암아 이제 인식에로 전신한다.

갈바람이 불어서 나뭇잎이 지는 이법은 어떻게도 할 수 없는 것이다. 피고 지고, 져서는 또 피니 본시무일물 本是無一物, 필경 따로 각별히 핀 것도 진 것도 없는 것이 아닌가. 잎이 있는 것이 아니라 와서는 가고, 가서는 오는 그 바람 같은 왕래가 있을 뿐이다. 바람보다 더한 여래如來는 없다. 바람은 늘 본시 무일물의 진상 그대로 오고 또 간다.

그것이 여래다. 변화를 빼고 무상을 덜고 나면 바람엔 남을 것이 없다. 불어 움직이고 움직여 머물지 않기에 바람이다. 움직임이, 그리고 머물지 않음이 본성이란 말은 변화만이 바람의 항존恒存이고 무상만이 바람의 상유常有임을 의미하고 있다. 부는 것이 바람이다. 공초空超의 시「방랑의 마음」에 "흐름 위에 보금자리 친 혼魂"이란 명구가 있다. 불안한 혼을 그 구에 의탁했음 직하나 굳이 그렇게만 읽을 것은 아니다. 혼은, 인간의 혼은 그 보금자리의 안정을 흐름의 유동 속에 둘 수밖에 없으리라는 달관을 거기서 읽을 수도 있다. 흐름에 내맡기고서야 생령生靈은 비로소 보금자리를 얻는다.

만상을 동動이라고 보고 변화라고 보는 것 말고 달리 안정이 없다. 바람에 날려간 갈잎을 보고 이제 진여眞如에 접하는 것이다. 어디로 갔는지도 모르는 것. 필경은 무의 심연에 깊이 잠겨버린 것이기에 어디로 갔는지 모

메멘토 모리, 죽음을 기억하라

른다고 본 것에 이르러 월명은 제대로 봄을 얻은 것이다. 인식을 얻은 것이다. 이제 허무는 받아들여져야 한다. 무주주無住住의 경지가 이에 열리는 것이다.

둘째 연의 비탄에는 이 인식이 있다. '비탄의 인식'이라 부를 수도 있을 이 경지에 인간 오라비가 있고 불승월명이 있다. 오라비가 누이의 죽음에 눈물을 흘리면 함께 불승이 달관하는 것이다. 인간도 필경 자연의 한 분자라서 인간을 자연에다 비쳐놓으면 극히 인간적인 것도 자연처럼 보편화되고 마는 것일까.

어쩔 것인가? 우리가 잎이고 부모가 가지라면 잎은 가지에서 져야 하는 것! 잎이 누리는 신록이, 그리고 녹음이 또한 단풍이 부모에서 비롯하는 것이라면 져서 떨어지는 것 또한 부모에게서 비롯함을 어찌할 것인가?

이제 지는 잎은 뿌리에게로 돌아가리라. 가지일 뿐인 부모를 떠나서 뿌리일 법한 부처에게로 귀의歸依해야 하는 것이다. 여기서 첫 연의 파문은 엔간히 가라앉는 것이다. 인간에게 있어 비탄은 눈물로만 시종하는 것이 아니다. 비탄마저 새것을 인지하고 새 경지를 열어주는 관문이어야 한다. 둘째 연은 그 관문을 열어주고, 시인에게 드높은 신앙을 마련하고 있다. 시인에게 새로운 계기가 찾아온 것이다.

아아 미타찰彌陀刹에서
만나볼 내가

도 닦으며 기다리리.

　미타찰은 아미타불의 법경法境. 무량광불無量光佛이 다스리는 서방정토다. 이른바 극락이다. 아울러 그것은 열반의 진경이다. 깨달음을 얻는 찰나면 어디치고 미타찰 아닌 데가 없다. 만법萬法이 귀일하듯, 필경 이 미타찰에 드는 것이 중생 누구나의 소원이다. 드디어는 누구나 거기 완생해야 할 곳이다. 도만 닦으면 물이 바다에 들듯 삶은 그 법해法海에 드는 것이다. 요절한 누이면 오라비의 눈이 아니래도 청정심淸淨心 그대로인 듯 비쳤으리라. 미타찰로 가게 마련된 삶이었으리라.

　지금 죽어 있는 자, 다시 태어나면 거듭 도를 닦아 오직 미타찰에 귀일해야 하는 것이다. 지금 살아 있는 자 또한 도를 닦아 거기 귀일해야 하는 것이다. 지금 죽어 있는 자와 지금 살아 있는 자가 다를 바 없다, 언제고 거기 들어야 하는 것이다. 오라비, 누이의 재회가 이루어질 왕도가 있다면 거기 드는 그 일만큼 확실한 것은 없는 것이다.

　이 시에서 죽은 누이는 이미 미타찰에 가 있을 법하되 그렇게 굳이 가상되지 않아도 좋다. 워낙 도를 닦는 길이란 환생 또 환생, 삼천대천세계三千大千世界보다 더한 무량으로 환생해야 하기에 그 길에 생사의 별別이란 있을 수 없는 것이다.

　이 조용한 생사로의 긍정과 신심信心의 다짐에서 파

문은 영영 가셔지고 만다. 그것이 마지막 연의 비의秘義다. 비탄이 통찰과 안식을 낳더니 드디어 긍정과 드높은 신앙심을 낳으면서 이 노래는 그 마지막 코다에 이르고 있다.

두려움과 고苦로 관상되었기에 비탄을 안겨주던 생사로 그대로가 자연과 삶을 한 눈으로 관조하는 마음을 통해 신심을 높이는 계기가 되고 재회를 다짐하는 기연機緣이 된 것이다.

지금 당장 인간 앞에 있기에 저들의 두려움의 대상이던 생사로가 자연 섭리로 달관되고 나아가 도를 닦는 길로 수용되는 대전환이 「제망매가」의 구조다. 이제 가지를 떠난 잎은 뿌리에로 귀의할 것이다. 생사로 그 자체의 끝은 미타찰로 열린 도道와 이어져 있다.

여기에 시 작품이 지닌 가장 포괄적인, 가장 중요한 큰 몫을 다하는 긴장미가 있다. 서정의 한 극極이 생과 세계가 지닌 대립을 정서적 균형으로 승화하는 데 있는 것이라면, 이 시에서 신앙심과 서정의 구별은 의미가 없다. 종교와 시의 융합이 있을 뿐이다. 나뭇잎과 바람에 생사가 맺어져 이루어진 은유가 이미 시적 상념을 지니고 있다. 그 시적 상념을 사이에 두고 죽음이 종교적으로 관상되는 것이다. 「원왕생가」가 또 그러하듯 시와 종교의 융합은 신라가 남겨놓은 소중한 문학적 자산이다.

삶과 죽음 사이를 바람이듯 오고 가는……

　한국 무속은 만신전萬神殿의 종교다. 천天 · 지地 · 수水
의 거시적인 '우주론적 신'에서 산山 · 목木 · 석石 · 짐승
등의 '애니미즘의 신'에 이르기까지 적지 않은 수의 신
들이 있다. 불교와 도교의 신이 신전에 오른 지는 이미
오래여서 강한 지연성을 가진 자들, 지신 · 산신 등과
별로 갈등 없이 이웃하고 있다. 외래신外來神에 묻어서
들어온 것은 아니겠으나 외국인의 영혼이 신격화되어
도 내국인이 신격화된 신과 평화롭게 공존할 수 있었던
것이 샤머니즘의 신통기神統記. 인간에게 선의를 품은
백무신白巫神이 있는가 하면 악의를 품은 흑무신黑巫神이
있는데, 이들은 대개 원통히 죽은, 이른바 원령怨靈일 때
가 많다. 이 원령이 그러하듯 인격신이 자연신과 더불
어 신봉되어도 조금도 어색할 것이 없다. 만일 누군가
가 한국 샤머니즘의 신통기를 쓸 수 있었다면, 그리스
신화의 경우 못지않은 파란과 다양성에 넘 친 신통기가
생겨났을 것이다.

　이렇게 다양한 신들에게 무당들은 굿을 바친다. 국가
나 사회를 위해 굿을 바치던 것은 이미 오래전 옛날 이
야기이지만 마을을 위해선 아직도 굿을 올린다. 한 가
족, 한 개인을 위한 굿은 말할 것도 없다.

　굿에는 '살풀이', '액풀이' 등의 '풀이'가 있고 '부정不
淨거리', '푸닥거리' 등의 '거리'가 있다. 고사나 축원도

물론 굿의 일부다. 춤을 추고, 노래를 부르고, 재담·덕
담을 하게 되면 굿은 놀이가 된다. 굿은 그만큼 복합적
이다. 일상 언어 생활에서는 굿은 '야단 굿났다'라는 표
현에 있어서 그러한 것처럼 야단스러운 것이라는 함축
적 의미를 지니고도 있다. 고사나 축원이 지닌 엄숙·
경건한 분위기와는 다른 일면이다.

'거리'는 별신別神굿 열두 거리라고 할 때의 그 '거리'라
서 일련의 움직임 속의 한 과정을 뜻하는 것 같다. 판소
리나 탈춤의 '마당'과 비슷하게 쓰이는 것으로 짐작된다.
'굿거리'란 말도 따라서 굿의 과정을 의미할 것이다.

'살풀이'나 '액풀이'의 '풀이'는 끼인 살을 풀고 맺힌
액을 풀어버린다는 뜻이 있는 듯하다. 해살解煞과 해액
解厄이 각각 살풀이고 액풀이다. 풀이는 끼이고 든 부정
이나 난리 또는 재난을 물리치는 일이다. 살풀이와 액
풀이 대신에 '살막이'와 '액막이'란 말이 쓰이는 것으로
도 짐작할 만하다. 그것은 '살맞이' 곧 살을 맞는 것과
대조적이다.

그러나 풀이란 말은 달리 '본本풀이', '신神풀이'란 말
에도 나타난다. 이 경우는 신의 내력이나 근본에 대해
풀이하는 것, 즉 얘기하는 것이 곧 풀이다. 그것도 신에
관한 얘기, 곧 신기神記가 다름 아닌 '풀이'다.

'살풀이'나 '액풀이'의 풀이는 망칙한 귀신, 악한 영혼
을 물리치는 행위인 데 비해 '본풀이'의 풀이는 얘기다.
신화가 '풀이'로 표현되는 곳에 한국 신화의 한 특수한

국면이 있다.

신화 곧 풀이는 신의 근본과 내력에 관한 얘기다. 신화는 '풀이'라는 형태로 존재하게 된 것이다. 신이 어디서 어떻게 태어나서 어떤 삶의 과정을 거친 끝에 드디어는 어떻게 결정적으로 신격화되었는가 하는 얘기―그것이 곧 풀이자 신화다. 적어도 오늘날에까지 남겨져 있는 신화로서만 얘기하는 한, 한국의 신화는 '풀이'다. 그런 점에서는 『삼국유사』, 『이상국집』 같은 문헌에 실린 상고대의 신화나 현전하는 무속 신화나 다를 바 없다.

한데 요긴하게도 일부의 한국 신화는 '죽음의 본풀이', '죽음풀이'를 하고 있으니, 그것이 곧 '바리데기' 신화다.

> 오구님아 본을 받자
> 오구님아 앉절 받자
> 오구님아 본은 기 어디가 본일넌고
> 경상도 안동땅이 본이로다.

무속 신화 「바리데기」의 모두冒頭다. 오구대왕의 본을 밝히는 것으로 그 신화는 시작되고 있다. 그러나 바리데기의 경우, 얘기의 이른바 주동 인물, 즉 주인공은 오구대왕이 아닌 바리공주다. 바리데기 신화가 지니고 있는 '풀이'적 특성은 바리공주를 주인공으로 했을 때 더잘 드러난다.

그 신화는 바리공주의 부왕의 내력과 혼인에서 시작하고 있으니까 바리공주의 근원에서부터 얘기가 시작되는 셈이다. 따라서 오구대왕의 본은 바리공주에게는 '본의 본'이 되는 셈이다. 그러다가 얘기는 바리공주의 불행한 탄생, 그로 말미암아 겪는 수난과 박해로 옮겨 간다. 바리공주는 불운의 막내 공주다.

　　이것은 거의 모든 민담의 주인공이 공통으로 갖는 성격이다. 민담의 주인공은 원칙적으로 지체가 얕은 미천한 인물로서 얘기의 서두에 등장한다. 과부의 자식, 내버려진 고아, 주워온 아이, 흉하고 볼품없는 인물, 바보고 재산 없는 사람 등이 원칙이다. 어쩌다가 왕자나 공주일 경우에도 그 신분만큼 행복하지는 못하다. 으레 막내요, 불운을 겪는 처지에 있게 된다. 민담은 일반적으로 이러한 주인공이 무엇인가를 성취하는 과정을 줄거리로 삼고 있다. 바리데기 신화도 예외는 아니다.

　　바리데기는 버려진 공주다. 일곱 번째(아홉 번째)로 태어난 딸이기에 버려진 바리데기인 것이다. '소박데기'에서처럼 접미사 '-데기'가 이미 이 공주의 불행을 예언하고 있다. 대부분 민담에서 불운의 상태로 등장하는 주인공이 미덕이나 장점을 지니고 있는 것처럼 바리데기도 그러했다. 그는 마음씨 착한 불운의 바리데기였던 것이다.

　　오구대왕이 죽었을 때 혜택받고 복을 누린 손위의 공주들을 제쳐 놓고 불사의 생명수를 얻고자 모험을 자청하고 나선 것은 바로 바리공주다. 시영산山으로 생명수를 찾으러 나선 바리공주는 중도에서 간난과 신산을 겪은 끝에 드디어 소기의 목적을 달성하고 되돌아와서 오구대왕을 되살릴 수 있었다. 공주는 드디어 그 공으로 죽은 사람들의 영혼을 구할 수 있는 신격을 누리게 되는 것이다.

모든 바리데기의 신화마다 생명수(또는 생명의 꽃)를 얻어오는 곳이 시영산인 것은 아니다. 무산巫山 선녀들이 사는 한성봉으로 불려지는 하늘 위의 세계일 때도 있고, 아니면 옥황상제가 다스리는 하늘 위의 세계일 때도 있다. 천상계일 때도, 일단 큰 강물을 건너고 난 뒤, 그 천상계에 다다르게 된다. 학이나 거북 또는 선녀의 도움 없이는 건널 수도 오를 수도 없는 피안의 세계를 암시한다.

수많은 고비의 길을 지나 만경창파의 강물을 건너고 하늘을 날고서야 비로소 도달할 수 있는 머나먼 피안의 세계다. 그것이 바로 생명수가 있는 곳이다. 도교적인 천상계나 불교적 윤색인 서천 서역국은 물론 후세적인 변이에 지나지 않는다. 그곳은 인간들이 갈 수 없는 세상으로 관념되고 있다.

애들아 어디서 인내도 나고 땀내도 난다.
애들아 여기가 어디라고 인수 인산이 왕래하고 출입한다더냐.

천상계에 이르기 직전의 강물에서 멱 감고 있던 선녀들

이 숨어 있는 바리데기를 두고 하는 대화의 한 토막이다.

인간이 갈 수 없는 세계, 강물에 떡 감으러 올 때 선녀들이 타고 온 줄에 의지해서야 바리데기가 비로소 올라갈 수 있는 세계다. 바리데기는 산 사람인데도 인간으로서는 오르지 못할 세계를 내왕할 수 있었다는 점이 주목을 끌 만하다. 그것은 살아 있으면서도 피안의 세계를 내왕할 수 있는 것으로 믿어진 것이 무당이기 때문이다. 무당은 육신을 이승에 둔 채로 영혼으로 피안 세계를 오갈 수 있는 것이다. 그런 점에서 무당의 '자유혼'은 보통 인간의 그것과는 판이하게 다르다. 자유혼이란 육신에 매여 있는 이른바 '육체혼'과는 대조적이다. 육체를 떠나 별개로 존재할 수 있는 혼이다.

그것은 둘째의 자아, '또 하나의 자아'로서 육신이 살아 있는 동안에도 때때로 육신을 떠나서 스스로 혼자만으로, 살 수 있는 영혼이다. 그것은 더러는 그림자의 혼이라고도 불려지는데, 그 모습이 피동적이고도 적극성을 결여한 상황 속에 있을 때 육체를 떠난 영혼으로 나타난다. 가령 꿈 속에서의 꿈의 영혼, 무당들이 경험하는 도취나 황홀감 속에서는 도취의 영혼, 갖가지 질병과 관련되어 일어나는 이른바 영혼 상실의 경우에는 상실된 영혼 등으로 나타나는 것이다. 이에 비해서 육체혼은 그 소유주의 육체가 살아 있는 동안 육체에 매인 삶의 힘에 지나지 않는 것이다.

자유혼은 그 소유주가 살아 있을 때도 잠깐씩 육체를

떠나듯이 소유주가 죽으면 길이 저쪽 세상으로 가서 따로 삶을 영위하는 것이다. 보통 사람의 자유혼은 육신이 살아 있는 동안 피안의 세계를 다녀올 수 없다. 만일 다녀온 경우가 있다 해도 무당의 자유혼의 도움을 받아야 한다. 피안을 자유롭게 오고 갈 수 있다는 점에서 무당의 자유혼은 자유혼 중의 자유혼이다. 이러한 자유혼의 소유자일 때 바리공주는 무당 혹은 무속신의 진면목을 드러낸다.

살아 있는 채 천상계를 왕래할 수 있는 특권을 누렸던 것은 바리공주가 버려진 존재—미덕의 소유자인 버려진 존재이기 때문이다. 세속적인 곤욕과 몰락이 성스러운 세계에서의 권능을 누리게 한 것이다. 버림받아 버려진 박행薄幸이 특권을 보증한 것이다. 세속적인 예외이자, 속세에서의 소외자야말로 신성세계의 주동 인물일 수 있는 것이다.

그러나 그의 특권은 영광과 빛이기만 한 것은 아니다. 동시에 그것은 크나큰 부담이고 짐이었던 것이다. 가시덤불이고 형극의 길이었던 것이다. 먼저 자신에게 과해진 짐부터 부려야 했다. 천상계까지의 힘들고 험한 길을 가는 데는 난관이 한둘이 아니었다. 풀 먹는 말에게 길을 물어야 했고, 거북이 놓아주는 다리를 빌어 가까스로 강을 건너야 했고, 학의 날개에 실려 대하를 뛰어넘어야 했다. 그런가 하면 선녀들의 줄에 매달려 하늘에 오르기조차 했다. 그는 정말 동화적이고도 신화적인 간난의 고비를 겪어나간 것이다.

강제로 아내 삼으려는 마귀의 횡포를 기지로 벗어났고, 생명수의 교환 조건으로 신에게 봉사하며 힘든 노동을 마다하지 않았을 뿐만 아니라, 자그마치 열두 명의 아기가 소원인 그 신의 뜻을 이루어주어야 했다.

아버지를 위한 생명수를 구해오는 것은 바리공주 자신의 일이라 그에 따르는 고난이야 차라리 겪어야 할 고난이었다고 할 것이다. 생명수가 있는 나라에 갈 때까지 그는 남의 일도 떠맡아야 했다. 죄지은 사람들의 죄풀이가 그것이다. 죄로 말미암아 고난을 겪는 사람들을 위해 속죄하는 무거운 짐까지 짊어진 것이다. 여기에서 이 고난의 공주는 그가 무속신앙적인 구원자임을 드러내게 된다.

천상계, 신들의 나라를 오가며 불행한 지상의 사람들이 겪는 고난을 덜어주는 것, 그것이 무당의 과업이다. 그는 그 때문에 바로 그의 자유혼에 의지해서 천상계를 오고 가는 것이다. 무당이 공동사회에서 누리는 카리스마적인 권위는 이 천상계 여행 때문이다. 그는 천상계를 여행할 수 있는 그의 권능 때문에 지상에서의 신의 대언자가 되어 신의 권위를 자기 것으로 삼는다. 인간들은 무당 없이는 신과 어떠한 관계도 맺을 수 없다. 무당은 때로 신을 제 속에 모시고 신 그 자체로서 처신한다. 신은 무당을 통해야만 비로소 현신現身하는 것이다.

천상계에 다다라 천상계의 존재와 결혼하고 그로써 바리데기 스스로도 천상계의 한 가족이 된다. 단순히 천상계만을 다녀온 것이 아니라, 천상계의 존재가 되어 돌아오는 것이다. 그의 권위는 더욱 확실한 것이 된다. 이것은 그녀가 '오이디푸스 콤플렉스'를 성공적으로 승화, 해결하는 과정과도 관련되어 있다.

생명수를 구해오는 일은 이른바 '수탐搜探의 주인공' 얘기에서 흔하게 보는 세계적으로 보편도가 큰 대표적인 모티브의 하나다. 무엇인가 찾는 일을 과제로 하는 인물이 수탐의 주인공이다. 수탐의 주인공이 찾은 것은 생명수 이외에 생명의 돌 또는 유괴·납치당한 공주(아내), 잃어버린 보물, 신비의 새나 짐승, 신성한 물건 등이다. 많은 수의 민담은 수탐의 주인공이 어떻게 하여 이러한 수탐의 대상을 찾아내느냐 하는 것을 줄거리로 삼고 있다. 바리데기 신화는 그 같은 민담의 보편성에 기대어 이루어진 작품이다.

그러나 동화 속의 수탐이 궁극적으로는 주인공 자신의 개인적·세속적 영달에 이르러 마무리지워지고 있음에 비해 바리데기의 경우에는, 아버지의 구제, 나아가서는 남들의 구제, 인간 일반의 구제에까지 그 수탐의 여행은 작용을 끼치고 있다. 그리고 그 수탐의 경로가 천문학적이고 우주론적이다. 우주적인 규모에서 인류적 범주에 걸친 수탐을 행함에 있어 바리데기는 자신이 신화적임을 분명히 하고 있다. 바리데기는 신화적 인간 구원자다.

생명수를 얻어다가 죽은 사람을 되살리고 병을 고치

고 하는 민담은 그 줄거리가 지닌 유형상의 특징이 'E 80'이라는 분류 번호로 정리되어 있다. 신들이 그들의 영원한 젊음을 위해 은밀하게 간직하는 샘물의 관념이나 한국 민속에서도 볼 수 있는 약물사상은 이 민담과 관련을 맺고 있는 것이다.

지하를 헤매는 영웅들

범세계적인 이 얘기는 그 원천도 어지간히 먼 과거로 소급한다. 바빌로니아 신화에는 죽은 탐무즈를 위해 이슈타르가 지하세계로 내려가는 얘기가 전해지고 있다. 이슈타르 자신도 지하에 있는 죽음의 세계에 이르렀다가 다시 지상세계로 돌아올 때 그 생명의 물을 맑게 해야 했다. 그래야 죽음의 세계를 벗어날 수 있었던 것이다. 남매 부부신 사이의 이 바빌로니아 얘기는 수메리아에서도 찾아볼 수 있어 인간이 가진 가장 오래된 신화의 하나임을 짐작케 하고 있다.

물론 우리는 고대 메소포타미아의 문화가 낳은 이슈타르 얘기와 바리데기 신화를 직접 맞대놓고 그 양자 간의 관계를 운위할 수는 없다. 그러나 죽은 사람의 구원을 위해 살아 있는 사람이 죽음의 세계를 다녀오는 얘기가 이른바 '오르페우스' 얘기로 유형화된다. 그 분포가 구라파 전역은 물론 아시아를 포괄하고 북미 대륙의 원주민 세계에까지 퍼져 있음을 생각한다면, 바리데 기 신화의 특색이 단순히 한국 문화라는 범역 안에서만 해명할 수 없으리라는 예감을 갖게 된다. 더욱이 '오르 페우스' 유형의 신화·민담의 근처에서 샤머니즘적 원 리를 보아낸 스웨덴의 인류학자 오케 홀트크란츠 교수 의 명제를 고려한다면 한국 샤머니즘의 본색이 범인류 적 시야 속에서 다시 살펴봐야 할 당위성을 인지하게 된다. 이때 우리는 이 같은 유형의 신화·민담이 수메 리아 시대부터였다는 그 역사의 유구성도 십분 고려해 야 할 것이다.

바리데기 신화를 범인류적인 시야 속에서 부감해야 할 필요성은 이에서만 유래하는 것은 아니다. 그것은 바리데기 공주처럼 버려진 아내 얘기가 'S 431', 'S 432', 'S 433', 'S 434', 'S 435' 등으로 정리되어 있는 모 티브를 지닌 채, 큰 보편도를 지니고 범세계적으로 퍼 져 있기 때문이다. 어려서는 부모에게서 버려지고 결혼 해서는 남편에게서 버려진 여자 주인공이 우여곡절 끝 에 마술의 샘에 도달해 그 물을 마심으로써 불구의 몰 골이나 추악한 용모를 청산하게 된다는 줄거리가 버려 진 아내 얘기다. 그로써 그 여인이 신분상으로 버려지 기 이전의 상태로 복귀함은 말할 것도 없다.

수메리아나 바빌로니아까지 소급하는 'E 80'의 '오르 페우스' 얘기를 거쳐 샤머니즘적 원리와 맺어지는 것이 사실이라면, 바리데기 얘기가 무속 신화로서 전승된 것은 샤머니즘적 당위라고 해야 할 것이다. 바리데기가 생명수를 구해오는 과정에서 무속적인 인간 구원자임을 분명히 했을 때, 그는 신격화 내지 성화聖化될 수 있었던 것이다.

여기까지가 바리데기의 풀이다. 그가 어떻게 태어나 어떤 과정을 거쳐 성화되었는가 하는 것이 풀이되는 것이다. 태어나서 성화되기까지의 얘기가 풀이되면서 바리데기 신화가 전개되는 것이다. 그로써 바리데기 신화는 일단락지어진다.

그러나 바리데기의 얘기풀이, 그 사설풀이가 끝났을 때 또 하나의 풀이가 등장한다. 죽은 사람의 영혼을 저승까지 인도하기 위한 풀이다. 이것은 주원呪願 행위다. 주원은 푸는 것이다. 죽은 자의 소원을 풀어 무사히 극락까지 가게 하자는 것이다. 그것이 이른바 오구굿이다. 오구굿이 베풀어져야 할 대상이 주로 원통하게 죽은 영혼임을 생각한다면, 그 원한을 푸는 것이 아주 중요한 의미를 지니게 될 것이다.

원통하게 죽은 자의 영혼은 이승에 머물러 배회하게 된다. 시집 못 가고 죽은 처녀 원혼인 손각씨, 장가를 못 간 채 죽었기에 원한을 품고 있는 몽당비귀신 등이 그 예들이다. 장화와 홍련의 넋이 그렇고, 밀양 부사의 딸 아랑의 넋이 또한 그렇다. 이들의 경우는 원한 때문에 주검마저 삭지 못한다. 그 영혼들은 무사히 서천으로 가야 한다. 원혼의 원한을 풀어 그 영혼을 서천에까지 인도하는 굿이 오구굿이다.

> 넋 건지기 굿당 옆 바닷가 사장에 유족들과 무당
> 들은 모두 일제히 바다를 향해 섰다. 남무男巫 김
> 재출 씨가 징을 치면서 독경을 하는 가운데 유족
> 들과 무당들은 선 채로 허리 굽혀 절을 했다. 독
> 경을 마친 김씨는 넋전魂殿을 놋주발에 담고 무
> 명 헝겊으로 싸맨 것을 바다로 던졌다. 이때 유
> 족들은 들고 있던 떡을 넋전을 향해 바다로 던졌
> 다. 그리고 산 수탉을 넋전을 향해 던지고 바닷
> 가로 헤엄쳐 나오니 이금옥 모녀는 손을 빌면서
> 닭을 맞이한다. 넋전에 줄을 잡아당기어 꺼내 소
> 반에 얹고, 또 붙잡은 닭을 다리를 묶어 소반에
> 얹고. 망자亡者의 사진을 함께 얹어 맏형 최씨가
> 상을 들고 집으로 향한다.

이 글은 문화공보부 문화재관리국에서 간행한 『한국
민속 종합보고서(경상북도편)』에서 뽑은 것이다. 미혼으
로 물에 빠져 죽은 사람을 위한 오구굿 중에서 그 원혼
을 불러내는 장면이다. 바다를 떠돌던 원혼이 닭에 붙
어서 그의 생가로 되돌아가는 것을 보여주고 있다.

이렇게 해서 물에서 건져진 영혼은 이웃에 살다가 역
시 외롭게 죽은 처녀의 혼을 맞아 이른바 영혼끼리의
혼례를 올리고는 무당에 의해 저승에 인도되는 것이다.

오구대왕님이 살아서 오구대왕님은 버려라. 바리데기 던져라. 던지데기 시영산 약물을 길어다 먹여 살렸건마는,
이 세상에 나와서 아무씨 망자는 누가 날 살리나, 날 살릴 이 누가 있더냐. 불쌍하고 가련하다, 처량한 망자님아.

오구대왕이라서 살려냈으나 그렇지 않은 사람은 도저히 되살려낼 수 없다. 그래서 그 영혼은 이제 저승으로라도 무사히 인도되어야 하는 것이다.

워낙 굿을 하는 시기, 제전을 베푸는 시기가 바로 신화가 얘기되는 시기다. 오히려 굿과 제전을 통해 신화가 행동화된다고 할 수도 있다. 주원으로서의 풀이가 곧 신화를 얘기하는 풀이를 수반하는 것이다. 주원풀이, 신화풀이는 겹쳐 있는 것이다. 오구굿은 그러한 이중의 풀이를 지니고 있다.

현재의 바리데기 신화는 도교와 불교의 윤색을 심하게 입고 있다. 바리데기가 다녀오는 나라가 서천 서역국으로 표현되고, 그곳에 미륵불이며 관세음불이 등장하고 혹은 수미산이 솟아 있는 것 등은 불교적 윤색이다. 그런가 하면 옥황상제가 사는 천상계로 표현되는 것은 도교적 윤색이다. 서천 서역국에 다시 옥황의 천상계가 겹쳐 있는 땅으로 관념되는 경우도 있어 이럴 때는 도·불교가 한데 어울려 윤색을 가하는 셈이 된다.

그러나 이러한 윤색이 가해지기 이전의 모습은 어디까지나 죽음의 나라다. 죽은 자들의 영혼이 살게 되는 나라다. 육신이 숨을 거두고 난 뒤 자유혼들이 거기서 삶을 누리게 될 땅이다. 그것은 그저 멀고 먼 곳, 살아 있는 자의 영혼이 못 가는 머나먼 곳이다. 산을 넘고 물을 건너고 흰빛깔의 길을 지나서야 갈 수 있는 아득한 곳이다.

자유혼이 한 번 거기 다다르기만 하면 그뿐, 숨을 거둔 자는 영영 죽고 만다. 그 나라에서는 혼들이 빠져나올 수 없는 것이다. 만일에 누가 죽었다 해도 미처 자유혼이 그 나라에 다다르기 전에 자유혼을 되돌이킬 수만 있으면 그 사람은 되살아날 수 있게 된다. 이른바 반혼返魂이다. 중세기에 창작된 「왕랑王郎 반혼전」은 반혼의 이야기다. 우리의 장례 민속에서 이른바 호복은 이 반혼을 위한 행위다.

> 망인의 윗옷을 가지고 지붕에 올라 왼손으로 옷깃을, 오른손으로 허리를 잡고 북쪽을 향해 흔들면서 남자는 관직명이나 자字를, 여자는 이름을 부르게 되어 있다. 호복이 끝나면 지붕에서 내려와 호복을 한 옷을 시체의 가슴 위에 얹는다.

> 마당에 서서 지붕을 보고 오른손으로 망인의 속적삼을 잡고 왼편으로 흔들면서 망인의 주소 성명을 말한 뒤 '복 복 복' 하거나 그냥 세 번 '복'만

메멘토 모리, 죽음을 기억하라

부르거나 또는 '들아보고 옷이나 가져가시오'라고 외치기도 한다. 그리고 속적삼은 지붕 위에 던져두었다가 후에 내려서 시체 가슴 위에 얹는다.(이두현·장주근·이광규, 『한국학개설』)

숨을 금세 거둔 사람의 자유혼은 아직 집 가까운 곳 어디쯤에 있을 것이다. 이미 길을 떠났다 해도 지붕 높은 데 올라가 부르면 소리 닿을 만한 곳을 가고 있을 것이다. 영혼의 집인 옷을 흔들면, 그것이 보일 만한 곳에서 더 멀리는 가지 않았을 것이다. 이런 생각으로 영혼을 부르고 옷을 흔들어 손짓하는 것이다.

그러나 저승길도 이미 멀리 떠나 있으면, 영혼은 무당이 아니고는 되돌이킬 수 없다. 길을 가는 영혼을 뒤쫓아갈 힘을 가지고 있는 것은 무당일 뿐이다. 일시 혼절한 사람, 또는 혼수 상태에 있는 사람이 무당의 굿으로 되살아났을 때, 그의 영혼이 무당에 의해 저승길에서 되돌려진 것으로 믿어질 수 있었던 것이다. 그래서 심한 경우에는 이미 저승에 닿은 영혼을 빼내올 수 있다고도 믿어진 것이다. 이런 데서 저 유명한 민담의 '죽음세계 여행'의 모티브가 생겨났다. 이슈타르나 오르페우스가 그러한 여행이 가능한 인물이었고, 바리데기가 또 그러한 인물이다. 이웃 일본의 창조신 이자나기가 또한 그러한 신이다.

바리데기도 워낙은 죽음의 나라 여행으로 죽은 자의

영혼을 재생시키는 권능을, 지능을 지닌 무속신이었을 것이다. 그는 한국판 오르페우스고 이슈타르고 혹은 이자나기였을 것이다. 재생이 불가능한 자의 영혼을 저세상까지 안내해가는 것은 차라리 제2차적인 권능이었을 것이다.

> 사람이 절에 가서 중질하나 중마다 재齋를 받습니까. 사람이 살다가 죽으면 죽은 사람마다 오구재를 받습니까. 아버지 어머니 다 오구판관이 되고 나는 오구받은 영혼들을 내가 앞에 길을 치워서 오구받은 영혼들을 양금침兩衾枕 꽃밭에 시왕十王 세계로 인도하는 불설문佛說門으로 보내줍시다.(김태곤, 『황천 무가연구』)

영혼을 극락으로 인도하는 바리데기의 이러한 권능은, 죽은 자에게 다시 영혼을 되돌려서 재생케 하는 권능을 아무래도 능가할 수 없는 것이다. 영혼을 저승으로 인도하는 바리데기의 권능은 그가 죽음의 세계를 다녀옴으로써 죽은 자를 되살릴 수 있었다는 데서 유래한 것이 그 증거가 될 것이다.

삶과 죽음의 한계를 어쩔 수 없는 것이 보통 인간이다. 인간은 그 한계 속에서 자신의 존재의 실상을 보게 된다. 매이고 제한된 목숨, 그 불쌍한 몰골에 눈길이 닿았을 때, 그는 어떻게든 이 한계를 넘어서고 이 제약을 이길 길이 없을까를 궁리하게 된 것이다. 스스로 인간 존재로서의 가장 궁극적인 문제를 제기하고, 그 물음에 응답을 마련하려 했을 때 그 한계를 넘는 자유를, 그러한 권능을 지닌 자유자를 상정한 것이다.

생사의 한계 앞에서 그것을 초극하는 자유를 음미하면서 이 바리데기라는 존재가 탄생한 것이다. 인간이 자기 존재의 근원에 던진 한 물음이 스스로 마련한 해답, 구속과 제한을 벗어나려는 문제 의식이 그 자체로서 자유를 지향하며 얻어진 해답, 그것이 바리데기다. 바리데기는 그 같은 자유 의지의 딸이다.

바리데기의 본풀이는 한 인간이 무당이 되어가는 과정을 충실히 반영하고 있다. 이미 잘 알려져 있다시피 그저 평범하던 인간은 그가 무당이 되려는 즈음에 무징 巫徵을 드러낸다. 신체적 고통과 정신적 불안·초조 등을 노정한다. 보통 사람과는 달라져 보통 사람 아닌 다른 사람의 몰골을 갖는 것이다. 이때는 가령 그가 사람을 피하고 사회를 꺼려서, 육체적으로 스스로를 단절된 상태에 몰고 가지 않는다 해도 특이한 무징 그 자체 때문에도 그는 이미 소외된 상태에 있게 된다.

그러다가 그는 신의 계시를 받는다. 꿈에 신을 보아 현몽을 받거나 직접 환청이나 환시 경험으로 신을 접하게 된다. 그때 신은 그에게 앞으로 그가 신의 봉사자로서 해야 할 과제를 예언한다. 무엇을 찾아라, 무엇을 바치라, 시키는 대로 무슨 짓을 하라 등과 같이 주어진 과제를 다하면 그는 고통에서 벗어나 이제 한 사람 몫의 무당이 되는 것이다. 그가 접한 신이 내린 과업을 그대로 수행해서 그의 효험이 실증되는 단계가 필요할 때도 있다.

① 무징의 발현 → ② 사회나 남들에게서의 소외 → ③ 신과의 만남 → ④ 신과의 과업 수행 → ⑤ 효험의 입증 → ⑥ 무당으로서 자격 획득으로 이루어지는 무당이 되는 절차가 바리데기 얘기의 기층적基層的인 구조를 이루고 있음이 짐작될 것이다.

①은 없다고 해도 버려지는 바리데기가 ②에, 생명수를 지키는 신과의 만남이 ③에, 그 신이 요구한 과업의 수행이 ④에, 그리고 저승을 무사히 다녀온 것과 생명수에 의한 죽은 사람의 재생이 ⑤에, 마지막으로 저승으로 영혼을 인도하는 권능을 수임받게 되는 것이 ⑥에 비견될 수 있을 것이다.

생명 있는 것의 원천, 저승

실제로 무당이 되기까지에 베풀어지는 제의祭儀적인 절차와 무속신의 본풀이의 줄거리가 서로 대응하고 있음은 무속 신화가 무당들에 의해 행해진 종교적 행사를 풀이한 것임을 보여준다. 여기서도 굿과 풀이는 같은 것이다. 굿이 곧 풀이고 풀이가 곧 굿이다. 풀이굿이고 굿풀이다. '신화는 춤추어진다'는 유명한 명제는 이 경우에도 해당된다.

실제 동북아시아의 샤먼은 성무식에서 나무를 타고 하늘을 다녀오는 절차를 보이고서야 비로소 샤먼으로서 자격을 얻는다. 이러한 성무식의 절차는 세계의 기둥 또는 세계의 나무로 불려지는 하늘과 땅을 하나로 잇는 매체에 의지해서 하늘을 다녀오는 무속 신화와 맺어져 있다. 혹은 산이고 혹은 선녀의 줄이어서 매체가 다를 뿐, 바리데기도 하늘을 다녀와서 무당이 된 것이다. 더욱 그 산이 수미산으로 불려져 불교적인 윤색을 입은 세계산임을 고려할 필요가 있다.

바리데기 신화의 기층에 무속제의巫俗祭儀가 깔려 있다는 것은 무속신화가 지닌 현실성에 대해 말해주게 된다. 무속제의 그 자체는 엄연한 인간행위이기 때문이다. 실제로 행해졌고 또 행해지는 인간 현실이기 때문이다.

바리데기는 오구대왕을 아버지로 하고, 길대부인을 어머니로 하여 출생했다. 그녀의 아버지와 어머니는 신탁을 무시하고 혼인을 한 죄로 일곱 명의 딸을 두게 되었다. 신탁에 의하면 오구대왕과 길대부인의 혼인은 2년 후에 했어야 아들 세자를 볼 수 있었다.

그러나 그들은 서둘러 혼례를 올려버리고 말았다. 그런데 그해에 혼사를 치르면 칠 공주를 본다는 신탁이 있었다. 오구대왕은 그 신탁을 별로 심각하게 받아들이지 않고 서둘러 혼인을 했고, 불행히도 신탁의 예언은 적중하고 말았다.

여섯 명의 공주를 낳을 때까지도 오구대왕은 노여워
하지 않고, 왕자를 못 낳으리는 법이 없다고 굳게 믿었다.
그러나 그 바람은 일곱째 딸을 낳고 완전히 깨지고 만다.
바리데기를 잉태했을 때 오구대왕은 길대부인의 꿈에 궁
궐의 대명전 대들보에 청룡과 황룡이 서려 있었으므로 이
번이야말로 아들이겠구나 하고 은근히 기뻐했다.

드디어 산달이 되어 오구대왕은 태어날 아기를 초조
히 기대하고 있었다. 하지만 그는 여자아이의 울음소리
를 들었다. 오구대왕은 대체 저 울음소리가 어디서 나는
것인가 궁금해서 지나가는 시동에게 물었더니 중전마마
께서 일곱째 딸을 낳으셨다고 대답했다. 이에 오구대왕
은 이 나라의 왕위를 누가 계승할까 하며 슬픔에 잠겨 깊
게 탄식했다. 그러자 오구대왕의 슬픔은 분노로 변하여
간곡한 신하의 말에도 불구하고 이렇게 명령했다.

"그 아기는 나라에 해를 끼칠 자손이다. 어서 내다버려
라. 버리되 너무 멀리도 버리지 말고 궁궐 후원에 버려라."

왕의 명령이 떨어지자 신하가 그 아기를 후원에 버렸
다. 길대부인의 심정은 찢어질 듯했으나 어찌할 수 없
었다. 다만 모든 것이 자기의 잘못이라 생각하고 눈물
만 흘릴 뿐이다.

그러나 이상한 일이 벌어졌다. 하늘의 새들이 날아와
한 날개는 땅에 깔고 다른 한 날개는 아기를 덮어 보호
하는 것이었다. 몹시 괴이하게 생각했으나 그것이 더욱
좋지 않은 징조라는 생각에 이르자 왕은 옥함을 만들도

록 했다. 왕은 공주의 이름을 '버려진 아이'라는 뜻으로 바리데기라 했다.

옥함에 공주의 생년월시를 적은 종이를 넣고, 입에 젖병을 물려넣은 후, 하인을 시켜 바다에 던지게 했다. 그러나 하인이 옥함을 바다에 던지자 그것은 다시 솟구쳐 올라왔다. 두 번, 세 번째 던지니 금거북이 나타나 등에 지고 어디론가 가버렸다.

타향산 서촌은 밤이면 서기가 어리고 낮이면 구름과 안개가 자욱이 끼는 곳이었다. 저녁 무렵 웬 늙은 부부가 자줏빛 바랑을 둘러메고 부처님을 찬양하는 노래를 부르며 길을 따라오고 있었다. 그들이 서촌으로 가기 위해 언덕을 넘으려는 순간, 바다에서 번쩍이는 물체가 떠 있는 것을 발견하고 육지로 끌어올렸다.

그 물체는 태양에 의해 더욱 아름다운 빛을 발하고 있었다. 함에는 '국왕 칠 공주'라고 새겨져 있었다. 어안이 벙벙해진 노부부가 한참 후 경건한 마음으로 경문을 외우고 치성을 올리자, 함이 저절로 열렸다. 함 속을 들여다본 할아버지가 말했다.

"여보! 이 애는 하늘이 우리에게 주셨나 보오."

"외롭던 우리에게 딸이라도 점지해주시니 좋기는 합니다만, 집도 없는 우리 처지에 이렇듯 귀한 자식을 기를 수 있겠습니까?"

할머니가 이렇게 걱정했으나 그들은 하늘이 주신 자식을 하늘이 저버리지는 않을 것이니 지성으로 기를 것을 약속했다. 버려진 아기를 안고 길 위에 올라서니 가까운 곳에 살림살이가 조촐하게 마련된 초가삼간이 있었다. 그래서 그 집에 들어가 살림을 시작했다.

아기는 가르쳐주는 이도 없이 글을 깨우치고, 하늘과 땅에 관한 일을 환히 알았다. 세월이 흘러 버려진 아기가 열다섯 살이 되었다.

이 무렵, 바리데기의 아버지인 오구대왕과 어머니인 길대부인은 갑자기 병을 얻어 자리에 눕게 되었다. 모든 신통한 약과 용한 의사를 다 불러보았으나 효험이 없자, 마지막으로 점을 쳐 알아보게 했더니 점치는 이는 다음과 같이 말했다.

"하늘이 아는 자손을 버린 죄입니다. 이 나라의 약으로는 고칠 수 없습니다. 다만 서천 서역국의 약물을 마셔야만 나을 수 있습니다."

그 말을 듣고 대왕은 여섯 딸을 불러모았다.

"얘들아, 지금껏 너희들을 길러온 너희 부모가 몹쓸 병에 걸려 죽게 되었구나. 너희 중 누가 가서 그 약물을 구해올 수 있겠느냐?"

이렇게 말하고 대왕은 맏딸에게 물었다. 그러자 맏딸은 단호히 거절했다.

"아버님, 점잖은 규수가 어찌 그 먼 곳을 다녀올 수 있겠습니까? 저는 못 가겠습니다."

기대를 걸었던 나머지 딸들도 한결같이 거절했다. 대왕 부부는 마주보며 한숨만 쉴 따름이었다. 그러는 중에 죽을 때 죽더라도 버렸던 바리공주나 보고서 죽고 싶은 생각에 온 나라에 포고해 바리공주를 찾게 했다. 어느 날 한 신하가 아뢰었다.

"소신이 간밤에 천기를 살펴보니, 타향산 서촌에 밤이면 서기가 어리고 낮이면 오색 구름 영롱하니, 아마도 공주님이 그곳에 계신 듯하옵니다."

왕은 그곳으로 사람을 보내 알아보게 했다. 노부부는 사신을 바리공주에게 안내했다. 그러나 공주는 자신이 공주라는 확실한 표적을 요구했다. 사신은 오구대왕의 무명지를 베어 나온 피를 받은 곳에 공주의 핏방울을 떨어뜨리니 피가 완연히 합하는 것을 보고는 의심할 여지가 없어졌다.

바리공주는 무려 15년 만에 부모를 만났으나, 그들은 병에 걸려 목숨이 경각에 달려 있었다. 오구대왕과 길대부인은 지난 일들을 생각하면 가슴이 메일 뿐이었다. 바리공주는 그동안 못한 효도를 이번에 하겠다는 생각으로 서천 서역으로 약수를 구하러 가겠다고 했다.

공주는 맏언니의 저고리, 둘째 언니의 치마, 셋째 언니의 고쟁이, 넷째 언니의 속옷, 다섯째 언니의 버선, 여섯째 언니의 댕기를 빌어서 몸치장을 하고는 약물을 뜰 주발과 우동이를 옆에 끼고 무쇠신을 신고, 무쇠지팡이를 끌고 길을 떠났다. 한참 가다가 월수천 건너 빨래하는 아낙네들을 만나 서천 서역국으로 가는 길을 물었다.

아낙네들은 검은 빨래를 눈처럼 희게 빨아놓으면 가

르쳐주겠다고 했다, 바리데기는 검은 빨래를 눈처럼 희게 빨았다. 그러자 비로소 아낙네들은 "저기 저 길로 한참 가다가 다리 놓는 양반에게 물어보시오"라고 말했다. 작별 인사를 하고 길을 가던 바리데기는 다리를 고치는 노인에게 길을 물었다.

"무쇠다리 99칸을 다 놓아주시오. 그러면 가르쳐주지."

공주는 열심히 다리를 놓았다. 그러자 노인은 길을 가르쳐주었다.

"저 길로 가다 탑을 쌓고 있는 양반에게 물어보시오."

이리하여 바리데기는 흙과 돌을 날라다 탑을 쌓기도 하고, 검은 수건을 하얗게 빨아도 주었다. 한참 길을 가는데 새로운 경치가 나타나기 시작했다. 어떤 곳에 이르니 석가여래와 아미타불이 바둑을 두고 있었다. 공주는 부모를 구하기 위해 서천 서역국으로 약수를 구하러 가는 길이라고 말하자 부처는 그 정성에 감동해 기꺼이 길을 가르쳐주었다. 아울러 어려울 때 도움을 줄 세 가지의 낭화浪花를 선물했다. 또한 험로는 탄탄한 길이 되고, 언덕은 평지가, 바다는 못이 되는 금지팡이를 선물했다. 아직도 길은 육로 삼천 리, 험로 삼천 리가 남았다.

이제부터는 인간이 사는 세상이 아니었다. 칼이 수풀처럼 솟아 있는 칼산지옥, 구렁이가 득실대는 뱀지옥 등 무려 팔만사천 지옥을, 다만 어버이를 구하겠다는 마음 하나로 참고 견디면서 하나하나 넘어서 갔다. 구름도 바람도 쉬어 넘는다는 철성에 이르러 공주가 낭화를 세 번 흔들자 평지가 되었다.

그곳을 지나자 깊은 물이 가로막았다. 그때 공주는 아미타불 부처가 일러준 말이 생각나서 지팡이를 높이 들어 던졌다. 순간 물 위에 오색이 영롱한 무지개다리가 놓였다. 저쪽 언덕에 이르니 그곳의 임자인 무장승이 앉아 있었다. 그는 키가 하늘에 닿았고, 눈은 등잔 같고, 얼굴은 쟁반 같고, 발은 석 자 세 치나 되는 거인이었다.

그 앞에 이르자 공주는 사정을 말하고 길을 열어줄 것을 부탁했다. 그러자 무장승은 기특한 일을 하거나 길값을 내라고 했다. 길값을 가져오지 못한 공주는 길값으로 3년, 삼값으로 3년, 물값으로 3년씩 나무를 해주고, 불을 때어주고, 물을 길어주기로 약속하고 무장승을 위해 9년 동안 일해주었다. 9년이 지나자 무장승이 공주에게 말했다.

"그대는 범상한 인물이 아닌 것 같으니, 내 아내가 되어 아들 일곱만 낳아주시면 그대의 뜻을 이루어드리리다."

공주는 그렇게 하겠노라 약속하고 드디어 일곱 아들을 모두 낳았다. 공주는 무장승에게 약속대로 아들을 다 낳았으니 이제는 약수를 구하러 떠나겠다고 말했다. 무장승은 이왕 여기까지 왔으니 바다 구경이나 하고, 뒷동산에 올라가 꽃구경이라도 하고 가라고 청하자 공주는 말했다.

"아니오. 지난밤의 꿈에 초경에 금관자가 부러지고 이경에 은관자가 부러지는 것이 보이니, 아마 부모님의 생명이 위험한 것 같아요."

"정 그러하다면 내 말하리다. 그동안 그대가 길어온 물이 그대가 찾는 약수요, 뒷동산 후원 안에 있는 꽃이 숨살이圖息, 뼈살이圖骨, 살살이圖肉의 3색 복숭아꽃이오. 그대는 이것들을 가지고 가서 부모를 살리시오."

공주는 무장승의 말을 듣고 약수를 금바가지에 떠서 금동이에 담고 나머지 것들도 챙겨 길을 떠나려 하자, 무장승이 공주의 소매를 잡으며 같이 가고 싶다고 했다. 이미 부부의 언약을 맺은 터라 거절할 수 없어서 공주와 무장승은 일곱 아들을 데리고 왔던 길을 향해 길을 떠났다. 올 때의 그 험난한 길은 순탄한 길로 바뀌었고, 어느새 그들은 지상세계에 나와 있었다. 한 모퉁이를 돌아서다 커다란 상여가 길을 나가는 것을 본 공주는 한 초동에게 누구의 상여인가 물었다.

"예, 오구대왕 부처가 한날 한시에 세상을 버리신 고로 지금 인산因山 거동하는 중입니다."

공주는 깜짝 놀라며 황급히 장례 행렬을 멈추게 했다. 그리고 서역국에서 가져온 약수를 아버지, 어머니의 입에 한 방울씩 넣었다. 계안주는 품에 넣고, 연수는 눈에 넣었다. 그러자 죽은 살에 생기가 돌고 심장이 뛰기 시작했다. 눈이 절로 떠졌다. 오구대왕은 그제서야 바리공주를 알아보고 눈물을 흘리며 공주의 은공에 감사했다.

한편 장례를 계기로 해서 여섯 공주는 서로 재산을 많이 차지하기 위해 싸움질을 하다가 오구대왕이 다시 살아났다는 말을 듣고 깜짝 놀라 제각기 멀리 도망치고 말았다.

오구대왕은 바리공주에게 은혜를 보답하기 위해 이 나라의 왕이 되라고도 하고, 많은 재물을 주려고도 했으나 공주는 모두 마다하며 다만, "약수를 구하러 갔다가 길값을 아니 가지고 간 죄로 무장승을 지아비로 삼아 이미 일곱 아들을 낳아 여기에 데리고 왔습니다. 부모님의 허락 없이 결혼했으니 죽을 죄를 졌나이다"라고 말했다.

그러자 오구대왕은 기꺼이 무장승을 맞아들였다. 대왕은 그의 육중한 몸집에 크게 놀랐다. 오구대왕은 무장승으로 하여금 산신제, 평토제를 받을 수 있도록 점지해주었다. 일곱 아들은 저승의 16왕이 되어 먹고 입을 수 있도록 하고, 바리공주는 서역국의 보살 수륙재水陸齋에 공양을 받을 수 있도록 점지했다. 이후 행복한 일생을 살게 된 바리공주는 죽은 후에 무속의 여신이 되었다.

이 같은 줄거리를 뒤쫓다 보면 한국인의 죽음의 사상이 갖는 몇 가지 국면을 헤아리게 된다. 그것은 오구풀이인 바리데기가 들려주는 죽음의 본풀이 같은 것이다.

무엇보다 먼저 우리들은 이 기막힌 '석세스 스토리', 곧 성공담 또는 성취담에서 성취 또는 성공의 궁극적 과제 혹은 목표가 죽음의 극복에 있다는 점을 들어야 한다. 죽음을 과장하는 능력 갖기야말로 우리들의 박행한 공주가 일구어낸 최후의 성취 대상이다. 죽음에 일방적으로 당하는 것이 아니라 죽음을 제어하고 관장할 수 있는 능력에 부쳐서 인간이 공유했을 꿈이 곧 우리들의 바리데기다.

다음으로는 이승과 저승 사이를, 바람처럼 자유로이 오고 갈 수 있는 권능에 대한 꿈이 '바리데기'에는 담겨 있다. 이것은 온 평생을, 특히 『형상시집』 이후 줄곧 그의 시인으로서의 생애를 오직 죽음에 바치다시피 한, 릴케가 「오르페우스에게 부치는 소네트」에서 죽은 아내 에우리디케를 찾아서 저승나들이를 한 오르페우스에게 헌정한 송사頌詞를 연상시키기 족하다.

한국인은 반혼返魂이란 관념에 기대어서 자유로운 저승 여행을 생각해왔다. 삶이 한계가 아니고 죽음이 막장이 아니게 서로 개방되고 열린 어느 경지를 그렇게 꿈꾸어온 것인데, 그것이 '바리데기'에서 드디어 열매를 맺은 것이다.

끝으로 죽음이 떠나감이나 나그네길이 아니라 돌아감이라는 것에 대해서 '바리데기'는 말해주고 있다. 생명의 꽃이 피고 목숨의 물이 샘솟는 곳이 저승이다. 그곳은 모든 생명 있는 것의 원천이고 본향이다. 거기로 가는 것이 되돌아감이고 복귀, 그나마 원천源川 회귀回歸가 아니라면 말이 안 된다. 그것은 불행히도 외래 종교가 들어오면서 우리들이 놓쳐버린 죽음이다. '돌아가는 죽음', '복귀하는 죽음'은 '떠나가는 죽음'에 떠밀려서 죽고 만 셈이다.

신화가 일군 죽음들

슬픈 육신의 한계를 넘어서

우리들은 지금까지 바리데기의 저승 여행과 「제망매가」의 생사로에 관한 얘기를 해왔다. 소재가 다르고 주인공이 다르긴 했으나 그 얘기들은 모두 죽음에 의미를 부여하는 인간 행위에 관한 것들이었다.

죽음, 어둡고 습한 그것. 죽음, 검고 불가지不可知의 늪 같은 것에 빛을 들이대고, 그 복면을 벗기고 그래서 그것이 삶에 대해 무엇인가 지녔을 뜻을 가늠하는 그런 얘기들이었다. 그러고도 그 얘기들에 또 다른 공통점이 있다면 죽음을 절대적인 크기의 담벼락으로 보았을 때, 그 담벼락까지만 한정해서 한 얘기가 아니라는 점이다. 그 담벼락을 경계로 해서 삶 쪽을 되돌아보며 하는 얘기였다.

고조선과 삼국 시대의 신화에는 죽음 뒤의 세계에 관한 얘기가 없다. 단군은 길이 입산해 산신이 되었다고 전해지고, 동명왕은 인마麟馬를 타고 길이 승천했다고 전해지고 있다. 탈해는 스스로의 뼈로 만들어진 골상과 더불어 토함산신으로 섬겨졌고, 혁거세는 사후에 잠시 하늘에 올라갔다가 시신이 다섯 조각으로 갈라져 지상에 떨어졌다고 한다. 모두 신화적인 '히어로 스토리Hero-Story'의 주인공다운 신비로운 죽음을 갖고 있는 셈이다. 태어날 때의 신 못지않은 신비한 죽음을 갖고 있다.

이 가운데서 동명왕의 승천이 동북아 샤머니즘에서 볼 수 있는 '영혼의 천계 여행' 모티브를 반영하고 있다거나, 혁거세의 죽음 역시 시베리아 샤머니즘의 이른바 '육신'의 '분해' 모티브에 대응하고 있다거나 하는 재미나는 문제가 있으나 여기에서는 생략하기로 한다. 여기서는 다만 이들 신비로운 허구 같은 얘기가 시베리아 샤머니즘의 원리에 비추어보았을 때, 결코 허구의 얘기가 아니란 것을 지적하는 데 그치고자 한다. 샤먼들이 그들의 제의에서 실제로 행동한 사실의 언어적 반영인 것을 지적하고 싶다.

이처럼 인물들의 죽음이 지닌 신비에 관한 얘기는 있어도, 그들이 사후에 누렸을 세계에 대한 언급은 없다. 사후에 세계가 있을 암시는 있으나 그 구체적인 묘사는 없다. 가령 단군이 최치원처럼 신선이 된 것으로는 가상해볼 수 있으나 그 이상은 알 길이 없다. 이처럼 상고대의 우리 신화가 삶의 기원과 죽음의 유래, 그리고 사후의 세계에 대한 모티브를 지니고 있지 않음은 매우

메멘토 모리, 죽음을 기억하라

섭섭한 일이다.

하지만 처음부터 이러한 모티브들이 결여되어 있었던 것 같지는 않다. 왜냐하면 오늘날에까지 남겨진 이른바 무속적 서사문학에는 그 모티브들이 보존되었기 때문이다. 특히 제주도의 「천지황본풀이」는 죽음의 기원에 대해서 말해주고 있다.

오늘날 문헌에 남겨져 있는 상고대의 신화는 시베리아 샤머니즘과 밀접한 연관을 가지고 있을뿐더러, 오늘날에까지 전해진 무속적 서사문학 역시 그 같은 연관을 지니고 있다. 이러한 연관성을 방증으로 했을 때, 문헌에 남겨진 상고대 신화가 이른바 무속 신화다운 '본풀이'를 줄기로 하여 형성된 것임을 헤아리기는 그리 어렵지 않다. 본풀이란 한 무속적 신격의 유래를 비롯한 각종 전기적 사실에 관한 서사적 얘기다. 말하자면 누가 어떻게 어떤 모습으로 태어나 어떤 과정을 밟아 신이 되었는가 하는 것을 줄거리로 하는 무속적 얘기다.

오늘날까지 전해지는 대부분 무속적 서사문학은 바로 이 '본풀이'다. 근본, 본향, 본성에 관한 풀이, 곧 얘기라는 뜻이다. 문헌에 정착된 상고대의 신화들은 무속원리에 의해 뒷받침된 왕권에 대한 본풀이다. 무당의 본풀이가 무속원리를 그냥 지닌 채 왕권의 본풀이로 탈바꿈하면서 상고대 왕권의 신화가 생겨나는 것인데, 얘기가 왕권을 중심으로 집약되면서 삶과 죽음의 기원 또는 사후의 세계 등에 관한 모티브는 빠져버렸다고 짐작된다. 이처럼 상고대 신화에는 죽음의 기원이나 사후세계에 관한 언급이 없는 것이 사실이라 해도 신화 아닌 그 밖의 민간 전승에마저 그 같은 언급이 없는 것은 아니다. 일례를 『삼국유사』의 「사복불언蛇福不言」에서 보자.

사동蛇童은 신라의 한 과부가 남편 없이 낳은 아이였다. 그는 나이 열둘이 될 때까지 말도 못하고 일어서서 걷지도 못했다. 그는 어머니가 죽었을 때 스스로 어머니의 주검을 업고 땅 밑 세계로 들어갔다. 갈대 줄기를 뽑아, 그 갈라진 틈을 통해서 그 아래 맑고 맑은 빛이 감도는 세계로 어머니를 모시고 들어갔다. 칠보의 난간이 둘러쳐지고 누각이 장엄하여 인간세계와는 완연히 다른 세계였다. 사동이 그 속에 들자 땅은 문득 합쳐져 갈대를 뽑기 이전처럼 되고 말았다. 『삼국유사』의 문맥에서는 이 세계가 바로 연화세계, 극락에 견주어져 있다. 「사복불언」은 줄거리 전체로서는 아들이 어머니를 모시고 연화왕세蓮花往世한 얘기가 되는 셈이다.

「사복불언」과 같이 죽음의 세계를 묘사한 『삼국유사』의 기록이 또 하나 있다. 「선율환생善律還生」이 그것이다. 망덕사望德寺의 중인 선율은 살아 있는 동안 『반야경전般若經典』을 간행하리라는 뜻을 이루지 못한 채 죽고 말았다. 명부冥府의 주인은 그의 뜻을 높이 일컬으며 환생케 하고 그를 다시 인간세계로 나가게 했다. 세상으로 되돌아오던 길목에서 한 여인을 만나 그녀의 청을 듣게 되었다. 아직도 살아 인간계에 머물고 있는 죽은 그녀의 부모를 위한 청이었다. 그 부모가 몰래 사찰의 논이랑을 훔친 죄로 말미암아서 그녀 자신이 명부의 초달을 받아 고통이 막심하니 부모에게 일러 그 논을 되돌리도록 해달라는 것이었다. 그 청을 받아들인 선율은 그가 죽은 지 10일 만에 그의 무덤을 뚫고 되살아나서, 마침내 그 여인의 원도 풀어주고 스스로는 보전寶典을 마련하기에 이르렀다는 것이다.

모처럼 사후의 세계를 그리는 두 얘기가 모두 불교 설화다. 그래서 이 얘기 속에 등장하는 사후세계의 모습을 곧장 한국적 민간 전승의 것이라고 말하기는 힘들다. 그러나 불교적 영향 속에서만 한국인들이 비로소 사후의 세계를 생각해보게 된 것이라고 말할 수는 없다.

현전하는 무속 서사문학의 하나에 「바리공주」가 있음은 이미 언급한 바 있거니와 그 속에는 비록 불교적 윤색이 강하기는 했으나, 사후의 세계가 소상하게 묘사되고 있다. 그러나 불교적 윤색이 있다고 해서, 「바리공주」 가운데의 사후세계 부분이 그대로 불교에서만 순연하게 유래했다고 말할 수 없다. 「바리공주」처럼 사후세계에의 여행을 주제로 삼고 있는 시베리아의 무속적 서사문학이 존재하기 때문이다. 그 보기로 우리들은 만주족의 「니잔의 이야기」와 툴크족의 「쿠바이코」를 들 수 있다.

불교 설화에 깃든 시베리아 샤머니즘

시베리아 샤머니즘에서 한국 무속신앙의 수많은 '애널로그'를 발견할 수 있는 것이 사실이라면,「바리공주」에 그려진 사후세계는 무속 본래의 것이 불교의 윤색을 입어 이루어진 것이라고 유추해볼 수 있을 것이다.

한국의 무속신앙 내부에서 마련된 사후의 세계가 없다고 한다면, 샤머니즘적 원리를 지닌 신화 속에서 동명왕이 승천한다는 것은 아무 의미도 지니지 못하고 말 것이다. 왜냐하면 그는 평소에도 인마를 타고 하늘에 올라 천정天政에 참획한 것으로 믿어지기 때문이다. 천정이란 말 자체가 이미 하늘에는 하늘대로의 생활이 있음을 시사하는 셈이다.

사후의 세계는 누구나 한 번 거기 들기만 하면 마음대로 빠져나올 수 없는 세계다. 앞의 선율 얘기에서 다시 이승으로 되돌아가고 싶은 소망으로야 선율에게 청을 드린 그 여인도 선율만큼 간절한 것이다. 그러나 그 여인에게는 그것은 이루어질 수 없는 소망이다. 법시法施, 곧 불전佛典을 대중에게 펴리라는 비원悲願을 간직한 채, 죽음에 든 승려에게나 재생의 기회는 주어져 있는 것이다. 이승에 아직도 요긴한 과업을 남긴 불승에게라야 비로소 환생의 길이 열려 있는 것이다. 이것은 영혼의 윤회와는 다르다.

일례를 다시 한 번 더『삼국유사』에서 보자. 권5에는

「대성효이세부모신문대大城孝二世父母神文代」라는 전승이 있다. 모량리牟梁里의 가난한 여인이 대성이란 이름의 아이를 가지고 있었다. 머리가 커서 그 정수리 부분이 성처럼 넓었기 때문에 붙여진 이름이다. 여인은 살림이 어려워 대성을 키우기조차 어려웠으나 남의 일을 맡아함으로써 논밭을 장만할 수 있었다.

그럴 무렵 마침 보시를 원하는 승려의 권고를 따라 대성은 그 어머니로 하여금 논밭을 시주케 하였다. 얼마 지나지 않아 대성은 죽게 되었다. 그가 숨이 지던 날 하늘에서 소리가 있되, 재상인 김문량의 집에 모량리의 대성이란 아이가 깃들이게 되리라는 것이었다. 김문량의 집안 사람들이 모두 놀라 모량리 일대를 살펴보았더니 과연 대성은 죽어 있었고 동시에 김문량의 처에게 태기가 있었다는 것이다. 새로 태어난 아기는 7일 동안 왼손을 움켜쥐고 있다가 가까스로 펴보였는데 거기에는 대성이란 이름을 새긴 황금의 간자簡字가 있었다고 했다. 해서 대성으로 이름 삼고 그 옛어머니마저 모셔다가 한 집 안에서 살게 되었다는 것이다.

이 경우도 최소한 겉으로 드러난 문면상으로는 불교 설화라는 것을 의심할 여지가 없다. 하지만 한 사람의 영혼이, 그 육신이 죽은 뒤 다른 육신을 얻어 삶을 지속하게 된다는 믿음은 시베리아 샤머니즘의 것이기도 하다. 이른바 '자유혼'의 육신 이전이다. 그러므로 대성의 얘기가 비록 불교적인 것이라 해도 적어도 그 불교적인 것을 수용하고 그럼으로써 그것을 전승했던 사람들의 의식의 바닥에는 쉽게 그 같은 얘기를 받아들여서 전할 수 있는 바탕이 있었던 셈이라고 생각할 수 있겠다.

돌아오는 혼들

하지만 대성의 얘기는 죽은 사람의 영혼이 다른 육신을 새로이 얻게 되는 얘기인 데 비해, 선율의 경우는 죽은 사람의 영혼이 그 본래의 육신으로 되돌아오는 얘기다. 전자가 '자유혼의 전이'라면 후자는 '자유혼의 반환'이다. 자유혼이란 육신을 떠나서 독자적인 생을 영위하거나 행동이 가능하다고 생각되는 영혼이다. 그림자 혼 또는 몽혼夢混이라고도 불려진다. 우리가 잠자는 사이에 육신을 떠나서 자유로이 활동할 수 있는 영혼이라고 생각하기 때문이다. 혹은 그것은 무당이 무열巫悅 상태라 부르는 탈자아적인 도취경에 빠져 있을 때에 경험하게 된다고도 한다. 영혼이 육신을 떠날 수 없다고 말한 아리스토텔레스와는 달리 소크라테스가 육신에서 자유로운 영혼을 말했을 때, 그는 우리들의 자유혼에 대해 알고 있었던 것일까?

우리들이 혼절하거나 병이 들어 의식을 잃게 되는 것도 이 자유혼이 육신을 떠나, 우리들이 영혼을 잃은 상태가 되기 때문이라고 믿어지고 있다. 이 자유혼과 대립되는 개념이 바로 육체혼이지만 이러한 이원적 대립 속에서만 영혼관의 전모가 잡힐 것은 아니다. 좀 더 많은 수효의 복수複數 영혼관도 민족에 따라서는 엄연히 존재하고 있다. 이러한 영혼관으로 보면 자유혼의 전이란 자유혼이 새로운 육신으로 옮겨앉은 셈이고 그 반혼이란 원래의 육신으로 되돌아가는 것을 의미하게 된다.

우리 민속신앙에서 이른바 반혼은 이 자유혼의 반환을 뜻한다. 가령 물에 빠져 죽은 사람의 영혼을 그가 평소에 입었던 옷을 흔들면서 초혼하는 것은 가족들이 그의 자유혼을 그의 옷에 반환케 하고자 하기 때문이다.

이 자유혼과 육체혼의 대립에 크나큰 문제가 있다. 이 대립에 관해서는 가령 우노 하르바나 이바르 포올선 혹은 오케 홀트크란츠 등 북유럽의 학자들에 의해 북부 유라시아는 물론 북부 미주 인디언에게서까지 추적되어 그 방면의 적잖은 업적이 쌓여 있다. 크나큰 문제라지만 상대적인 비중으로 말하면 자유혼 쪽이 더 큰 문제를 지니고 있다. "자유혼이란 개념으로는 한 개체의 자유롭고도 탈육신적인 육신을 벗어난 현상적 양태를 의미한다. 육신이 살아 있을 동안에도 이미 우발적으로 또는 시간을 정하여 육신을 떠나서 그 자신의 존재를 영위할 수 있는 제2의 자아, 또 하나의 에고ᵉᵍᵒ인 것이다." 이것이 북유라시아, 특히 북부아시아의 샤머니즘 및 민속에 탁월한 업적을 남긴 스웨덴의 인류학자 포올선의 자유혼에 관한 설명이다.

죽음이라는 장벽과 한계가 불러낸 자유혼

이 자유혼은 육신의 생사를 초월해 있는 영혼이다. 그것은 인간이 지닌 슬픈 육체적 한계를 넘어서 있다. 숨이 다한 뒤, 육신의 멸각滅却이야 어쩔 수 없는 일이다. 이 육신의 멸각을 넘어서서 있을 인간 생명을 기원하면서, 그것을 비원悲願하면서 자유혼의 개념은 생겨난 것이다.

자유혼은 초육신적인 생명의 영속성을 바라는 인간들의 비원이 투영되어 이루어진 영혼이다. 육신의 퇴각과 함께 없어질 생명원리는 육체혼에 담아 아예 한쪽 구석으로 밀쳐버리고 만 것이다.

우리 민간 전승에는 사람들이 잠든 사이 그 육신을 떠나게 되는 영혼에 관한 얘기와, 그리고 속신이 전해지고 있다. 아이들은 얼굴에 환칠을 하고 자지 말라고 한다. 밤새 몸을 빠져나간 영혼이 새벽에 돌아와서는 얼굴의 환칠 때문에 제 본래의 육신을 못 알아보고 딴 곳으로 떠나버리게 된다고 믿었기 때문이다.

죽음이 움직일 수 없는 한계라는 것. 그 한계를 넘어서 간 누구도 되돌아온 사람이 없다는 사실. 죽음이 육신을 기준으로 하는 한 절대로 극복될 수 없는 삶의 막다른 장벽이라는 것. 이러한 것들에 대한 통찰이 자유혼을 생각해낸 것이다.

새가 둥지를 떠나는 것이 어찌 새의 죽음이랴. 병아리가 달걀 껍질을 깨고 떠나는 것이 어찌 병아리의 종언絲焉이랴. 어둑어둑한 골짝과 골짝을 벗어나 밝은 하늘로 치솟는 해가 어찌 해의 임종이랴. 둥지도 같고 달걀 껍질도 같고 어둔 골짝도 같은 것이 육신이라 생각한 것이다. 그리고는 가볍게 나는 새가, 푸닥거리며 종종걸음을 치는 병아리가 그리고 어둠을 떨치는 빛나는 태양 같은 영혼이 있음직하다고 생각한 것이다.

16세기의 영국 시인, 존 던이 달걀 노른자를 삶에 견주고 노른자에 박힌 씨눈을 죽음에 비유했을 때, 그가 이끌어낸 죽음의 관념도 이 자유혼적인 사고방식과 그렇게 멀지는 않을 것이다. 죽음인 씨눈이 삶인 노른자를 먹고 자라다가 드디어 죽음이 완전히 제 모습만큼 성장했을 때, 말하자면 한 마리의 병아리가 되었을 때, 그 완성된 죽음, 곧 병아리는 달걀 껍질을 깨고 이제 자유로운 삶을 살 것이다. 달걀의 부화는 삶 아닌 죽음의 부화였던 것이다.

우리 샤머니즘이 그 젖줄을 대는 시베리아 샤머니즘에 자유혼 개념이 있고 현재까지 전해진 우리의 민간 전승에 자유혼의 개념이 있는 이상, 앞서 언급된 '선율'이나 '대성' 얘기의 뜻을 일방적으로 불교 설화의 입장에서만 따지는 일은 좋지 않다. 불교적 내용이 내재해 있었다 해도 이미 우리 전승 내부에 내재해 있는 어떤 문화적 유형과 닮은 것이 외래 문화에서부터 수용되면, 그것이 우리 전승이 있던 자리를 대신 차지해버릴 수 있는 것이기 때문이다. 그렇다면 우리들은 외래적인 것을 통해서도 전통적인 것의 기저基底에까지 다가갈 수 있을 것이다. 이처럼 외래적인 것에 의해 대체된 전통적인 것의 의미가 계속 우리 문화사 내지 정신사에서 문제되어야 한다.

선율 또는 대성의 환생에서 문제될 자유혼은 불교적 윤색을 입고 있다 해도 그렇지 않은 원모습을 제대로 간직한 자유혼에 대해 일러주는 전승들이 있다. 「도화녀 비형랑」과 「수삽석남」이 그러한 전승이다. 전자는 『삼국유사』 권1의 것이고 후자는 『대동운옥』 권8에 실려 있는 얘기다.

도화녀는 빼어나게 아름다운 여인, 게다가 남의 아내였다. 그럼에도 왕은 그녀를 탐내어 왕궁으로까지 불러 사랑을 나누고자 강요했으나 그녀는 듣지 않았다. 어찌 두 남자를 섬기겠느냐며 죽음의 위협에도 굴하지 않고 완강하기만 했다. 왕은 하는 수 없이 그 지아비가 죽었을 때를 기약하는 정도로 그녀를 돌려보낼 수밖에 없었다. 그 뒤 왕이 죽고 다시 3년이 지나 도화녀의 남편 또한 죽고 말았다.

남편이 죽고 열흘 뒤의 일이었다. 한밤중에 왕은 평소대로의 모습으로 나타나 이제 그녀의 남편이 죽었으니 약속을 시행토록 하라고 하는 것이 아닌가. 그제야 여인도 피치 못함을 알아 그 부모와 의논한 끝에 왕과 더불어 7일을 한방에 머물렀다는 것이다. 왕이 자취도 없이 사라진 뒤 얻은 태기로 낳게 된 아기가 다름 아닌 비형랑이다.

죽은 위대한 인물의 영과 여인이 맺어져 기인을 낳는다는 속신도 시베리아 샤머니즘이 지닌 모티브의 하나다. 비형랑은 귀신을 부리는 마술적 힘을 지닌 인물로 묘사되어 있거니와 그것은 시베리아 샤머니즘의 경우, 사령과 여인의 교접으로 태어나는 아이는 대체로 샤먼이 되는 사실과 비견될 수 있을 것이다.

비형랑 얘기는 미망迷妄이라고 해도 좋을 만큼 한 여인에게 집착했던 한 사나이가 살아서 얻지 못한 사랑을 죽어서 얻은 얘기다. 주검과 죽음이 더불어서 오히려 살냄새 짙은 피기운을 풍기는 얘기다. 무서운 한 사나이의 집념과 정열이 괴괴하고도 처연하게 마련한 얘기다.

사나이의 사랑의 정열이 괴괴하기로야, 그 집념이 처연하기로야 「수삽석남」도 이에 못지 않다. 신라의 최항은 애인이 있었으나 부모가 둘 사이를 금했다. 항이 민민憫憫하기를 수개월에 드디어 폭사하고 말았다. 그러나 이변이 일어났다. 항은 죽은 지 8일 만에 그의 애인 집에 나타난 것이다. 항이 죽은 줄, 알 길이 없는 애인은 그를 그냥 산 사람으로 알고 반겼을 뿐이다. 이때 항은 목에 꽂았던 석남 꽃가지를 그녀에게 나누어주며, 우리 부모가 마침내 우리 두 사람을 같이 살게 허락했노라고 꿈에 그리던 소식을 전했다. 여인이 항과 더불어 항의 집에 이르자 항은 훌쩍 담을 넘어서 들어가버렸다. 새벽이 되기까지 기다렸으나 끝내 감감무소식이었다. 항의 집안 사람들이 여인이 담 밖에 서 있는 것을 보고 까닭을 물었을 때, 그녀는 자초지종을 얘기했으나 아무도 믿으려 들지 않았다.

항이 죽은 지가 이미 8일이 지났는데 무슨 소리냐고 상대조차 않을 기세였다. 그제야 그녀는 서로 나누어 목에 꽂은 석남 꽃가지 얘기를 하고서는 관을 열어 시험해보자고 제의했다. 관뚜껑을 여니 이것이 웬일인가. 죽은 항의 목에 석남이 꽂혀 있는 것은 말할 것도 없고, 그 옷자락이 이슬에 젖었고 짚신이 닳아 구멍까지 나 있는 것이었다. 여인이 통곡하며 스스로 목숨을 끊고자 했더니 항이 정작 되살아나 둘은 더불어 다시 30년의 삶을 누렸다는 것이다.

비형랑 전승과 마찬가지로 「수삽석남」도 죽음을 이긴 사랑의 얘기다. 그런 점에서는 맺지 못할 여왕과의 사랑이 무너지자 죽어서 불길이 되었다는 「심화요탑」의 주인공 지귀의 얘기와 비슷하다. 사랑의 정열을 마음의 불로 견주고도 모자라 타지 못한 정열의 주인공으로 하여금 죽어서 오히려 화귀가 되게 한 신라인의 상상력이 놀랍다. 하긴 역졸의 신분으로 감히 선덕여왕을 사랑하자고 들었으니 그 사랑의 불길은 태산을 태우고도 남았으리라. 해서 삭지 못한 사랑의 불길이 그 몸을 태우고 드디어는 경주 여기저기의 집들을 태우는 불길로 화한 것이다.

하지만 「비형랑」과 「수삽석남」의 경우는 죽음을 이겨

서까지 타오르는 사랑의 불길에 관한 얘기로는 끝나지 않는다. 그것은 삶의 가장 치열한 상황의 극인 사랑이, 삶의 철저한 부정과 맞겨루면서 얻어낸 또 다른 의의를 숨겨 가지고 있는 얘기이기도 하다. 생리적인 죽음, 육신의 죽음을 분명한 삶의 한계로 인식하고 난 뒤, 그 한계를 넘어서 존립할 수 있는 인간 속성을 구해 몸부림친 얘기다. 그 몸부림, 그 궁리, 그리고 그 생각이 낳은 것이 자유혼이다. 죽음을 육신만의 것, 죽음을 생리만의 것으로 몰아붙이고 난 뒤에 있을 생의 영원한 자유가 일러주는 얘기, 그것이 다름 아닌 「비형랑」과 「수삽석남」의 전승이다. 아름다운 사랑의 얘기, 뜨거운 정열의 얘기이기에 앞서서 인간 자유의 비원이 읊은 얘기다.

인간은 한계 앞에서 비로소 인간다워진다. 인간은 좌절의 덫에 걸려서 흘리는 동통疼痛의 피를 머금고 자라는 꽃이다. 인간은 자신이 고양이에게 쫓겨 막다른 골목에 다다른 쥐라는 의식을 더불어 스스로에 눈뜬다. 한계와 좌절, 그리고 극한은 인간 존재를 비쳐내는 거울이다. 자유혼은 그 거울에 의해서야 비로소 모습이 드러난 인간의 존재성이다.

5부

죽음을 생각하고
삶을 사랑하고

죽음만으로도, 생각 안에 깃들이는 죽음만으로도 이미 삶은 너무나 벅찬 무거운 짐을 지고 있는 것이다. 삶은 죽음의 막중한 하중을 걸머진 노예인지도 모른다. …… 그리하여 사람들은 죽음을 유머를 위한 최후의 터전으로 혹은 동기로 삼으려 든다. 죽음을 앞두고서야, 죽음을 맞대면하고서야 비로소 미소짓게 되는 경지, 그것은 단두대 위의 것일 수도 있고 아니면 임종을 목전에 둔 것일 수도 있게 된다. 그렇다. 이것이야말로 인간 최상의 유머다.

사람끼리도 자주 만나야 정이 들기 마련이다. 낯이 익는다는 것, 눈에 자주 든다는 것, 그것은 정붙이기의 전제다. 죽음도 마찬가지다. 죽음에 정을 붙이자면 그리하여 죽음과의 친화를 일구어 내자면 죽음과 자주자주 그리고 절실하게 마음으로 만나야 한다. 삶이 죽음과 정을 붙여야 한다.

나비가 꽃에 앉듯이 살아 있는 자가 그 자신의 죽음을 앞에 두고 말한다.

"죽음이여, 교만치 말라!"

다 함께 이들 일화를 생각하면서 죽음에게 던지고 싶은 심중의 말 한마디.

"죽음이여, 거들먹대지 말라!"

죽음을 위한 몇 가지 슬픈 사연들

죽음 앞에서 교만한 사람들

이 책에서 자주 말하듯이, 죽음과 삶 사이에는 경계가 있고도 없고, 없고도 있다. 유무 사이의 모순을 끼고 그 한쪽에 삶이 있고 다른 한쪽에 죽음이 있다. 그리고 그 경계가 굳은 것 같으면서도 여리다는 것을 사람들은 실증적으로 익히 알고 있다. 그러기에 반사적으로 한사코 그 경계에다 철근 콘크리트로 담장을 쌓으려 든다. 여린 국경선을 철대문으로 그리고 철벽의 만리장성으로 보강하려고 든다. 그리곤 '월경越境 금지'를 헛되이 외쳐댄다. 죽음을 향해서……

다음 이야기는 그 같은 담장 굳히기에 관한 것이다. 1990년쯤의 일이다. 서울 강남의 한 지역에 거대한 아파트촌이 들어서면서 이 이야기는 시작된다. 그곳의 이름은 원체 유명하지만 여기선 일부러 덮어두기로 한다는 것을 굳이 밝히고 싶다.

입주가 시작되고 단지가 본격적으로 형성되기 시작했을 때, 그 지역에 관한 해괴한 기사가 신문에 났다. "공동묘지를 철거하라!" 이런 팻말과 구호를 앞세워서는 그곳에 갓 이사온 부인네가 시위를 했다는 것이 그 내용이었다. "죽은 자를 없애라." 그 정도가 아니라 아예 "죽음을 치워 없애라!"에 통할지도 모를 대단하고 엄청난 행사가 아닐 수 없었다.

워낙 그곳은 경기도와 접한 한가한 곳이었기에 공동묘지가 있었던 모양이다. 죽은 이들이 대대로 기득권을 누려온 게 분명했다. 그곳 어느 집안의 경우는 대대로 조상이 잠든 '문중 묘역'일 것이 뻔했다. 한데도 새로 이사온 사람들이 들고 일어서서는 나가라고 외쳐댄 것이다. 무허가 건물이라도 헐어내는 듯한 기세였을지도 모른다.

왜 이토록 산 자들이 죽음 앞에서 오만을 부리고 건방을 떤 것일까? 하도 어이가 없어서 그 이유를 나름대로 곰곰이 따져보았다. 몇 가지 생각이 났다. 우선 공동묘지가 눈에 거슬렸을 것이라고 짐작되었다. 화려하고 웅장한 대단위의 새로운 아파트들에 견주었을 때, 마치 무슨 폐기물 처리장처럼 보였을지도 모른다. 생각이 지나친 것일까? 또 다른 두 번째 이유는 첫 이유를 묻고 있을 듯 싶었다.

"보기 흉하니까 나가라!" 이것만이 아니고, 내친김에 "아파트 단지 시세 떨어진다. 없애라!"라고 외마디소리를 질렀을 것 같이도 생각되었다. 아니 혹 겉으로야 차마 거기까지 내닫지 못했다 해도 속내로는 적어도 그만큼 모질고 독한 마음을 먹은 게 아닌가 하고 헤아려지기도 했다. 이것은 단지 '님비'니 뭐니 하고 끝낼 얘기가 아니다. 이런 추리는 물론 어림짐작에 불과했다. 하지만 틀려도 크게는 틀리지 않았을 것이라고 자부하고 싶었다.

그 당시 필자는 서울 한 일간지의 칼럼을 맡아 쓰던 판이라 이 내용을 다루었다. 아니, 아니 다룰 수 없었다. 솔직히 말해서 마구 화가 치밀었을 정도였다. 그 당시로는 홧김에 칼럼 원고를 내갈기는 기분이었다.

산 자들아, 당장 너희가 나가라!

"당신네들이 나가라!" 필자의 칼럼은 혼자서 이렇게 용을 썼다. 공동묘지는 기왕에서부터 거기 의연하게 있어왔다는 것. 그걸 악당을 내몰듯이 나가라고 악을 쓰면 정말이지 문간방 얻어든 주제에 떠돌이가 난데없이 남의 집 안방 차지하려고 드는 것이나 진배없이 경우도 염치도 없는 짓이란 것 등등 논리를 편 끝에 "산 자들이여. 당장 너희가 나가라!"라고 혼자 기를 쓴 것이다.

지금도 우리 사회의 소위 '님비 현상'은 죽음 및 죽음을 위한 시설을 대상으로 해서도 말썽을 빚고 있다. 신체부자유자나 고아들을 위한 사회 시설에 대해서조차 님비 현상이 야기될 때, 이미 우리 사회는 인간사회이기를 포기한 것이나 진배없다. 지독한 '에고센트리시즘'이 사회적 윤리성을 짓밟아버린다. 그런 꼴인 우리의 님비 현상의 연장선상에 우리들 사회의 죽음 및 죽음을 위한 시설, 예컨대 영안실이나 납골당이 자리하고 있는 것이다.

지금 생각해도, "산 자들이여, 당장 너희가 나가라!"고 외친 것은 잘한 일이라고 여겨진다. 공동묘지가 혐오 시설쯤으로 보였고 그래서 땅값에 아파트 시세까지 떨어질까 걱정이었다는, 산 자들의 이 교만, 이 허망한 욕심이야말로 어디 딴 세상으로 나가야 한다.

그 당시 필자는 칼럼에서 내친김에 공동묘지가 흉해 보인다면 거기 입주한 사람들이 나서서 미화 작업을 벌이는 게 좋을 거라고 말하기도 했다. 묘역을 둘러서는 나무를 심고 묘역 중간 중간, 빈터는 물론 오솔길 가에도 꽃밭을 꾸밀 수 있을 거라고 생각했기 때문이다. 그러면 그곳이 기도하는 자리, 더러는 산책하는 공간이 되기도 할 것이라고 여겼기 때문이다.

이 같이, 묘역은 물론 죽음 자체마저 철거할 수만 있으면 철거하고 싶은 욕망, 그리고 필경은 소각하고 싶은 욕심은 워낙 죽음에 대한 혐오감, 그리고 그것에 겹쳐서는 죽음을 부정不淨하게 여겨온 전통적 의식과 맞어서 생각할 수 있을 것이다.

대개의 경우, 한 마을의 공동묘지는 버려진 폐허다시

메멘토 모리, 죽음을 기억하라

피 했다. 마을의 공간 바깥에 이미 저승으로 내동댕이 쳐진 땅으로, 이승 안의 저승으로 우리의 공동묘지는 그 좌표가 정해져 있었다. 물론 한 가문의 세전世傳의 '문중 묘역'은 그렇지가 않았지만 서민들의 공동묘지라면 이야기는 사뭇 달라진 것이다. 소들이나 염소가 예사로 들어가서는 풀을 뜯어낼 때, 사람들 의식도 역시 묘역을 뜯어낸 것이다. 도깨비가 설쳐대고 귓불이 나돌고 귀신이 노닐고 여우도 울어대는 인간 역외域外였다.

거기 더해서 사람들은 남의 죽음은 부정하게 여기고 또 그렇게 대해왔다. 이 책의 다른 대목에서도 말했듯이 남의 집 부고는 집 안뜰에도 들이질 않았다. 사립이나 대문 어디쯤의 집 바깥에 걸어두기 고작이었다. 그러다가 바람에라도 불려서 날아가주면 그걸로 족했다.

'상문살喪門煞'을 사람들은 겁을 냈다. 상문 곧 남의 초상집에 문상 갔다가 불행히도 횡액을 당하듯이 묻어오는 살, 곧 독기운이야말로 상문살이다. 그것은 일종의 부정타기 또는 동티 오르기였다. 남들의 죽음은 언제 어디서 부정이 되어 덤비고 동티가 되어서 달라붙을지도 모르는 것이었다. 그것은 귀신이나 원귀나 여우나 도깨비나 별반 다를 게 없었다.

이처럼 두 가지 면으로 저주스럽게 전해진 전통이 저 아파트 단지의 여성들, 재산도 사회적 지위도 교양도 결코 남들 못지 않을 그 잘사는 아파트 단지의 젊은 여성들을 못 살게 군 것이다.

죽음은 어차피 우리들 누구나의 것이다. 삶에 따라붙는 개인적인 차이는 죽음의 경우 아주 현저하게 줄어든다. 죽음은 남의 것이기만 한 것은 아니다. 살아 있는 자의 타인에 대한 윤리 의식은 죽은 이를 향해서도 지켜져야 한다. 지금이야말로 그런 죽음을 향한 살아 있는 자의 윤리 의식이 아쉽다.

낯선, 저 낯선 행렬이여

요즘 장례식 자체가 달라졌듯이 장의행렬도 변모했다. 아직은 낯선 새로운 행태가 마치 그전의 그전 또 그전에서도 그러했듯이 우리 앞에 나타나고 또 지나가고 있다.

전통사회에서 한 인간 개체의 마지막 통과의례인 장례는 당사자 개인만의 것은 아니었다. 그건 집안 일이고 한 가문의 일이고 마을 안의 일이었다. 살아 있는 식솔 전체와 짧게는 3대, 길게는 다섯 세대 아니 때로 소위 불천위不遷位가 관여할 때는 역대의 모든 조상이 두루 관여하게 되는 것이 상례다.

전통장례는 한 인간 개체가 결정적으로 달라지는 것에 상응한 통과의례다. 인간에게서 신으로 승화하는 절차이기 때문이다. 세속적인 모든 것이 청산되고 이제 한 개체가 성스러움이 되는 계제가 곧 장례고 상례다.

메멘토 모리, 죽음을 기억하라

인간/신, 세속/성스러움의 교체가 거기 있다. 모든 통과의례는 원칙적으로 '변신의 의례'고 '탈피의 의식'이다. 의식의 앞뒤로 한 인간 개체의 신원, 신분, 지위며 처지가 사뭇 달라지는 것이다. 유아에서 어린이로 어린이에서 어른으로, 권외에서 권내로 옮겨가는 것이다. 그러나 이 모든 변신은 죽음에 견주어질 수 없다. 인간에서 신으로 변신하는 목이 또는 고비가 장례라는 통과의례이기 때문이다.

돌아가신 어른은 가신家神의 반열에 오르게 된다. 사당에 모셔지거나 하다 못해 신주가 바쳐진다. 온 집안과 온 가족의 신으로 승화하는 계기, 나아가서는 전기轉機, 그게 곧 죽음이고 그에 따른 장례식이다.

하지만 오늘 우리들이 돌아가신 집안어른을 대하는 장례 절차는 엄청 달라졌다. 집안에서 임종할 수도 있을 것을 피하고는 병원에서 임종케 하는 일은 한 시대 전까지만 해도 상상도 못하던 일이다. 그전에는 그 역이었다. 입원해 있다가도 임종이 가까우면 일부러 집안으로 옮겨왔다. 집안에서 와석종신케 해야 한다는 의식이 작용한 것이다. 그렇지 못하고 병원에서 임종하면 소위 객사가 되고 그로써 제대로의 신이 못 되고 이승을 헤매는 떠돌이의 객귀가 된다고 믿었기 때문이다. 조상을 혹은 부모를 원귀가 되게 할 수는 없었던 것이다. 임종의 자리 선택 하나만 해도 이미 180도로 변모하고 말았다. 그리고 나머지 변화는 이에서 능히 유추될 만하다.

시신만 무덤에 모시면 그걸로 끝이지, 새삼 돌아가신 분을 신으로 섬기는 절차는 이미 다들 안중에 없다. 장례는 그걸로 죽은 이의 모든 것을 끝장내고마는 '단절의 의식'이고 '청산의 의례'로 변모했다. 죽음은 파장罷場 아닌 파생罷生일 뿐이다. 그리고 그 뒤에는 아무것도 없다. 뒤가 없다. 계기도 아니고 전기는 더욱 아니다.

장의행렬이 서구식으로 바뀐 지도 제법 되었다. 흑색 리본과 황국으로 단장한 선도차는 한낮에도 불을 켠 채로다. 그 뒤를 장의차가 따르되, 경우에 따라서는 검은색 리무진이 종래의 버스형의 차량을 대신하기도 한다. 그러기에 겉모양은 서구식이라고 하거나 현대화되었다고 해도 무방할 것 같다. 한데 문제는 여기서부터 말썽을 부린다. 장의행렬인데도 시속 60~70킬로미터로 달리는 것부터 이미 수상쩍다. 천천한 장중하고도 엄숙한 행렬의 이미지는 찾아보기 어렵다. 서구식치고는 좀 이상한 것이다.

이뿐만이 아니다. 가령 그 행렬이 시골의 공동묘역에 가까웠다고 치자. 그리곤 비교적 한가하고 좁은 길에 들어섰다고 치자. 그렇다면 우리들이 하다못해 영화에서라도 자주 목격한 그 서구식 장면도 있어야 할 텐데 현실은 그렇지 않다. 서구식 장면이란 뭘까? 그건 다른 게 아니다. 장의행렬과 맞닥뜨린 사람이라면 그가 남이라고 해도 죽은 이의 영혼을 위해서 지나가는 행렬 옆으로 비껴서서 성호를 긋는 바로 그 장면이다. 그걸 우리네의 경우 볼 수 없다. 전혀 볼 수 없다. 우리들 시골에는 혹은 도시 근린의 마을에는 기독교 신도라곤 한 사람도 없는 걸까?

남의 죽음은 어디까지나 남의 죽음일 뿐이다. 오불관언이다. 우리들 사회 특유의 '아는 사이' 의식이 이런 데서도 발동하는 것이다. 어느 정치가가 그것도 나라의 큰 자리를 누린 한 정치가가 자주 입에 올려서는 유명해진 말, "우리가 남이가?"는 구심적으로는 같은 패거리끼리 뭉치는 것을 의미하지만 남을 향해서는 철저하게 배타적이고 폐쇄적임을 의미한다. 우리와 남의 이분론적 대립의 극단화가 빚은 당연한 부작용이지만, 그것이 남의 죽음을 향해서도 발동하는 것이다. 죽은 이의 행렬과 마주쳐도 "저건 남이야!"가 악을 쓰는 것이다. 죽음이 님비 현상의 대상이 된 꼬리를 물고는 죽음에 대해서조차 나와 남을 가르는 지극한 반사회성과 반윤리성이 나부대게 된 것이다.

죽음은 시신의 부란腐爛을 수반한다. 송장이 쉬운 말로 해서 썩어 문드러지고 악취를 풍기는 건 사실이다. 당연히 혐오의 대상일 수 있게 된다. 장례식은 바로 이 혐오감을 사전에 막아내는 방패막이 구실을 한다. 염습이 그렇고 수의 입힘이 그렇지만, 마침내 저 화사한 꽃상여에서 죽음의 미화작업은 절정에 달한다. 호남 지역 같으면 '다시래기'로 미화작용은 극화된다. 그럼으로써 장례식은 아름답고도 거룩한 것이 된다.

한데도 적어도 영혼을 믿는 신앙을 지닌 사람들조차도 남의 죽음이라고 따돌리고, 그리하여 결과적으로 혐오한다면 필경 죽음과 죽음을 위한 시설을 님비 현상의 대상으로 삼는 그 반인간성을 막을 길이 없게 된다. 죽음이 끝내 혐오스럽기만 하다면 삶 역시 혐오의 대상에서 아주 벗어나기는 어려울 것이란 점에 우리들의 생각이 미쳐야 할 것이다.

허공에 매달린 관

근 10여 년 전 일이다. 야릇한 뜻밖의 그 광경을 목격하게 될 걸로는 미처 단 한 번도 생각한 적이 없었다. 그만큼 그 광경은 충격적이었다. 그렇게 가까운 분은 아니었으나 그래도 인사치레는 해야 하는 어느 분의 부음을 듣고는 상가를 찾았다. 그 무렵 새로이 이사를 한 뒤라 생소한 곳이었다.

아파트 단지 안이었다. 묻고 찾고 해서 차츰 상가에 가까워질 무렵, 이상한 걸 보았다. 바로 상가가 있는 그 동인가 싶은 아파트 높은 곳, 그러니까 10여 층은 될 높다란 곳에서 뭔가가 허공에 매달려서 아래로 내려오는 중이었다. 크레인의 쇠사슬에 묶인 그 큰 덩치는 검은 천으로 싸여 있었다. 그런 몰골로 휘청휘청 땅바닥을 향하고 있었다. 아니 달랑달랑 하강하고 있었다. 윤곽이 네모지게 길다랬다. 전체가 묵직하고 큰 장방형이었다.

"웬 이삿짐을 검은 보에 쌌지?"

동행에게 말을 건넸다.

"아닐 걸."

그의 말투는 비교적 단호했다.

"그럼 뭐야?"

"뭐긴 뭐야, 관이지!"

"뭐뭐, 과…… 과과…… 관?"

나는 심하게 더듬거렸다. 믿을 수 없었다.

"저…… 저…… 저런 저런?"

또 다른 나의 더듬거림에 대고 그가 말했다.

"세상물정 모르긴!"

그건 달램이 섞인 핀잔으로 내게 들렸다. 죽음의 물정이 저 지경이 되다니? 아무리 세상이 달라졌기로서니 죽음을 다루기를 저같이 하다니? 그건 영락없는 짐짝이었다. 크레인의 무쇠줄에 매단 것, 그래서 아래로 옮기는 것. 그거야 짐짝 다루기가 아닐 수 없었다.

"아! 난 저 상가엔 안 가고 싶네."

나이답지 않게 투정하는 나를 동행은 무시하고 앞장을 서 갔다.

경건과 엄숙, 그리고 진중함, 그것들은 상례의 분위기고 표정이다. 그것은 죽음을 대하는 살아 있는 자들의 정신이다. 그것은 죽음이 그 자체로 경배의 대상일 수 있고 숭배의 염으로 대할 무엇인가 초인적인 것임에 대해서 말하고 있다. 두려움이 무게를 더한다 해도 그건 죽음에 대한 우리들의 외경심을 더한층 다지는 것으로 작용한다. 죽음을 대하는 이 같은 마음의 자세야말로 인간적 종교심의 가장 구경究竟의 으뜸일지도 모른다. 우리들의 가장 사랑스러운 시인, 윤동주가 '모든 죽어 가는 것을 사랑해야지'라고 기도했을 때, 그것은 삶의 절대의 결백에 부치는 소망과 앞뒤해서 발원된 것이다. 죽음에 대한 사랑은 삶의 결백을, 그리고 삶의 청정은 죽음에 대한 사랑을 서로 부르고 또 호응할 것이다.

비록 한때나마 이사짐짝의 꼴로 시신이 허공에 달랑거리게 되었을 때, 그 영혼은 오죽 당황했을까? 안식은 순간에 무너지고 무간지옥을 향하듯이 내리박히는 자신의 육신을 영혼은 어떤 감회로 내려다보고 있었을까? 영혼으로서는 그같이 아찔한 순간은 일찍이 겪어 본 적이 없었을 것이다.

의식이나 의례에서 그것을 치르는 자들의 편의나 편리는 아주 무시되거나 아니면 최소한으로 축소되어야 한다. 형식의 엄정성, 절차의 절대성이 편의성에 밀리면 이미 그건 예식도 의식도 아니다. 사무에 지나지 않는다. 사무는 효율을, 의례는 형식을 존중한다.

사무는 모든 실무가 그렇듯이 그 자체가 이미 상품이다. 무엇인가 하고 서로 호환互換가치를 갖추기 마련이고, 그것이 또 존중되기 마련이다. 하다못해 월급과 맞바꾸어지기도 한다. 그러나 의례는 그 자체에 더 많은 비중을 두고 있다. 그것이 혹 호환가치를 갖는다 해도 그건 어디까지나 인간의 행위가 갖는 보편적 속성의 피해를 보는 것에 지나지 않는다. 호환가치가 다른 것을 압도할 수 없다.

의식이나 의례에서는 그것들이 종교적이든 세속적이든 상징가치가 다른 가치에 앞선다. 상징이라는 기호는 외연外延에 그 의미가 걸려 있지 않다. 내포內包의 의미가 극대화되는 게 상징이다. 그 자체로 그 자체 안에 이미 모든 가치에 우선하고 우월하는 가치가 깃들이거나 머물게 하는 것이 곧 상징이다. 싸움터의 최전방에서 적과 맞서 있는 영웅적인 병사에게 국기는 국가나 민족을 대신하는 게 아니다. 국가나 민족은 그 당장의 국기에 비하면 차라리 우원하고 소원하다고 해야 한다.

뿐만 아니라, 상징가치에 더해서 의식이나 의례는 막중한 정서가치를 갖는다. 참여하는 사람은 물론이고 심지어 관람하는 사람조차도 언어적 표현을 넘은 정서적인 감전 상태에 빠진다. 고도의 긴장감이 경외심을 더불을 것이지만, 이 감정의 상태가 이미 의식이나 의례의 의의를 대변하게도 되는 것이다.

또한 의식은 그리고 의례는 종교제도인가 하면 사회제도고 끝내는 정치관계이기도 하다는 면을 갖추고 있다. 사회 일반 및 정치상의 인간관계에까지도 그것은 영향을 미치거나 아니면 이것들이 서로 영향을 주고받게 된다.

이들 모든 가치와 속성이 필경은 의식 또는 의례의 형식 그 자체에 의존한다. 따라서 편의성을 내세우고서 형식이 소략해지면 의식이며 의례는 변질하고 만다.

아파트에도 계단은 있다. 심지어 비상계단도 갖추어져 있다. 관을 상주들이 손으로 직접 모시고 가자고 들기만 하면 계단은 효용성을 발휘할 것이다. 모서리를 돌 때, 곡선을 적절히 그리면서 계단을 밟아 나가려고만 들면 못할 것도 없을 것이다. 한데도 지레 그걸 포기한 것이다. 편의성이, 간략함이 의례 절차를 억압해버린 것이다.

모스크바에서 한국학 관계 학회가 열렸을 때, 이 점이 이야깃거리가 되었다. 그러자 현지의 한 러시아인 학자는 다음과 같은 이야기를 들려주었다. 모스크바에서 장례가 치러지면 장의차는 상가에서 제법 떨어진 곳에 선다. 그것으로 관을 가족들이 손수 운송하면서 돌아간 이에게 마지막 고별을 고하는 절차로 삼기 때문이다.

이것은 절차를 일부러 어렵고 힘들게 만든 것임을 관을 크레인에 매달아서 내리는 한국인 상주들에게 귀띔해주고 싶다.

죽음과 친한 삶

이것은 20여 년 전 일이다. 마침 입학시험 때였다. 한참 채점들 하느라고 교수실 안은 사뭇 부산했다. 나는 지칠 대로 지쳐 있었고, 그래서 싫증 때문에 심한 갈증을 느끼고 있었다.

그럴 즈음이다, 마침 밖에서 누가 찾는다고 했다. 나의 안내를 따라서 옆방으로 들어선 수녀들은 멀리 강릉에서 일부러 찾아왔다고 했다. 그들은 입학시험과는 아무 관계도 없는 일인데도 하필 채점 중에 찾아뵙게 되어서 죄송하다고 했다. 그전부터 벼르고만 있다가 드디어 결심하고는 찾아온 것은 한국인의 죽음에 관한 물음 때문이라고 했다. 수녀들은 그 당시 강릉에서 호스피스를 맡고 있었다.

그 일이 어째 생각만큼 잘 안 되는 곡절이 아무래도 한국인의 고유하고도 특이한 죽음관 때문일 것 같다는 서두를 꺼내면서 이야기는 본격화되었다. 나는 채점하던 것도 잊어버리고 이야기에 귀 기울였다.

호스피스가 잘되게 모든 조건은 갖추어져 있었다. 같은 구내에 물론 성당이 있었다. 신도뿐인 중환자들을 신부와 수녀들이 직접 치료하고 또 간호하고 있었다. 거의가 말기 암환자인 그들에게 물론 죽음이 그리 멀지 않다는 것도 알려져 있었다. 원하면 필요한 미사도 따로 봉헌되었다. 그때마다 그들 영혼은 주님의 인도를 받게 된다는 믿음이 거듭거듭 확인되곤 했다.

한데도 공포를 떨치지 못하는 사람, 자신과 운명에 대한 저주는 물론 세상에 대한 저주도 영 떨치지 못하는 사람이 있다고 했다. 그들 때문에 호스피스 자체에도 때때로 회의를 품게 된다고 수녀들은 고개를 저었다.

"하니까요. 이 문제는 가톨릭교회나 우리들의 시설이며 봉사 안에서만 답이 찾아지는 것 같지는 않아요. 이를테면 전통적으로 한국인이 죽음을 어떻게 생각하고 또 받아들여왔는가 하는 쪽으로도 물음을 캐보아야 할 것 같아서 이렇게 찾아온 것입니다."

이렇게 수녀는 질문을 마무리했다.

"글쎄요. 워낙 갑자기라서요."

나는 잠시라도 이 까다로운 문제에서 피해가기 위해 얼마쯤 말미를 얻기 위해서 이같이 얼버무리를 해야 했다. 그리곤 제법 뜸을 들인 끝에 가설이라면서 몇 가지 대답을 겨우 할 수 있었다.

첫째, 한국인은 전통적으로 죽음을 부정不淨이라고 여겨온 것, 둘째, 세계의 어느 민족이나 다같이 죽음에 공포심을 품기 마련이지만 그것이 한국의 경우는 소위, 원령怨靈이며 객귀客鬼와 맺어지면서 죽음의 공포를 증폭한 것, 셋째, 상례에서 아예 제도화된 울음이 죽음에 대한 비감을 부추긴 것, 넷째, 위의 세 가지 경향과 맞물려서는 한국인이 죽음에 대한 종교적이고도 철학적인 통찰을 그다지 치러내지 못한 것 등 크게 네 가지를 들었다.

하긴 이것만이 이유의 전부는 될 수 없을 것이다. 죽음이란 워낙 복잡하고 다기多岐하기 때문이다. 가령 사람들 누구나가 남의 죽음을 멀리 소외시키고 싶듯이 자

메멘토 모리, 죽음을 기억하라

신의 죽음 또한 아예 없는 것으로 멀리 따돌리려고 드
는 습성이 있다는 것도 이 경우 무시해서는 안 될 것이
다. 죽음을 애시당초 생각하고 싶지 않고 머릿속이나
마음속에 머물러두고 싶지 않은 사람들이 그 버릇을 죽
음에 다다라서라고 쉽사리 버릴 것 같지 않다. 이래서
멀어진 죽음과 친화하기란 처음부터 무망한 것이다.

　사람끼리도 자주 만나야 정이 들기 마련이다. 다른
객체의 경우에도 사정은 비슷할 것이다. 낯이 익는다는
것, 눈에 자주 든다는 것, 그것은 정붙이기의 전제다. 죽
음도 마찬가지다. 죽음에 정을 붙이자면 그리하여 죽음
과의 친화를 일구어 내자면 죽음과 자주자주 그리고 절
실하게 마음으로 만나야 한다. 삶이 죽음과 정을 붙여
야 한다.

> 나는 떠올린다, 숙여진 머리로 머리카락이
> 쏟아져내린 크고 검은 눈썹을. 그는 경관을 일구
> 고 있다.
> 이 드리워진 마스크는 그의 얼굴을 탈바꿈하였
> 다. 흰 빛살이 응시케 하는 죽음의 마스크가.

　영국 시인 스펜서의 「베토벤의 데스마스크」의 첫 연
이다. 이에서 베토벤의 죽음은 결코 삶에서 돌아서 있지
않다. 무슨 경관인지 모르나 아직도 우리들의 세계에다
경관을 일구어내는 죽음, 그것은 삶을 일구고 있을 죽음

이다.

　스펜서가 밝은 빛살로 '데스마스크'를 보듯이, 우리도 또한 삶의 해맑은 빛살 속에서 죽음을 응시할 줄 알아야 한다. 그리하여 삶이 죽음과 정을 붙여야 한다. 그러면 그 가뜩이나 거룩한 호스피스가 더욱더 거룩해질 것이다.

메멘토 모리, 죽음을 기억하라

죽음의 유머

죽음을 지우개로 지우려 하다니

사람들은 죽음을 어떻게 대하고 바라보고 또 생각하는 것일까? 쉽지 않은 물음일 것 같다. 아마도 이 경우만큼 착잡하고 착종錯綜스러운 생각과 감정의 얽힘이 따로 또 있을 것 같지도 않다. 그건 줄여서 형언하기도 다잡아서 분류하기도 어려울 것이다.

그야말로 망연자실하는 것을 생각해볼 수 있다. 남의 죽음을 대하거나 자신의 죽음을 생각하면서 넋이 나간 상태에 빠져드는 경우들 없지 않을 것이다. 멍한 생각의 공백, 멀건한 감정의 진공에 함몰하기도 할 것이다.

그런가 하면 좌절감과 절망에 몸을 떨기도 할 것이다. 엘릭슨이 그의 『아이덴티티의 심리학』에서, 인간의 이른바 라이프 사이클에 따른 자기 증명을 문제 삼은 바로 그 책에서 노년기의 아이덴티티를 절망에서도 찾은 것을 이 경우 고려할 수 있으리라 믿는다. 불치의 암

선고를 받은 사람이 받는 정신적 충격은 우선 절망과 분노라는 것도 연상하게 된다.

> 저 부드러운 어둠 속에 조용히 들어가지는 마소서.
> 노령老齡은 해질녘에 타올라서는 울부짖어야
> 할 것이오니
> 노하십시오. 빛이 죽어가는 것에 노발대발하소서.

우리 시대의 가장 난해하고 가장 문제성 많은 작품을 남긴 딜런 토머스가 그의 아버지의 임종을 지키면서 이렇게 소리친 것을 이 책의 다른 곳에서 이미 들은 바 있다.

그는 차마 참을 수 없었던 것이다. 그의 육친의 목숨이 마치 촛불이 꺼지듯 하는 것을, 그 무저항의 사그라짐을 견딜 수 없었던 것이다. 그 전혀 일방적인 순종, 아니 맹종을 참기 겨웠던 것이다. 소멸이 아니라 폭발하는 죽음, 저 화산과도 같은 폭발하는 죽음을 그는 아버지에게 당부한 것이다.

우리들은 이 대목에서 온 집안을 통째로 폭풍 같은 소란 속에 몰아넣던 말테(릴케의 『말테의 수기』의 주인공)의 아버지의 죽음과 그리곤 할아버지 괴테로 하여금 이층 계단에서 몸부림치다 못해 굴러떨어지다시피 하게 한 그의 어린 손자의 죽음을 연상하게 된다.

하지만 분노나 노여움만으로 죽음이 천편일률적으로

산 사람에게 다가드는 것은 아닐 것이다. 몸부림이라곤 생각해볼 수도 없는 공허감이며, 허탈에 깊이 빠져드는 경우도 있을 수 있기 때문이다. 보이는 것도 잡히는 것도 없는, 음침한 심연 바닥에 잠겨버린 듯, 자아를 잃어버리기도 할 것이다. 꼼짝달싹할 수 없는, 생각과 감정의 마비 상태를 경험하는 것도 생각해볼 수 있다. 달리는 또 슬픔과 비탄에 젖을 대로 젖어드는 수도 있을 것이다. 남의 죽음의 경우에는 끝없는 연민의 정을 주체하지 못할 것이지만, 자신의 죽음을 생각할 때조차 자신의 몫인 그 죽음에 대해서 연민하게도 될 것이다.

그런가 하면, 이 책에 즐겨 인용한 에버허트를 다시금 또 내세우면 이야기는 또 달라진다.

클로버잎이여, 나를 덮어다오.
풀잎이여, 나를 덮어다오.
부드러운 날들은 지나가고
지금은 지새야 할 밤이다.

내 머리 둘레에는 초록빛 팔,
내 손 위에는 초록빛 손가락,
대지는 그 고요한 터전 속에서
이보다 더 고요한 침상을 갖지는 못한다.

우리들 누구나 누리고 싶은 이 절대의 안식, 그것은

죽음과 잠을 다 같이 밤의 딸, 형제로 생각한 그리스인들만의 소망은 아닐 것이다.

이처럼 잠시 생각해보는 것만으로도 죽음을 대해서 갖게 될 감정이며 생각은 종잡을 수 없게 된다. 드디어는 무어가 무언지 알 수 없는 수렁에 빠지기도 할 것이다. 죽음이 그렇듯이 죽음에 부치는 생각 또한 필경 미로인지도 모른다.

옛사람들은 생각의 오라기가 얽히고 그 가닥이 잡히지 않을 때, '헴가림도 하도 할샤'라고 한 것이지만 절로 그 말이 떠오른다. 죽음을 두고서 어지럼증과 과잉을 이야기한 것이라고 장 보드리야르가 지적했을 때, 프로이트는 죽음 때문에 구름처럼 피는 생각의 과잉 그 자체가 이미 어지럼증이라는 점에 대해서 말하고 싶었는지도 모른다. 이 정도가 아니다. 몸부림도 악다구니도 아닌 처연한 심정으로 사람들은 죽음을 대할 수도 있을 것이다.

죽음 앞에선 흔히들 숙연해지고 엄숙해지는 것은 이 때문이다. 절로 무거워지는 마음에 표정이며 몸짓도 동조하기 마련이다. 그 순간 죽음은 진실한 마음, 성실한 영혼으로 삶을 채워놓기도 할 것이다. 죽음을 두고서 갖게 되는 사람들의 숙연함이란 언제나 정신으로 하여금 우주 전체와도 맞겨룰 중력으로 채워지게 할 것이다. 이 경우, 슬픔과 경건을 우리들은 구별짓지 못할 것이다. 독일 낭만주의의 꽃인 횔덜린이 인간은 그 자신에 대해서 슬퍼하지 않고 신을 찬미할 수 없다고 한 그

메멘토 모리, 죽음을 기억하라

말이 뜻하는 신앙심을 죽음에 옮겨서 생각할 수도 있을 것 같다.

> 삶을 짐지는 이는 괴로움으로 그리고 진실로 넘친다.
> 그리하여 너희들의 마음에 소리 없이 무덤들의 말이 지펴온다.
> 진실로 나는 너희 곁에 있으리라고.

오스트리아의 시인 게오르그 트라클의 이 구절은 여린 불안의 그림자를 더불고는 있으나, 그보다는 진중함이 더 한층 절실할 죽음의 소리, 그나마 삶에 대해서 들려주는 소리를 속삭이고 있다.

이처럼 죽음 앞에서 고개도 마음도 경건하게 숙여지는가 하면, 그래서 사람으로 하여금, 가령 그가 비록 비종교인이고 무신론자라고 해도 문득 뜻하지 않게 '호모 렐리기오수스'로 변신하게 하는 것이다. 그리하여 죽음과 대면하는 것은 신불神佛과 대면하는 것과 크게 다르지 않을 것이다.

모른 척하기, 침입자처럼 여기기

그런가 하면 사람들은 애써 죽음에서 돌아서려고 든

다. 낯선 사람 대하듯이 얼굴을 돌리려 드는 것이다. 죽음을 모른 척하기를 바라고 심지어 그 절대의 불가피를 아예 없는 것으로 그들 마음속에 치부하려 들기도 한다. 그리하여 멍청한 백치를 죽음 앞에서 가장하기도 하는 것이다. 그러다가 어차피 당하게 되면 없음이다가 난데없이 들이닥치는 돌연한 틈입자나 침입자쯤으로 치부하게 될 것이다.

그러나 이 숙맥의 감정 바닥에는 공포가 진하게 깔려 있고 불안 또한 짙게 얼룩져 있기 마련이다. 무서운 만큼 도망가려 하고 두려운 만큼 모른 척하려 드는 것이다. 사람들은 그러고도 그 행위가 짐짓 사기고 기만이고, 자기 배신이란 것을 알아차리려 하지 않는다. 그리하여 살아 있는 행위가 죽음을 없는 것으로 비껴 있게 하는 연극 같은 국면도 갖게 되는 것이다. 삶이며 생활이 알게 모르게 죽음을 지우개로 지우려 드는 가상식 연극일 수도 있을 것이다.

죽음 앞에서 사람들은 색과 모양, 농도와 탄력 등에 걸쳐서 엄청난 '감정의 복합체'가 된다. 그나마 여러 가닥으로 서로 전혀 상반되는 죽음에 대한 반응은 허다한 경우, 어느 것이나 사람들에게 긴장을 야기하고 상당한 스트레스를 안겨주게 된다. 숙연한 무거움이 힘겨운가 하면 공포며 불안 역시 견디기 겨운 것이다. 죽음만으로도, 생각 안에 깃들이는 죽음만으로도 이미 삶은 너무나 벅찬 무거운 짐을 지고 있는 것이다. 삶은 죽음의

메멘토 모리, 죽음을 기억하라

막중한 하중을 걸머진 노예인지도 모른다. 릴케가 그의 『말테의 수기』에서 그의 분신인, 이 떠돌이 주인공으로 하여금 "사람들은 살아가기 위해서가 아니고 죽기 위해서 파리로 모여든다"고 중얼거리게 했을 때의 그 암담, 그 처연의 무게는 예삿일이 아니다.

이래서 사람들은 죽음을 유머를 위한 최후의 터전으로 혹은 동기로 삼으려 든다. 죽음을 앞두고서야, 죽음을 맞대면하고서야 비로소 미소 짓게 되는 경지, 그것은 단두대 위의 것일 수도 있고 아니면 임종을 목전에 둔 것일 수도 있게 된다. 이것이야말로 인간의 최상의 유머다. 유머는 언제나 긴장의 완화, 위기의 회피와 맺어지기 마련일 테지만 그 유머의 속성이 죽음을 대하고서 더한층 극명하게 부각되는 것이다.

> 왜냐하면 자기 자신을 잊어버리고 신들의 욕망을 너무나 일찍 받아들였기 때문에 ─죽어야 할 이들은 두 눈을 뜬 채로 스스로 나서서 제 갈길을 찾아내고는
> 파멸로 향하는 가장 가까운 지름길을 골라낸다.
> 이리하여 격류는 바다의 편안함을 구하고 동경심에 넘쳐서
> 저도 모르게 심연을 향한 야릇한 향수에 사로잡히고 멈추는 자도 없이 바위에서 바위로 흘러내린다.

다른 곳에서도 잠시 인용한 횔덜린의 이 목소리에서 죽음은 본능처럼, 그리고 막지 못할 힘이라도 작용하는 듯이 위안을 구하고 있다. 누구나 사람이라면 모차르트나 포레의 〈레퀴엠〉을 자기 자신의 몫으로 따로 간직하고 싶은 것이다. 그리곤 모차르트의 〈키리에〉처럼 눈물과 안식, 비탄과 위안이 반반인 노래를 부르고 싶을 것이다.

설핏하게 저무는 저녁노을, 아니면 온 하늘의 절반은 물들이고도 남을 장엄한 석양의 빛, 또는 서쪽 하늘에 무거움 침묵으로 기우는 낙조. 그것이 엘레지의 빛인지 아니면 안식의 여운인지, 어느 한쪽으로만 다잡아 말하는 것은 어리석은 일이다. 하지만 레퀴엠만 같은 유머가 죽음을 감싸고 돈다는 것은 엄청난 일이다. 그건 삶의 더오를 데 없는 절정감의 그늘진 사면斜面일지도 모른다.

프로이트로서는 죽음은 열반(니르바나)과 강박관념과 마조히즘이 뒤엉겨 있는 복합체였다. 편안히 눈감는다고 한 그 열반으로 우리는 죽음을 택할 수도 있다. 그런가 하면 피할 길 없는 막다른 골목에서 우리를 엄습하는 힘으로 죽음을 경험할 수도 있을 것이다. 달리는 또 자기학대, 스스로 택한 자기 파멸로서 죽음을 맞이할 수도 있을 것이다. 이 세 가지 죽음의 방식은 선택의 가지이면서도 동시에 함부로 뒤엉긴 것일 수도 있을 것이다.

한데도 프로이트는 유기체들, 곧 생명 있는 모든 것의 생리의 기본인 '호메오스타스' 그 자체와 동일한 것이기도 한 쾌락원리와 죽음을 맞맺어놓기도 해서 우리를 당혹스럽게 만든다. 그에게서는 죽음과 살아 있는 자의 생리 사이에는 한 치의 빈틈도 없었단 말인가?

"니르바나 원칙은 죽음의 본능을 표현하고 쾌락원칙은 리비도의 권리를 대표한다"라고 말하기도 한 그 사고방식은 보통 사람에겐 여간 성가신 게 아니다. 그는 그걸 말하면서 죽음의 그늘진 비탈, 죽음의 응달진 골짝에 필 우담바라의 꽃 같은 것을 연상한 것일까?

죽음과 관련해서 연상될 억압과 강압과 핍박과 불가피의 절대 등만이 아니라, 덫과 함정과 심연 등의 관념이며 이미지에서 프로이트의 생각은 우리들을 얼마쯤은 풀어놓아줄지도 모른다. 그건 우리들이 나서서 놓여지기를 바라기 때문이다. 햇살 맑은, 다사로운 날, 남의 무덤의 등에서, 잠시나마 졸 수 있는 그 경지를 우리들은 바라기 때문이다. 죽음의 유머는 그 단잠일지도 졸음일지도 모른다고 하면 어떨까?

저승이 참 좋은, 쉽고도 예쁜 까닭

"자네 말일세. 저쪽 죽음의 세계가 어떤질 아나?"
"내 무슨 재주로!"
"그럴 테지. 한데 거기는 말이야, 대단히 좋은 데라는데."

"말도 아닌 소리, 작작 좀."

"말도 아니라니?"

"그럼 그렇지 않고!"

"그게 그렇질 않다네."

"뭐가 도대체? 그렇게 아는 척하는 자넨 거길 가 봤던가?"

"뭘 미련하긴. 꼭 가보아야만 아는가?"

"그래 어떤데?"

"글쎄 아까 말했듯이 굉장히 좋은 데지."

"억지소리!"

이쯤이 오고간 끝에 드디어 말을 꺼낸 노인 측에서 대답을 내놓는다.

"거기가, 아, 얼마나 좋으면 글쎄. 하고많은 사람 다들 가서는 안 돌아오느냐 그 말일세. 자네 거기서 돌아온 사람이 한 사람이라도 있단 소리 듣기나 했던가."

듣는 노인은 묵묵부답, 다만 고개만 무수히 주억거리더라고 그 짧은 일화는 끝을 맺는다. 이것은 앞에서도 짧게 이미 인용되었듯이, 우리나라의 옛어른들 사이에 가만가만 독경소리처럼, 꽃향기처럼 전해진 이야기다.

위난과 긴장과 막다른 막장 끝의 미소. 아니 그 막장

이 비로소 빚어낸 듯한 완이이미소莞爾以微笑. 그건 소리 왁자하게 터뜨려질 웃음과는 다르다. 헤프지도 않고 야단스럽지도 수다스럽지도 않다. 안존하고 포근하다. 그게 유머라고 일컬어질 웃음의 결정結晶이다. 저 다빈치의 모나리자의 미소 같아야 한다. 그리하여 죽음이 긍정될 것이다. 피해가지도 달아나지도 모른 척도 하지 않을 것이다.

이만한 노인네라면, 죽음을 관조觀照할 것이다. 달관이라고 한 것은 이 경지를 두고서 하는 말이다. 관조란 이미 아름다운 것, 이미 거룩한 것을 그 안 깊이 속속들이 들여다봄으로써 나의 영혼이며 정신의 내면이 거기 깊이 잠기게 하는 경지만을 의미하는 말은 아니다. 위기며 파국 앞에서도 태연자약, 태산이듯이 부동하고서 그 속내를 들여다보고는 들여다본 그만큼 받아들이는 정신의 움직임 또는 자세 또한 관조다. 그건 심미의 직관과 나란히 파국과의 정연한 대치라고 할 것이지만, 이 어느 것이나 관조라는 이름으로 불러도 좋을 것이다. 장미 꽃송이를 대하듯 위기를 대한다면 거기 관조의 또 다른 경지가 열린다. 그것은 달관 또는 체관諦觀과 맞통할 것이다.

사물을 보는 익을 대로 익은 눈, 사물과 세계를 더불어서 완숙한 시선이라야 비로소 체관이요 달관이다. 달통한, 갈 데까지 다 간, 더 이상 다다를 데가 없는 인간 시야의 궁극과 정상이 곧 달관이다. 체관의 '체'는 체념

諦念의 '체'와 같은 글자라고 해서 같은 뜻으로 읽을 게 아니다. 체관의 '체'는 워낙 '살필 체'다. 무엇인가를 자세히 들여다본다는 뜻이다. 본질 직관이라야 체관이다.

공자가 언젠가 어느 산에서 연계기라는 도인을 만났다는 이야기가 전해져 있다. 이미 늙을 대로 늙은 도인은 공자에게 '사즉귀死卽歸', 곧 죽음은 귀향과도 같은 것이라고 말했다는 것이다. 그것은 그가 '가난은 상常'이라고 말한 뒤를 이어서 한 말이라고 한다. '빈상사귀貧常死歸', 가난은 무상無常이 아닌 상이고 죽음은 사라짐이 아니고 돌아갈 곳으로 돌아감이라고 받아들이고 나면 이 세상에서 두려워하고 무서워할 것은 아예 없어지고 말 것 같다. 그를 괴롭힐 것, 그를 불안케 할 것은 더 이상 아무것도 없을 것이다. 이 경지에서 죽음을 보는 눈, 그것이 곧 달관이고 체관이다. 그것은 흔히들 '아니야!'라고 소리치기 마련인 어느 대상을 향해서 '좋소!'라고 답하는 것이나 다를 것 없다.

죽음을 두고서 저만한 농을 하는 노인이라면 익은 사람이다. 죽음에 익기 이전에 먼저 삶에 익은 사람이다. 그의 인생은 가을날 과수원 같은 것이리라.

그런 사람이라야 할 수 있는 일이 있다. 그건 흔하게는 아니지만 더러더러 옛날 시골집에서 보던 일이다. 나이가 들 만큼 들고 나면 자신을 위한 관을 손수 관여해서 장만해놓고서는 귀한 물건인 듯이 보관하되, 이따금씩 꺼내놓고는 스스럼없이 그 안에 몸을 눕혀보곤 하

메멘토 모리, 죽음을 기억하라

던 사람들…….

양복을 맞춰놓은 사람들이 으레 가봉假縫이란 것을 하던 습관이 한 시대 전까진 있었다. 미리 재단을 한 대로 옷을 대충 꿰맞춘 다음 그게 올곧게 몸에 맞는지 어떤지를 알아보기 위해서 양복 가게의 주인이 손님에게 옷을 입혀보던 것이 가봉이다. 그렇듯이 관을 '가봉'하던 노인들…….

바로 그 나무상자 안에 몸을 뉘던 그 순간 그는 평화라는 것, 혹은 안식이란 것을 십분 실감할 수 있었을 것이다. 자신의 몸에 꼭 맞는 관이 있듯이, 그는 자신의 삶에 꼭 맞는 죽음을 누렸을 것 같다. 그는 그 자신을 위한 '호스피스'를 스스로 감당해내고 있다.

그는 구체적으로 어떤 신앙을 가졌든 안 가졌든 이미 경건한 신앙인이다. 그에게 삶 그리고 살아가는 마음 바탕 그 자체가 종교다. 아인슈타인이 그의 종교론에서 신이 개재함이 없는 종교적인 인간 심성에 대해서 말했을 때도 같은 비슷한 생각을 품었을지도 모른다.

단두대의 유머

관의 가봉을 해보는 노인에게서 아마도 죽음은 와석종신臥席終身이라고들 하던 그런 죽음, 이를테면 후손들 두루 지켜보는 가운데서 평소 잠자곤 하던 바로 그 잠자리에 누워서 잠들 듯이 길이 눈감는 죽음일 법도 하다는 생각이 든다.

한데 이와는 달리 사형수라면 어떨까? 참혹한 죽음, 목이 잘리거나 졸리는 죽음을 겪는다 치면 어떻게 될까? 그 잔인한 현장에서도 유머를 빚는 사람이 있다는 것, 그것도 사형당하는 그 당사자가 그런다는 것을 상상할 수 있을까?

흔히 기요틴이라고도 하는 단두대에 선 사람, 미국의 서부활극 같으면 '행잉트리', 곧 교수대에 선 사람에게서 유머를 말한다는 것은 엄청난 일이다. 프로이트는 이 경지에서조차 유머를 이야기했다.

가령 서부극의 한 장면을 상상해보자. 교수대 위에 사형수가 서 있다. 목사가 그의 곁에서 기도를 마친다. 사형 집행 관리가 그의 머리에 용수를 씌우려고 하자 그는 사양한다. 자신의 죽어가는 온 과정을 바로 직면하자는 뜻이다.

그가 집행관에게 말을 건넨다.

"당신 나하고 내기 좀 할까? 난 말이야 갬블러(도박꾼)였거든. 그래서 이 세상 마지막 노름을 즐기고 싶단 말일세."

어처구니없어하는 집행관, 그의 표정이 당혹스러워진다.

"아니, 이 판에 내기라니? 뭘로, 뭘 걸고? 또 어떻게?"

내뱉듯이 말하고는 혀를 찬다.

그러자 사형수가 밧줄을 잡는다. 이제 그의 목에 걸

메멘토 모리, 죽음을 기억하라

릴 바로 그 밧줄이다. 그걸 흔든다.

"이거야. 이거면 내기할 수 있지."

집행관은 말이 없다. 멀건히 그를 쳐다볼 뿐이다.

"이래도 모르겠나. 밧줄이 내 목에 걸리고 내 발밑 받침판이 빠져 달아나는 그때, 잘리는 게 내 목인지 아니면 이 밧줄인지, 내기하자는 거지."

이 이야기에서 농이 지나치다고 할 것인가? 그 지나침을 범연하게 해넘기니까 유머가 빚어지는 것이다. 이 사형수는 자신의 죽음 앞에서 미동도 않고 있다. 그야말로 까딱도 않고 있다. 태연자약이란 바로 이런 것이리라. 털끝만큼도 마음이 동하지 않았을뿐더러 그는 농까지 늘어놓았다. 그로써 그의 마음이 풀리고 옆 사람들 역시 마음이 풀어지게 한 것이다. 이것이 프로이트가 말하는 바의 '단두대의 유머'다.

한데 이 광경은 허구라고 치자. 하지만 이와 비슷한 광경을 역사적인 실화에서 짚어낼 수도 있다. 시대는 프랑스 혁명 때, 장소는 기요틴이 차려진 곳이다. 남편 루이 16세의 뒤를 이어서 마리 앙트와네트가 기요틴의 열세 계단을 오르고 있는 바로 그 순간, 그녀의 머리가 단두대 기둥에 조금 스치는 듯했다. 그녀를 이끌어서 기요틴에 오르게 한 사형 집행 관리가 반사적으로 물었다.

"혹 다치지나 않았습니까?"

물론 형식적인 인사치레에 불과한 이 물음에 구라파 최대의 왕국 주인인 부르봉 왕가의 왕비이자 또 다른 구라파 최강의 왕국 주인인 합스부르크 왕조의 공주이던 사형수가 대답했다.

"이 세상에 날 다치게 할 건 아무것도 없다네."

이건 비장의 극치다. 늠름한 자존심이 되려 비창감을 유발한다. '너희가 내 목을 자른다고. 그래 내 몸이야 몰라도 내 마음이야 너희가 감히 어쩐단 말이냐?'

앙트와네트는 죽음의 위협 앞에서 전혀 굽히지 않았다. 비록 물리적 여건이 불리해서 그 생목숨이 꺾여지긴 해도 그녀의 혼은 그리고 정신은 그 꺾임 저 너머에서 만년설을 인 태산처럼 도도했기 때문이다. 생명의 파국에 다다라서 되려 정신은 독수리의 날갯짓을 한 것이다. 이것이야말로 비극미의 극치다. 장엄과 비감悲感이 하나로 어울려 있다.

한데 그 얼마 뒤, 혁명파의 지도자 로베스피에르 장본인이 또한 기요틴에 오르게 될 줄이야. 기막힌 역사의 아이러니가 낳은 이야기 한 토막. 기요틴 앞은 그야말로 인간 목들의 추풍낙엽. 줄을 서서 차례를 기다리던 로베스피에르가 사형 집행관에게 말을 건넸다.

"내 마지막으로 우리 동지들과 포옹 좀 하겠네."

냉엄한 거절의 말이 되돌아왔다. 하자, 사형수는 담담하게 스스로에게 독백하듯 말했다.

"그래 그럴 것 뭐 있나……. 이미 떨어져 뒹구는 목들은 저렇게 서로 맞대고 있는데?"

이 경지는 앞에서 말한 교수대의 유머에 관한 실화라

메멘토 모리, 죽음을 기억하라

고 전해져 있다. 어디서 어느 경우라고 감히 농을! 이만큼은 해야 농이 유머가 된다. 프로이트의 보기나 로베스피에르의 일화나 다 같이 죽음을 앞세운 미소다. 죽음은 더 이상 무서움도 아니고 위협도 아니다. 나비가 꽃에 앉듯이 살아 있는 자가 그 자신의 죽음을 대하고 있다.

"죽음이여, 교만치 말라!"

다 함께 이들 일화를 생각하면서 죽음에게 던지고 싶은 심중의 말 한마디.

"죽음이여, 거들먹대지 말라!"

죽음아, 이제 네가 말하라

죽음을 거울 삼아 삶을 비추기

고루 살피지는 못했다. 몇 갈래의 항목으로 우리들의 죽음을 살폈으나 항목마다 구석구석 아쉬움이 남아 있고, 다루지 못한 큰 항목도 남겨져 있다. 무엇보다도 고조선에서 삼국과 신라를 거쳐 조선조에 오기까지, 장례 절차를 다루지 못한 것은 사뭇 치명적이다. 이런 결격에도 불구하고, 몇 가지 옛 죽음의 국면에 관해 말하면서, 죽음을 거울 삼아 드러날 뻔한 삶의 모습을 간접적으로 비추어내는 것에 유념하노라고 했다.

그러면서 군데군데 옛 죽음이 오늘에 끼친 그림자 같은 것도 조금씩 들여다보고자 했다. 물론 그 결과에 대해서는 내놓고 장담할 처지가 못된다는 것은 익히 알고 있다. 그럴수록, 오늘의 우리들의 죽음, 지금 당장 우리가 겪고 있는 죽음에 관한 얘기를 꺼내는 일은 영 마음

내키는 일이 못된다. 그렇다고 해서, 영 모른 척할 수도 없는 일이다. 옛 죽음 얘기도 마침내 오늘의 죽음을 비추는 빛이어야 하기 때문이다.

오늘의 죽음. 탐탁한 얘깃거리가 아니다. 죽음이 만신 창이다. 어디 한 구석 빤한 데가 없는 것 같다. 삶이 찢기고 할퀴고 있는 이상으로 죽음이 결딴나고 있다. 죽음의 파국, 그게 이 시대의 징표다.

남북 분단과 이념의 양단으로 겪은 죽음들. 여러 곳의 파르티잔의 싸움들. 6 · 25전쟁. 그리고 그 뒤의 여진. 그것은 이 땅을 온통 죽음밭으로 뒤바뀌게 했다. 대량학살까지 포함해서, 죽음은 엄청나게 대량화한 것이다. 죽음의 매스 프로덕션이 자행되었다. 체제와 반체제 사이의 갈등이 다음으로 많은 대량학살을 자행했다. 이 정도만 얘기해도 우리의 현대사 그 자체가 '홀로코스트'였다는 것을 뼈아프게 얘기해야 한다.

굳이 정치며 체제며 이념만이 홀로코스트를 자행한 것이 아니다. 이념이라는 것이, 제도라는 것이 대량학살의 주범인 시대를 우리는 직접 살아온 것이다. 그것은 홀로코스트의 대범인들이다. 그러나 작은 범인들도 있었음을 지적해야 한다. 대형 화재가, 교통사고가, 무참하게 목숨을 대량으로 앗아간 게 한두 번이 아니다. 언탄은 지속적이고 끈질긴 대량학살의 주범이던 흉악한 모습을 아직은 아주 지워내지 못하고 있다. 이럴 땐, 도리 없이 한 시대가 홀로코스트의 공범임을 시인해야 할 것이다.

학기말 시험에 실패한 학생이, 대학에 떨어진 학생이 스스로 목숨을 끊어가고 있다. 이때 교육제도가 살인 누명을 벗기는 어려울 것이다. 웹사이트에 자살 사이트가 올려질 때, 컴퓨터는 간접 살인교사범이 될 수밖에 없다. 크고 작은 죽음이 아무 데나 뒹굴어대고 또 너부러져 있다. 아우슈비츠가 따로 있는 게 아니다.

그리하여 죽음은 사고, 사건, 사태의 일부가 되고 말았다. 대형 화재사고, 교통사고, 거창사건, 광주민주화운동의 일부다. 사고와 사건, 그리고 사태가 죽음을 삼켜버렸다. 죽음은 그 그늘에 묻혀져 멀어져가기 일쑤다. 그런 게 오늘날 우리들의 죽음이다. 죽음이 정말 천해지고 만 것이다.

그런가 하면, 공동묘지의 무덤당 평수를 극소화하지 못하고 있는 우리들이다. 한 무덤이 차지할 평수 제한도 두지 못하고 있다. 외국처럼 빌딩화한 무덤을 만들고, 그 속의 작은 상자 하나에 유골을 보관시키는 제도는 이제 겨우 걸음마를 시작했다.

웃음을 들이키소서, 죽음 앞에서, 부디

좁은 국토에서, 폭발적인 인구 증가가 낳은 대량의 죽음을 공동묘지나 사설묘지로 넉넉하게 수용하기에는

　　　　　메멘토 모리, 죽음을 기억하라

문제가 많다. 이런 현실적인 문제에 당면해 있고 그 문제 해결이 절실하다는 것을 알면서도, 필요한 조치를 합리적으로 수행하기에는 아직은 시기상조라고 다들 생각하고 있다. 그만큼 죽음을, 장례를 중시한 전통적인 사고방식이며 관념이 우리를 놓아주지 않는 것이다. 조상의 죽음을 소홀히 다루는 것은, 살아 있는 부모나 조부모를 소홀히 모시는 것보다 큰 죄라는 생각이 여전히 힘을 지니고 있는 것이다. 현대사가 온통 홀로코스트의 현장이라는 사실과 맞대놓고 생각하면, 우리들 오늘의 죽음에 엄청난 모순이 있음을 알게 된다.

뇌사며 안락사 등 새로운 죽음에 관한 아직은 매듭짓지 못하고 있는 사회적 논의는 기왕의 죽음의 모순을 더 한층 부추기고 있다. 뇌사나 안락사는 오늘의 새로운 죽음이다. 현대인의 죽음의 산실인 병원과 오늘의 문화가 빚어놓은 새로운 죽음의 개념이다. 그것은 인간 죽음의 역사에 새로운 변화를 일으킬 계기 노릇을 하고 있다. 당장은 받아들이기 힘겨우나 아주 배척하고 말 대상은 아닐 것 같다. 그것은 오늘의 죽음을 더한층 어렵게 만들고 있다.

죽음의 손상으로 삶의 훼손이 단적으로 얘기될 수 있는 그런 시대에 우리는 살고 있다. 삶이 끊임없이 위협받듯이, 죽음이 끊임없이 위협받는 시대, 그런 시대에 우리는 살고 있는 것이다.

이제 유머로 우리들 마음을 펴면서 죽음 얘기를 끝내고자 한다.

한 뛰어난 스님이 있었다. 그는 '물구참선', 그러니깐 광대이듯이 물구를 선 참선으로 그의 죽음을 맞았다. 열반하고 며칠이 지나도 시신은 거꾸로 곤두서 있기만 했다. 밀어도 넘어뜨려도 까딱도 하지 않고는 송곳처럼 꼬장꼬장했다.

소문을 듣고는 누이가 달려왔다.

"너, 또 그 장난질이구나!"

누이가 살짝 밀쳤다. 그제서야 송장은 바로 누웠다.

독자들께서는 다들 낄낄대지는 않고 환히 웃으실 줄 믿는다. 저 '염화시중'의 미소로 죽음의 얘기를 끝내게 된 것을 여간 다행하게 여기지 않는다.

웃음을 들이키소서. 죽음 앞에서, 부디 부디.

메멘토 모리, 죽음을 기억하라

딸 김소영 감독(아래)의 영화 〈거류〉(2000)에 출연한 아버지 김열규 교수(위).

흰 벽 앞에서

장지에서 집으로 와, 잠자고 깨었을 때
꿈도 흔적도 없는 아침이 돌아와 있었다.
이곳 너머의 그 어느 곳, 어느 것도 믿지 않음도
않음이려니와
종결, 종지, 종언
흰 벽을 마주한다.
"어디에 계세요, 아버지?"라고 물을 수 있는 붉은
심장이 있다면
— 김소영, 「흰 벽」

아버지의 손을 잡았다. 손은 차가웠고, 검지와 중지가
구부러져 있었다. 내 손의 온기를 그 손에 보내며 나는
죽은 사람이 살아나는 기적을 한순간 바라기도 했다.
차마 이불을 벗겨 아버지 얼굴을 볼 수 없었다. 살구
빛 이불은 낯설었다. 아버지가……
한 시간가량이 흐르고 나서 동생들이 도착했다. 막내

동생은 흐르는 눈물을 닦으며 이불을 걷어 얼굴을 보고 앰뷸런스에 아버지를 모셨다. 나는 아버지의 뺨에 손을 얹었다. 당신이 그토록 사랑하던 남해, 소나무, 대나무 우거진 송천리로 귀향한 20여 년 세월과 그 이전, 그리고 부녀의 연이 영면의 시간, 그 시간 없는 시간 속으로 접혀 들어가는 순간이었다.

앰뷸런스가 떠난 후, 나는 대나무에 바람 지나는 소리를 들으려 했다. 집 앞, 건기의 작은 개울에서는 물 흐르는 소리가 나지 않았다.

추석 무렵, 경상대 병실의 아버지를 뵌 것이 마지막이었다. 세 번째 항암 치료 직후였다. 백발의 머리카락 몇 가닥. 그러나 아버지는 유쾌하셨다. 반드시 암을 이겨내시겠다는 결의도 결의지만, 위중한 병을 얻고 보니 여든이 넘은 삶에도 배울 것이 있다고 "내가 몇 년간 '까불고' 살았다"고 말씀하셨다.

병중임에도 보름달같이 밝은 화색이 돌아, 나는 별 노력 없이도 고승처럼 보이신다며, "고승 룩Look이시네요"라고 버릇 없는 농담을 했고, 아버지는 하하하 웃으셨다.

2인실인데 옆 병상이 비어 한가로웠고, 창 너머로 푸른 남강이 보여 더욱더 안심이었다.

"아버지, 병실에서 강이 보여 좋아요."

그 이전 병문안은 좋지 않았다.

집에서 경상대 암 병동까지 아버지 차를 몰아 함께 갔다. 송천리에서 진주로 난 새 길에는 통행이 드물어서인지 감시카메라가 많았다. 아버지는 정확히 어떤 카메라가 작동하고 어떤 카메라가 작동하지 않는지 알고 계신 듯했다. 빨간불인데도 여기 카메라는 가짜이니 서지 말고 가라고 하시고 또 어떤 곳에서는 꼭 멈추라고 당부하셨다. 이건 내가 아는 아버지다. 아버지와 나는 불법과 준법을 오가며 40여 분을 달려가 병원에 도착했다.

혈액 검사 등이 끝난 후에는 휠체어를 가져오라고 하시더니 거기에 앉으셨다. 나는 평생 처음으로 아버지를 내려다보며 병원의 복도를 걷게 되었다. 아버지의 휠체어를 밀고 있다는 것이 믿어지지 않았다. 나이가 드신 후에도 어디 외출을 함께할 때 내가 운전을 한다고 열쇠를 주십사 해도 굳이 당신이 운전을 하셨기 때문이다.

민망해진 나는 암 병동으로 가기 위해 외부로 나갈 때, 이제 그만 휠체어를 돌려주고 오겠다고 말했다. 그러나 어지럽다고 계속 타고 가시겠다는 대답을 들었다.

8월 한여름, 암 병동으로 가는 짧은 길, 그 불볕더위 속에서 나는 내가 알고 있던 아버지의 이름이 휘발되는 것을 느꼈다. 아찔했다. 그러나 암 병동의 간호사에게 내가 김 자, 열 자, 규 자라고 아버지 이름을 말하자 아버지는 김은 성이기 때문에 열 자, 규 자라고만 하는 것이라고 수정하셨다. 아버지의 이름은 다시 돌아왔다.

암 진단 직전인 6월 무렵, 평상시와 다름없는 내 안부 전화에 아버지는 "소영아, 사랑한다"라고 말씀하셨다. 아버지 세대의 다른 어른들처럼 엄격한 분이셨던 당신이 쉰이 넘은 딸에게 평생 처음으로 사랑한다는 표현을 하신 것이다. 물론 좋았지만 순간 근심도 했다. 왜 안 하시던 말씀을…….

"아버지 사랑해요"라고 화답하는 대신 나는 "감사합니다"라고 했다. 사실 아버지는 성장기의 내게는 사랑의 대상이 아니었다. 존경했지만, 어떤 질문이 그 관계를 맴돌곤 했다. '아버지, 왜 그러셨나요. 유년 시절의 아버지는 왜 그렇게 엄격하고 냉정하셨나요?'

나는 아버지의 손을 잡고 길을 걷는 것이 소원이었다. 멀찌감치 빠른 걸음으로 가는 아버지. 잘못의 시시비비를 나 자신에게 거의 매일 가리게 하던 분, 유년을 지나 10대 후반이 되어 나는 아버지의 세계를 떠나고자 나만의 책, 영화의 세계로 들어갔다. 이른바 전형적인 문학 소녀로 성장했음에도, 이후 연극과 영화 쪽으로 향했다.

내게 가장 익숙한 아버지의 모습은 물론 연구를 하시거나 책을 읽으시거나 글을 쓰시는 것이다. 한여름 거실의 앉은뱅이책상, 34도쯤의 열기. 그러나 아버지는 꼼짝도 않고 원고지를 채우셨고, 등 뒤로 땀이 쉼 없이 흘렀다. 내게 이 장면은 글짓기 노동의 원형처럼 새겨져 있다. 힘들 때마다 나는 이 장면을 슬며시 꺼내보곤 한다. 높은 온도, 흘러내리는 땀. 원고지 위 글짓기.

또 다른 모습은 냉정이다.

유년과 10대, 나는 아버지와 대화한 기억이 없다. 과제로 주어진 것에 대해 물어도 아버지는 모른다고 대답하시곤 당신의 일을 계속하셨다. 그 과제는 바리데기 신화에 대한 것이었고, 이후 나는 그 주제에 관한 아버지의 많은 글들을 당신 서재에서 발견했다. 이후 변영주 감독 등과 여성 영상 모임을 하면서 그 이름을 '바리터'로 지었다.

물론 이것이 다는 아니다. 아버지는 형식적으로 완벽한 배려를 하시곤 했다. 중·고등학교 시절 병약한 내가 아침마다 늦잠을 자면 차로 학교까지 데려다주시고 주말에는 공기 좋은 곳으로 드라이브를 시켜주시곤 했다. 하지만 대화는 없었다. 아버지는 한 번도 흐트러진 모습을 보이지 않으셨다. 아, 아버지가 위암 진단을 받으셨을 때, 내게 당신을 가장 닮은 자식이라고 말한 적은 있으셨다.

이후 여러 해 지나 내가 한 아이의 엄마가 되고, 대학에서 학생들을 가르치고 글 쓰는 사람이 되어 아버지처럼 정신없이 바빠지면서, 중·고등학교 시절 아버지가 내게 보여준 배려가 작은 몫이 아니란 것을 알게 되었다. 하지만 단아함과 배려, 이런 좋은 사례들마저 아버지 주변의 어떤 냉정한 가운에 의해 슬며시 사라지곤 했다.

나중에야 나는 아버지의 냉정함과 엄격함이 연좌제

메멘토 모리, 죽음을 기억하라

에 묶인 채 동생들과 홀어머니, 많은 친척들을 돌보기 위해 일에 매진하면서 가난하게 국문학자로 성장해야 했던 '아버지 없이 자란 아버지'가 세상과 겨누기 위해 입어야 했던 페르소나가 아닌가 생각하기도 했다. 아버지가 쓴 당신의 성장에 관한 글을 읽은 후의 이해다.

아버지가 할머니 고향인 경남 고성으로 내려가시고 나서, 다른 사람들에게 시간을 내주는 일에 많이 너그러워지신 것이 사실이나 가족과 엄마에게는 그러지 않으셨다. 예외적인 대상은 당신의 첫 손자이며 내 아이인 준수, 아버지는 준수에게 자애로운 할아버지셨다. 다른 손자, 손녀들에게도 사랑을 쏟으셨다. 감사한 일이다.

하지만 아버지의 큰 변화는 엄마의 병이 깊어지시면서 시작되었다. 아버지는 최선을 다해 엄마 병구완을 하시기 시작했다. 병 때문에 한때 우울증 증세가 깊어져 외출을 하지 않으시려는 엄마를 대신해서 장을 보는 일은 물론이고 갖은 집안일을 하셨으며, 마음을 밝게 해주는 젊은 시절과 좋은 시절의 이야기를 엄마에게 끊임없이 들려주셨다. 그리고 평생 보지 않으시던 텔레비전 드라마를 엄마와 말동무하기 위해 함께 본다면서, "내가 드라마를 다 본다. 참 뜻밖이지?" 하고 묻기도 하셨다.

아버지를 진심으로 존경하게 된 것이 이 시점부터다. 엄마에게 헌신하고 몸을 낮추는 아버지는 내게는 작은 경이감의 대상이 되었다. 여든 가까이 되어 자신을 급진적으로 바꾸시는 노학자. 집에 가면 아버지는 차를 내오고, 주스를 만들고, 설거지를 하고, 시골 집채만 한 큰 파리를 잡는 등 여든이 넘은 몸을 끊임없이 움직여 엄마 수발을 드셨다.

그러면서도 매년 몇 권이 넘는 책을 집필하셨다. 아버지의 책의 내용도 달라지는 것을 알 수 있었다. 출판 기념 강의를 들어보아도 삶에 대한 지극한 겸허와 존경을 느낄 수 있었다.

이후 자주 안부전화를 드리곤 했다. 쉰으로 다가가는 나의 삶에도 개인적으로 또 공적으로 광풍이 몰아쳤는데, 아버지와의 짧은 대화를 나누고 나면 나는 맑은 기운을 얻곤 했다. 여든이 넘은 아버지와 지천명에 가까운 딸이 비로소 대화를 하기 시작한 것이다.

대부분 날씨 이야기거나—"서울은 추운데요"(딸) "고성은 참 따뜻하다. 정말 내려오길 잘했다. 너도 내려오려무나."(아버지)—뭐 필요한 것이 없으시냐는 딸의 물음에 그러면 빵이나 거피, 약 등을 이야기하시는 아버지.

아버지는 불면증 때문에 고통스러워하셨다. 나는 인터넷에서 불면증 예방에 효능이 있는 것들을 검색하여 아버지께 택배로 보내기도 하고, 운동 처방을 전달하기도 했다. 돌아가신 후 아버지의 유품을 살펴보다가 수면용으로 보낸 허브오일 병이 바닥난 것을 보았다.

아버지가 수영을 좋아하시는 것이 생각나 수영을 권유하기도 했다. 그러자 삼천포의 수영장에 가셨다. 어제 수영장에 다녀와 잠은 좀 잤는데, 손과 팔에 힘이 빠져 예전처럼 할 수는 없었다고, 다시 가긴 어렵겠다고 이야기하셨다. 암 진단 받기 직전의 대화다.

대부분 전화 대화는 "우리 각자 열심히 일하자"라는 아버지의 당부로 끝났는데, 나는 사실 이 대화의 끝에 슬며시 웃곤 했다. 당대의 문필가 중 한 분이실 아버지의 끝말로는 좀 평범한 까닭이었는데, 유고인 『아흔 즈음에』를 읽고 그 말이 공명하는 곳을 알았다.

> "언제나 오직 일하라!"
> 조각 작품 〈생각하는 사람〉으로 잘 알려져 있는 로댕이 그를 섬기며 비서 노릇을 하고 있던 우리 시대 최상의 시인인 릴케에게, 사뭇 젊은 데다 무명이던 릴케에게 했다는 이 말이, 그래서 릴케가 평생 마음속 깊이 간직했다는 이 말이, 내가 내게 다짐 두는 말이 된 지도 이미 오래다.

글을 쓰는 오늘이 11월 19일, 아버지가 영면하신 날이 지난 달 10월 22일, 화요일이었다.

월요일 저녁에 전화를 했더니 엄마는 아버지가 백혈구 주사를 맞은 후라 피곤하시다고 하셨고, 화요일 아침 9시 무렵 전화를 드리니 아직 주무신다고 하셨다. 이렇게 늦게까지 주무신 적이 없는데……. 난 이상하다고 생각했고, 한 시간이 지났을 무렵 동생에게서 전화가 왔다. 아버지가 숨을 쉬지 않는다고 엄마가 말씀하셨다는 것이다.

난 여섯 시간을 달려 경남 고성으로 갔고, 앞에서 말한 아버지와의 마지막 대면을 했다.

내려가면서 나는 아버지의 제자이며 내게는 언니 같은 시인 김승희 교수와 통화하고, 베네딕트 수도원의 김종필 신부님의 전화번호를 찾았다. 아버지께 세례를 주신 사제이고, 또 아버지와도 절친한 사이기도 하셨기 때문이다. 신부님은 전화로 알겠다고 침착하게 말씀하셨다.

동생들이 아버지와 함께 앰뷸런스를 타고 서울로 떠난 후, 나는 엄마를 위로하다가 새벽 3시 30분경 서울 영안실로 길을 떠날 채비를 했다. 바람이 불고 있었다. 집 앞 대나무 앞으로 나는 바람을 느끼며 나갔다. 숨을 깊이 들이켰다. 달빛이 제법 밝았다. 훅 하고 숨을 내뱉는데 개울을 건너는 작은 다리에 서 있는 차가 보였다.

'이웃에서 온 사람인가?'

시동을 걸고 차를 후진시키는데 누군가가 내 차에 수신호를 보내고 있었다. 나는 일단 후진을 한 후 차에서 내렸다.

"신부님?"

새벽에 화순에서 고성까지 차를 몰아 도착하신 것이다.

신부님은 집 안으로 들어가 미사를 하셨다.

이후 우리는 화순과 서울을 향해 길을 떠났는데, 아버지가 좋아하시던 송천리에서 대가면으로 넘어가는 바다가 보이는 고개 위에서 신부님은 바다 쪽 사진을 찍고 계셨다. 달빛이 더 밝았다.

그 뒤 장지에서의 미사, 다시 집을 방문하셔서 엄마와 함께 드린 삼우제 미사까지 신부님은 아버지의 마지막 길을 성심성의로 지켜주셨다. 감사한 일이다. 김종필 신부님이라는 존재로 나는 아버지가 얼마나 철저하게 죽음, 영면의 길을 준비하셨는지 더 깊이 알 수 있었다.

이후 아버지의 유고를 읽었다. 아버지의 노년의 시간.

시간을 지켜 할 일이 없다 보니, 시간에서 놓여 마음이 편할 것 같지만, 사실 그렇지 않다. 오히려 할 일이 없다 보니 시간 관리가 난감하다. 그래서 시간이 말썽을 피운다. 시간이 무슨 구렁이처럼 온 마음을 휘감고는 죄어든다. 스물네 시간이 너무나 지루하다 못해 역겹기도 하다.

이런 구절에서는 아버지가 노년에 가 닿은 존재와 시간의 끝없는 심연이라는 비/장소, 비/시간에 대한 절감 때문에 울었다.

장례를 치른 이후 눈앞에 무엇인가가 날아다니는 것 같은 이물감에 안과를 갔더니 '비문증'이라고 했다. 비,

문. 나비가 날아다닌다는 뜻이란다.

"뜻이 좋네요."

치료 후에도 여전히 눈앞에 무엇인가가 어른거렸으나 나는 의사의 언어 구사를 칭찬했다. 그리고 아버지가 돌아가신 후 이 증세가 나타났다고 하자, 사람들은 이해를 못하지만 슬픔의 눈물이 눈을 급격히 건조시키고 상하게 한다고 했다. 그는 안구건조증을 위한 인공눈물을 처방했다.

하지만 아버지의 유고는 내게 슬픔의 눈물만 준 것은 아니다. 나는 사실 좀 웃기도 했다.

아버지가 남긴 글에 담긴 아버지와 함께 수영한 물뱀, 오징어를 훔쳐간 족제비, 그리고 먼 바다로 돌려보내진 복어들에 대한 재밌는 이야기들은 마치 사자를 위해 새겨진 신전의 수호신들처럼 나를 즐겁게 했다.

그러나 내가 웃은 다른 이유는 물뱀, 족제비, 복어는 있지만 나를 포함한 아버지의 자식들, 삶의 마지막에 그토록 헌신하셨던 엄마에 관한 이야기는 거의 없기 때문이다. 고향 포구나무로 시작해 당신의 어머니가 넘던 고개 '동산재'로 돌아온 자신의 이야기로 끝난다.

섭섭할 법도 하지만, 나는 아버지의 이러한 독존과 기개가 좋고 자랑스럽다. 그것에 공감하고 절감한다. 아버지로부터 은연중에 받은 유산—죽어가는 것, 죽은 것을 살아나게 하고 활발하게 만드는 글쓰기 혹은 창작 노동에 대한 믿음—이 내게 있음을 느끼기도 한다.

　　　　메멘토 모리, 죽음을 기억하라

예컨대 아버지가 자주 인용하시는 윤동주의 시구, "별을 노래하는 마음으로 / 모든 죽어가는 것들을 사랑해야지 / 그리고 나에게 주어진 길을 걸어가야겠다."

유고에는 기울어가는 노년의 현존재와 고독하게 마주치고 대면했던 아버지의 단독자로서의 삶이 있다. 그러니 물론 아버지기도 하셨지만, 당신은 학자요, 당신 말대로 글짓는 노동을 평생 업으로 한 사람이었다.

오전의 독서와 글쓰기, 오후 정원의 잡초 뽑기와 바닷길 산책. 죽음에 대한 사유로 삶을 살아내신 그분께 나는 지금도 가끔 전화를 한다. 아버지, 어머니가 계신 경남 고성으로 새벽 덕유산을 넘어 오랜 시간 운전을 해 뵈러 가던 그때처럼, 난 남쪽에 닿을 긴 운전을 한다. 아버지의 남녘땅에 대한 사랑을 기려 그쪽의 강연이나 상영 초청은 감사의 마음으로 수락하곤 먼 길을 떠난다. 몸에 새겨진 그리움. 길 위에서 전화를 건다. 네, 아버지 전데요. 소영인데요. …… 세상천지 그 길들을 답사 여행을 통해 훤히 꿰고 계시던 아버지께 삶의 길도 묻게 된다. 답신이 도착한다. '메멘토 모리. 죽음을 기억하라.'

김소영, 큰딸(한국예술종합학교 영상원 교수, 영화 감독)

메멘토 모리, 죽음을 기억하라

초판 1쇄 인쇄 2021.01.05
초판 1쇄 발행 2021.01.25

지은이 김열규
펴낸이 김선식

경영총괄 김은영
편집주간 김지환
디자인 choi design studio
마케팅본부장 이주화
채널마케팅팀 최혜령, 권장규, 이고운, 박태준, 박지수, 기명리
미디어홍보팀 정명찬, 최두영, 허지호, 김은지, 박재연, 임유나, 배한진
저작권팀 한승빈, 김재원
경영관리본부 허대우, 하미선, 박상민, 김형준, 윤이경, 권송이, 이소희, 김재경,
　　　　　최완규, 이우철

펴낸곳 다산북스 출판등록 2005년 12월 23일 제313-2005-00277호
주소 서울시 마포구 양화로 67 나동 302호
전화 070-4150-3186
홈페이지 www.dasanbooks.com
이메일 samusa@samusa.kr
종이·인쇄·제본·후가공 ㈜갑우문화사

ISBN 979-11-306-3533-0 03380

김열규(金烈圭)

1932년 경상남도 고성에서 태어났다. 서울대학교 국어국문학과 졸업 후, 동 대학원에서 국문학 및 민속학을 전공했다. 서울대학교 국문학과를 거쳐 동 대학원에서 국문학과 민속학을 전공했다. 서강대학교 국문학과 교수, 하버드대학교 엔칭연구소 객원교수, 인제대학교 문과대학 교수, 계명대학교 한국학연구원 원장, 서강대학교 명예교수 등을 역임했다. 1963년 김정반이라는 필명으로 조선일보 신춘문에 평론부문에 당선했다. 문학과 미학, 신화와 역사를 아우르는 그의 글쓰기의 원천은 탐독이다. 어린 시절 허약했던 그에게 책은 가장 훌륭한 벗이었으며, 해방 이후 일본인들이 두고 간 짐 꾸러미 속에서 건진 세계문학은 지금껏 그에게 보물로 간직되었다. 이순(耳順)이 되던 1991년에 헨리 데이비드 소로와 같은 삶을 살고자 고성으로 낙향했고, 자연의 풍요로움과 끊임없는 지식의 탐닉 속에서 청춘보다 아름다운 노년의 삶을 펼쳐 보였다. 여든의 나이에도 해마다 한 권 이상의 책을 집필하며 수십 차례의 강연을 하는 열정적인 삶을 살다가 2013년에 세상을 떠났다. 그는 연구 인생 60여 년을 오로지 한국인의 질박한 삶의 궤적에 천착한 대표적인 한국학의 거장이다. '한국학'의 석학이자 지식의 거장인 그의 반백 년 연구인생의 중심은 '한국인'이다. 문학과 미학, 신화와 역사를 두루 섭렵한 그는 한국인의 목숨부지에 대한 원형과 궤적을 찾아다녔다. 특히 『메멘토 모리, 죽음을 기억하라』와 『한국인의 자서전』을 통해 한국인의 죽음론과 인생론을 완성했다는 평을 받기도 했다. 이 외에도 주요 저서로 『김열규의 휴먼 드라마: 푸른 삶 맑은 글』, 『한국인의 에로스』, 『행복』, 『공부』, 『그대, 청춘』, 『노년의 즐거움』, 『독서』, 『한국인의 신화』, 『한국인의 화』, 『동북아시아 샤머니즘과 신화론』, 『아흔 즈음에』 등이 있다.